名师名校名校长

凝聚名师共识
回应名师关怀
打造名师品牌
培育名师群体

　　　　　顾明远题

名师名校名校长书系

新课堂实验
撬动学校整体变革

朱连云 ◎ 主编

东北师范大学出版社

长 春

图书在版编目（CIP）数据

新课堂实验：撬动学校整体变革 / 朱连云主编.—
长春：东北师范大学出版社，2019.5
ISBN 978-7-5681-5779-7

Ⅰ.①新… Ⅱ.①朱… Ⅲ.①课堂教学—教学研究
Ⅳ.①G424.21

中国版本图书馆CIP数据核字（2019）第089699号

□策划创意：刘　鹏
□责任编辑：张　露　沈　佳　　□封面设计：姜　龙
□责任校对：刘彦妮　张小娅　　□责任印制：张允豪

东北师范大学出版社出版发行
长春净月经济开发区金宝街 118 号（邮政编码：130117）
电话：0431-84568115
网址：http：// www.nenup.com
北京言之凿文化发展有限公司设计部制版
廊坊市金朗印刷有限公司印装
廊坊市广阳区廊万路 18 号（邮编：065000）
2022年6月第1版　　2022年6月第1次印刷
幅面尺寸：170mm×240mm　印张：18.25　字数：314 千

定价：45.00元

探教育质量之源，夯教学变革之基

教育质量，一直被视为学校工作的生命线。提升教育质量，是教育改革与发展的核心课题，是"十三五"区域教育综合改革的行动主题。基础教育质量的提高，由一系列命题组成；课堂和教师，是主题词。提高质量，源头在课堂，关键是教师。对此，青浦教育这些年在提质行动上又下了一番功夫：深化教学变革，夯实根基；建设新课堂，促进真学习。

进入"十一五"，针对学生高层次思维能力薄弱的现状，青浦实验研究所启动了建设"为学而教、少教多学，鼓励挑战性学习的新课堂"研究，即"新课堂实验"。2010年，新课堂实验成为全区教育行动项目。青浦实验研究所和区内几所课改基地校组成项目组，蹲点实验中学、重固中学、青浦一中等学校，开展青浦实验新一轮行动。项目组从数学、语文、英语学科进行突破，立足证据、循证改进，概括出"新课堂"的基本模式——以学生学习为中心，课前、课中、课后连贯一致，聚焦"预学展示、助学评议"，提炼出教师变革课堂的教学设计方法与专用工具——"一图、二表、三单"。在区委区政府的大力支持下，在区教育局和教师进修学院的合力指导下，项目顺利推进，并于2011年被立为教育部与上海市合作的内涵机制建设子项目，列入青浦区教育实事工程，被区教育局定为青浦实验新时代行动项目。

2011年9月，项目组与青浦实验基地校合作，建立"新课堂实验"联盟，进行推广研究。中、小、幼多所学校经过多个专业学习现场的历练，逐步形成诠释"新课堂"理念的学校文化与特色课程，如朱家角中学的"学得课堂"、青浦一中的"前置性学习"、青浦高级中学的"三思课堂"、青浦实验中学的

"基于学程学习的课堂"、徐泾中学的"思维点亮课堂"、重固中学的"能动课堂"，徐泾小学的"自主·导学"课堂等。与此同时，项目组基于"新课堂实验"行动计划，通过顶层设计引领与基层主动创新实践相结合，将研究成果及时转化为校长和教师培训课程。同时，举办了"新课堂实验"讲习班30余期。随着推广研究的深入，项目组不断萃取学校创生的鲜活经验，广泛吸收一线教师的实践智慧，致力探索"新课堂实验"的校本化实施机制。经过4年实践研究，构建了推动"新课堂"理念落地、促进"课堂、教师、教研"协同发展的运行机制——同课共构的循证实践。

十年多来，"新课堂实验"不仅引领区域课堂有效转型，而且丰富和发展了青浦实验的时代内涵。

2012年3月，"新课堂实验——同课共构的循证实践"向上海市"双名工程"基地学员开放，被誉为"沪上教育科研和教研结合的典范"。2013年10月，"新课堂实验：为学而教的课堂改革实验"向市教委教育巡视组做现场汇报，被评为"优质学习从'可能'变为'现实'"。2016年11月，"新课堂实验：扎根研究十年纪实"作为优秀科研成果由市教科院向全市推广，被誉为"家门口的好研究"。同年12月，"新课堂实验：科、研、修一体的循证实践"为全国教师培训者培训联盟做现场展示，被誉为"引领教师发展指导者培训的有效方式"。2017年5月，"新课堂实验：扎根研究与循证实践"又由市教科院向"长三角地区"推广，被誉为"继承顾泠沅数改传统，成事与成人结合，课堂变革的创新经验"。同年，"新课堂实验：导向深度学习的教学变革"获上海市教学成果特等奖，专家赞评："青浦'新课堂实验'为推进'城乡一体'，全面提升教育教学质量，提供了真实的，可借鉴、可推广、可复制的经验。"2018年，"新课堂实验"获国家基础教育教学成果二等奖。2019年，获教育部向全国推广的17个基础教育改革优秀成果之一，由《人民教育》组织推广。

本书的编纂，旨在播撒成果的种子，使来自一线的教学经验在更多学校生根、开花、结果，使"新课堂实验"追求的目标，成为每一名青浦教师的行动方向，让教师深谙"不仅要让学生学得有效，更要使其人生走得长远"的为师之道，让课堂呈现"鼓励学生自己学，教会学生如何学，促进学生乐于学"的教学生态。同时，期待这本书能弘扬青浦区教改传统，给教师带来启发，帮助教师领会和体悟"新课堂实验"的理念精髓，确立扬帆远航的新起点；期待这本书能引领广大教师主动投入、倾力参与改革实践，运用书中倡导的策略方法系统，深入课堂，不断探索，实现立德树人的目标，促进学生思维发展，促进学生精神的成长。

回望过往，立足当下；未来已来，唯变不变。面对技术的革新、社会的开放以及学习方式的多样化等一系列前所未有的挑战与机遇，我们应更加坚定地扎根课堂、聚焦改革，关注学生、关注教师，以开阔的视野、开放的心态、科学的方法、循证的实践，继续开展扎根研究、着意学生的素养培育。

行动起来，守正创新！我们有信心，咬定青山不放松，通过坚持不懈的努力，让青浦的课堂、青浦的学生、青浦的教师、青浦的学校，闪耀出独特的光芒！

目录 CONTENTS

第七章　沉入教学现场，激发实践智慧

第八章　践行行动教育，提升教研能级

第一章

推进整体变革，营造"学"的生态

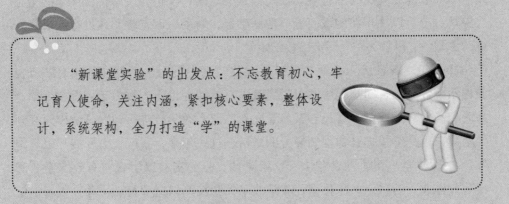

　　"新课堂实验"的出发点：不忘教育初心，牢记育人使命，关注内涵，紧扣核心要素，整体设计，系统架构，全力打造"学"的课堂。

从"教得课堂"转向"学得课堂"的行动

上海市朱家角中学

欲筑屋者先治其基，学校教育之基在课堂。教学变革是学校工作的永恒主题，改革最终发生在课堂上。为此，我校将课堂教学的改进作为夯实教育之基的第一要务，以"核心素养导向下的课堂教学改进行动"为引导，初步形成了以"学得课堂"适应学校教育绿色转型的基本理念及实施策略，使学校的可持续发展迈出了新的一步。

一、行动缘由：基于课堂改进的初心和学校内涵发展的使命

课改以来，如何引导学生变革学习方式，促使学生自主、合作、探究学习，一直是我校推进课程有效实施的"瓶颈"问题。尽管教师对新课程理念大都"耳熟能详"，但落实到现实的课堂，总是难以尽如人意。究其原因，他们既缺乏来自教学实际的、针对性强的理念引领，又缺少有效的操作策略可资应用。为突破课堂现实与课程理念落差大这一难题，学校在反思传统课堂的不足与弊端、分析以往积淀的教改经验的基础上，启动了课堂教学改进行动研究，推动课堂由"以教为主"转向"以学定教"。

2010年，我校跨入上海市实验性示范性高中行列。学校在创建上海市实验性示范性高中行动规划中，以提高教学有效性为目标，致力于建设"生动、活泼、高效"的课堂。"核心素养导向下的课堂教学改进行动"是学校原规划的延续，也是学校提升课程领导力的举措。这些年来，我区大力开展"以学定教、少教多学、鼓励挑战性学习"新课堂实验，实验以实现"有效课堂"和"有效作业"为重点，深化课程教学改革，我校则以这项行动主动投入新世纪青浦实验。

二、行动思路：实践探索与理性认知相须互发

1. 问题出发，聚焦目标，形成方案——厘清课堂改进改什么

为把握课堂存在的问题，学校在改进行动开始前，进行了教学现状调查，厘清课堂改进到底要改些什么。在充分调查的基础上，学校进行问题剖析、行为反思与理性思考，确认课堂改进的目标定位。在实践中，首先，学校以"以学定教，少教多学"为核心要求，以"教什么"和"怎么教"为关键环节，形成引领课堂改进的基本理念和实施策略，并研制出改进行动的初步方案。其次，引导理念变革，开展讨论、统一认识，进而对课堂改进确立必改信念，树立行动信心，建立群体信任。最后，发动全校教师探讨改进思路，各教研组、备课组分别就此制订研究计划。

2. 理念思考，试点先行，突破重点——探索课堂改进怎么改

课堂教学改进，如有明确的行动理念，就更有利于实施。根据"课程领导力项目"的有关要求，我校提出"学得课堂"的理念，引领改进行动。学得，即由学而得、学习之后有所得，让学生通过学习而获得，是从学生学习的角度明确课堂教学的具体要求。学生是"学得"的主体，学生的主动学习，包括个人的独立学习与小组或同伴的合作学习。

打造"学得课堂"，是鼓励教师用自己的智慧"以学定教、少教多学"，创建新课堂。为使这一课堂改进理念能在实践中得以实施、检验与丰富，学校建立由校长、书记领头的项目组，并决定由数学学科先行一步。

各学科教研组针对新课标提出的三维目标要求，引导教师以各自面临的问题为出发点，分析学情和教材特点，对课时教学目标的落实过程进行具体化、情境化设计，将课程"大目标"分解为实际可操作的"小目标"，让学生"可望又可即"。同时，强调每节课教学目标的操作应随学情的变化而有所不同、有所侧重。在行动过程中，加强实践探索的案例研究，先通过成果交流，丰富经验，再进一步提炼、概括，进而达到提高课堂效率，改进行动的理性品质的目的。

3. 任务驱动，推向全校，积累案例——关注课堂改进改得怎么样

学校以每学期一次的全校性集中对外开放的教学展示周为时间节点，进行阶段性总结，将项目计划中相应的课例研究任务分到各有关教研组、备课组，并由项目组统一邀请本校资深骨干教师和校外专家，对承担实践课任务的教师进行指导、帮助，由此引导教师关注自己的课堂究竟改得怎样。

在集中展示之后，由承担教学任务的教师与其所在团队一起对课堂改进方案的具体实施情况及其效果进行诊断、反思，并积极听取听课教师的评议意见，在全面分析的基础上形成相应的课例研究报告。项目组按照每一阶段的研究主题，对各学科教研组提交的初步成果组织专门力量进行筛选、评价，由此确定交流的课例或案例，通过组织教育论坛，向全校推广最新的课堂改进研究成果。

经过这一流程，每学期都可以积累一些课堂改进的具体案例。项目组根据"学得课堂"理念，从教学环节的操作要求出发，从备课、上课、作业、检测和辅导五个方面有所侧重地对这些案例进行分类与加工，并由此建立相应的教学研究资源库。

三、行动过程：围绕学生"课堂学得"的系列研究

1. 通过校本化，将课程落实于课堂，确保学生"学得"

各学科以适度统整知识体系、适切安排能力要求、适当增删教学内容为原则，将国家课标要求内化于基础型课程的校本实施方案。

一是提高统整性，使学科知识体系完整。针对学习内容配置多寡不均、缺乏统筹，高一必修的多、学生学习不适应，高二选修的少、难满足学生个性发展需求等问题，将三年课程内容统整优化，使课标要求具体化、细化在三个年级，以至在单元、课时教学中，保障课程目标的有效落实。

二是增强适切性，对学生能力要求适切。针对学生差异，以学生已具备的学科知识、已达到的能力水平为基础，对课程标准进行校本化处理；按照课时制订细化的、更具适切性的教学"小目标"，形成包含教学内容与"三维"要求的双向细目表，增强可操作性与可检测性。

三是关注选择性，适当增删教学内容。从学生发展需求与班级实际出发，全面规划学习任务，适当增删教学内容。依据课标和对教材、学情的分析结果，通过备课组讨论，厘清课时教学目标，通过必要的"增"与"删"对教材进行"班本化"二次加工，将统一的课程教材转化为本班的具体教案、学案。

2. 加强课堂行为观察，关注学生"学得"

依据学习的基本要素，学生的课堂行为可以概括为听、记、问、说、用五种表现。为此，围绕"听得懂、记得牢、问得出、说得明、用得活"（简称"五得"），制订了"学得"的课堂行为观察表，见表1，以诊断教与学的行为是否出现了相应变化，作为课堂改进研究的过程性资料。

表1 基于"学得"的课堂行为观察表

观察项目	学生行为	表现度			教师行为	呈现度		
		明显	一般	欠缺		明显	一般	欠缺
听了没有，听得怎样	（1）注意力迅速集中，听课认真				（1）注重预学指导，设计有备			
	（2）学习目标明确，回应及时				（2）教学目标适切，实施有效			
	（3）努力学习新知，理解正确				（3）教学语言精准，生动简洁			
记得怎样，记住了吗	（4）备好课堂笔记，随时记录				（4）注重习惯培养，关注细节			
	（5）掌握已学知识，答问正确				（5）把握难点关键，突出重点			
问了没有，问了什么	（6）积极主动提问，敢于质疑				（6）创设问题情境，激活思维			
	（7）问题具有新意，思考力强				（7）鼓励不同意见，促进生成			
说了没有，说些什么	（8）踊跃参与交流，思维活跃				（8）参与合作互动，吸引力大			
	（9）话语表达完整，概念准确				（9）渗透学法指引，有启发性			
	（10）答辩有理有据，善于倾听				（10）及时反馈补救，针对性强			
用于何处，用得怎样	（11）完成课堂练习，正确率高				（11）坚持讲练结合，抓住效果			
	（12）应用所学解题，有创造性				（12）引导拓展探究，策略得当			
总体印象：								

3. 进行数学学科试点，引领学生"学得"

在打造"学得课堂"的行动中，数学学科根据新课标的要求，利用青浦教改实验资源，积极开展策略研究，引领学生"学得"。

其一，坚持将问题作为教学出发点，创造有利于和有助于学生积极思维、深入理解的教学情境，开展多种形式的数学探究活动，激发学生学习的自主性。

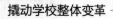
其二，从预习指导入手，向学生提供"先行组织者"，开发具有结构性的尝试活动，引导学生在动手操作、实验探究等"做数学"活动中学数学。

其三，精心组织分层递进的变式训练，通过层次推进、动态调整、及时反馈、双向适应，提高学生数学学习的有效性。

其四，坚持课堂"少教讲精"的同时，突出数学思想方法的教学渗透，教会学生学数学。

其五，面向全体和因材施教相结合，加强数学交流，让每一个学生都在自己的"最近发展区"学习数学，为学生未来发展奠基数学素养。

其间，提炼出《从"预学"开始，引导学生"学得"——"数表中的数列问题"课例》《让学生充分表达：关注创新意识的"学得"——"双曲线的标准方程"课例》《制订双向细目表，检测"课堂学得"效果——高一数学的阶段测试》《让猜想走进课堂，在验证中"学得"——"作为判别式的二阶行列式"课例》《独立思考、自主探索、类比学习、师生互动：探索数学"学得课堂"——"函数的奇偶性"课例》《多一点引导，让学生学会主动"学得"——"幂函数的性质与图像（1）"课例》《充分挖掘课本素材，让学生有新"学得"——"向量与解析几何的关联问题"高三专题复习课例》等成果。

4. 各学科跟进，促进学生"学得"

自课堂教学改进启动以来，学校提出了把握"改进力度"的四个原则（激励性、自主性、互动性、差异性），以及率先突破的四个要点（课堂导入、课堂提问、举一反三应用、有效合作学习）。由此，各学科可从以下八个方面探索"学得课堂"的实施策略：①基于学生"课堂学得"的需要，对课程教材进行二次加工（如物理）；②引领学生"课堂学得"进程，制订操作性更强的学科教学"小目标"（如语文）；③提高学生"课堂学得"实效，加强《预学单》的设计和目标达成的测试分析（如化学）；④优化学生"课堂学得"过程，加强学科教学策略的探索（如地理）；⑤丰富学生"课堂学得"内容，发挥自身优势开展学科育德（如英语）；⑥关注学生"课堂学得"感受，把握教学反思的聚焦点（如历史）；⑦增强学生"课堂学得"兴趣，用多种手段丰富教学流程（如信息科技）；⑧检测学生"课堂学得"的落实情况，加强作业设计。

学校每学期举办一次教育论坛，通过以点带面、话题切入，推进教师对"学得课堂"的研究，提高教师的认识水平，共享有效经验。论坛聚焦学生"课堂学得"，探索教师如何进一步提升素养，引导教师从本质上理解"教什么"与"怎么教"，并将这种理解转变为课堂现实。

5. 教师积极研究教学方法，帮助学生"学得"

"学得课堂"建设对教师来说，要经历一个从内化理念到外化行为，再到提升自我素养的完整过程，它促使教师将教学研究的着眼点与着力点聚焦课程目标的有效落实，以"三全"（全面、全体、全程）帮助学生"学得"。

一是目标覆盖全面。备课中，要把握课标、教材和考试手册，对每项规定的内涵、外延以及相关原则进行"度"的分析，并将其转化为明确的、可操作的具体要求，分解到年级、学期、单元、课时。

二是目标关注全体。课堂上，要针对学生的个别差异与个性特点，满足不同学生在学习目标、学习内容、学习进度、学习方法上的不同需求。既要以目标调控教学进程与教学行为，讲究知识的呈现形式与程序，又要以目标引导师生之间、生生之间进行有效的多向互动，指导学生主动学习。

三是目标统领全程。将三维目标贯穿于备课、上课、作业、反馈和辅导的教学全过程，提高每一个教学环节的实施质量和效率，促进知能目标的有效转化。同时，针对学生学习过程中出现的新情况、新问题，依据《课程目标》及时调节课时"小目标"，正确处理教学中预设和生成的关系，使得教学目标动态地作用于整个教学流程。

6. 评价同步改进，检测学生"学得"

课堂改进究竟改得怎样，评价既是检测手段，又是重要推力。我校在课堂行为观察表的基础上，为让学生"学得了、学得到、学得好"，又研制了基于学生"学得"的课堂评价表，见表2。

表2 "学得"课堂评价表

学生学习状态		评价依据	参照标准	评价结果		
				好	一般	需努力
学得了（了解了、经历了、思考了）		课堂教学内容能适合学生实际，关注学生需求	任务明确，时间适当；预学充分，合作交流；猜想反思，负担不重			
学得到（学到知识、获得感悟）		课堂教学目标达成须经学生自己努力	尝试探究，问题解决；体验感受，逐步积累；质疑析疑，领悟所学			
学得好	学得有趣	学生学习有愉悦感	气氛和谐，发言踊跃；媒体相助，多向互动			

续表

学生学习状态		评价依据	参照标准	评价结果		
				好	一般	需努力
学得好	学得灵活	学生学习能力得到有效锻炼和提高	思维活跃，应对有据；大胆假设，小心求证			
	学得有悟	学生智力因素与非智力因素都得到发挥	理顺知识，感知经验；理解规律，积淀智慧			
	学后还想学	学生学习积极性得到调动、学习欲望得到激发	主动寻问，关注未知；潜心钻研，充满自信			

7.带动作业改进，巩固学生"学得"

各学科教师要根据项目组要求，按教学目标的达成情况和学生"学得"的层次，编制科学、合理的作业。可将目标要求被分解成相应的作业内容，通过分层次、有区别的作业，让学生巩固所学内容。教师则通过作业了解学生的真实情况，及时进行针对性的查漏补缺。对作业的设计思路、操作规范以及改进要求如下：

一是在保障基础知识、基本技能得到有效落实的前提下，精简传统作业的题量，减少或避免重复操练和过度训练。为此，要加强学科作业的整体规划，包括作业设计的系统性（立足于一学期、一学年，乃至高中三年）、连续性（注重基础性作业的平时积累）等。

二是设计及引进新的作业题型，增加作业的实践性，提高学生的综合能力。通过加强开放性题目的研制、合作性题目的引入、跨学科题目的尝试，建立把题目做活的作业理念，改变学生被题目"捆死"的情状；通过作业情境的创新设置、学习兴奋点的发掘与培育，调动学生做作业的积极性；通过建立"长作业"机制，提高学生的学习兴趣和作业能力。

三是注重激励反馈，让学生得到肯定和帮助，以保持学习热情。教师可根据学生作业中的问题，对有需要的学生进行针对性辅导，给学生以第二次学习的机会。对学习确有困难的学生，可适当降低要求，使之"吃得了"；对学有余力的学生，可适当提高要求，使之"吃得饱"。既对出现特殊问题的少数学生"开小灶"，也对存在共性问题的多数学生"集体加餐"，最大限度地开发不同层次学生的"最近发展区"。

四、行动成效：一场"静悄悄的革命"正在到来

1. 学校的课程领导力逐步提升

课堂教学改进行动，是我校对"课程领导力项目"的自主回应。项目开展以来，全校上下对课程改革的认识不断深化，对课堂改进的探索不断深入，从学习到实践，从反思到推广——一场发展内涵的"静悄悄的革命"正在到来。实践表明，将"学得课堂"作为学校推进课程校本化实施的基本理念，将打造"学得课堂"作为适应基础教育绿色转型的突破口，在我校具有实际可行性，并正在发挥引领作用。

2. "学得课堂"理念不断丰富，并深入人心

打造"学得课堂"，这一课堂改进理念在实践中不断得到丰富。我校提倡的"五得"，是将接受式与活动式两种学习有机结合，使之相辅相成，而不是简单地搞"平均"或点缀。每个学科都可以从学科本质、自身特点出发，丰富本学科"课堂五得"的内涵。"五得"既要在一门学科的教与学中反映出来，又要在一节课上具体落实。其在教学过程中没有固定的先后程序，而是一个整体；对一节课来说，可以有所侧重，不必面面俱到。

3. 课堂改进行动在继续

课堂改进未有穷期，我校仍将继续行动。如怎样把握与处理"学得课堂"与"学什么""怎么学"的关系，怎样强化三维目标的导向，完善和细化《"学得课堂"评价表》，提高可操作性，增强实际使用效果还需要在实践中进一步探索。

有待进一步研究的还有，在"学得课堂"的三个层次的架构下，将"五得"内涵由基本目标向发展目标进行动态呈现：第一层次以有意义接受为基础，从"听得懂"到"听得有兴趣"，从"记得牢"到"记得有规律"，促进信息的有效获取；第二层次通过互动交流，从"问得明"到"问得有深度"，从"说得出"到"说得有新意"，促进知识经验的理解与积淀；第三层次通过测评展示，从"用得活"到"用得有创造性"，检验与增大"学得"的效果。

（课题组成员：蒋伟勇、陆康其、王维明、张国成、逯晓霞、吴冬梅、吴培军、蒋磊、贾改平。执笔：张国成）

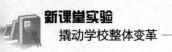
以《学程手册》为载体的新课堂实验探索

上海市青浦区实验中学

上海市青浦区实验中学始建于1987年，20世纪90年代，在顾泠沅老师的指导下，确立了"活动—发展"的课程教学格局，形成了学科、专题、综合三类活动课程。

进入新世纪，学校结合上海市二期课改的要求，深入开展新一轮课程教学改革，以课程教学改革撬动学校整体教育改革，将原有的三类学习活动与市三类课程的学习有机结合，建立课程学习的综合学分评价体系，促进了学生综合学力的提升。

随着课改的深入，我们认识到在新课堂实验教学改革中，课堂教学的转型就是将"教的课堂"转为"学的课堂"，关注每一个学生的个性和差异，关注每一个学生的发展，这也是实验中学办学理念"活动—发展"的核心所在。在实验中学30年的教学历程中，我们培养出一大批优秀的教师，并且积累了许多优秀的教学案例，有效体现了"以生定学、重在发展，以学定教、教学相长"。我们认为传承和发展教学研究，选择自编的《学程手册》这一载体，可以更好地把学生变为学习的主体，同时可改变教师的教学方式，促使教师进行有效的课堂转型，从而保障常态的课堂教学真正有效。

一、直面问题：教改实践的深层次问题未能得到有效解决

在不断实践与探索的过程中，我们发现了两个关键性的问题：其一，学生高层次思维能力未得到根本解决；其二，尽管我们强调课堂学习中的"活动"，但反观"活动"，层次性、多样性、探究性、自主性及时空性拓展不够，我们所推崇的"自主学习活动"的效应没有充分实现。

据此，从2010年9月开始，我们进一步加强与青浦实验研究所和区教师进

修学院的合作，结为教学研究共同体，开展"为学而教"的新课堂实验，建设"以学定教、少教多学、鼓励挑战性学习"的新课堂，共同来攻下这一顽症。

二、具体思路：在课堂改革的基础上，强化三个方面的改进措施

第一，打破原有的一堂课的时空概念，把每一堂课拓展为课前、课中、课后连贯一致的学与教的大课堂。

第二， 强调学生的先学与教师的后教。教师要因应学生学的过程来设计教的过程，激发学生的学习兴趣，引导学生主动学习。让学生学得多一点。教师要教得少而精一点，针对性和启发性强一点。

第三，深入推进"为学而教、少教多学，鼓励挑战性学习"的新课堂实验计划，加强实验中学"活动—发展"教育模式的研究与实践，以编写新一轮《学程手册》为载体，及时记录学生的学习活动，切实提高课堂教学效果，发挥学生的学习潜力。

三、行动推进：在学生怎么学与教师怎么教上进行改进和落实

1. 考虑新课堂学生该如何学

我们分三个层次有序推进，即课前的感知认识、课中的探究发现、课后的拓展提升。这三个层次环环相扣，充分调动学生的学习主动性。第一个层次，课前的感知认识及体验活动。让学生明白学什么，并懂得怎样去学。我们强调学生的预学与先期体验，让学生就有关学习内容做前期的调查，进行实践体验，收集相关资料，提炼相关问题，为丰富课堂学习做准备。第二个层次，课中的学习探究活动。我们重视学生学习兴趣的激发，重视对课前学习问题的梳理与解决，引导学生学会学习。我们强调学生在课堂学习中的经历与体验、探究与发现、合作与交流的过程，让学生在获取知识的同时提升学习能力。第三个层次，课后的拓展学习活动。学生自主完成书面及实践性的作业，梳理知识结构，巩固知识内容，强化对学科思维方式的掌握和理解，强化课后的拓展与提升。

在这样的学习活动过程中，学生认知水平不断提升，思维能力不断提高，学习经历不断丰富，学习过程中的主体作用也不断得到强化。

2. 关注新课堂教师该如何教

每当教师明确了一个单元的教学任务之后，每节课都要精心组织教学。一方面，要梳理每节课的主干知识、逻辑结构与教学过程，确定教学方法并落实与之相匹配的各类活动。另一方面，将该节课教学过程中想要改进的要求落实

于课前、课中、课后三阶段的教学环节中。

课前做好铺垫引导。我们要求教师在课前重点关注三件事：一是要梳理《知识双向细目表》，明白教什么以及教到什么程度。这样的梳理可使教师对教学的主干知识、核心内容做到心里有数。二是要明确每堂课的教学三维目标，尽力将各科课标要求整合到学生的学习活动过程中，落实于教学的各个环节之中。三是根据教学内容、学情实际，选择合适的教学方法并加以整合设计，为学生提供丰富的学习资源。

课中加强教学指导。我们倡导教师要不断优化教学方法和过程，在传授知识的同时，将学科知识背后所隐含的思想内容、思维方法在教学中加以落实，并突出对学科本质、学科价值的教学落实。课中教师要尽力指导学生自主探究、讨论对话、合作交流，在生生、师生思维碰撞的过程中落实好教学的三维目标。

课后强化反馈辅导。我们关注《教学知识双向细目表》的达成，以便为学生提供精心设计的、丰富多样的、有层次的作业；我们强调教师教学的反馈与个别化补授与辅导，以便为拓展学生学习时空提供更多的课后学习资源。

三个阶段的推进，有利于课程目标要求和教学内容的具体落实，也符合教师常态的教学过程；不同阶段落实不同层面的教学要求，也保证了课堂教学改革要求的有序、有效落实。

3. 编制《学程手册》推进新课堂实验

《学程手册》以单元为导向，依据课标和《大纲》要求对教程内容进行学程化处理。《学程手册》分四个部分。第一部分，学习目标及学习指导要求；第二部分，每课的课前预习体验、课中学习探究、课后拓展练习的全过程要求；第三部分，单元的知识结构图或单元思维导图；第四部分，单元综合测试试题及单元综合活动要求。

《学程手册》为学生铺就了自主学习的轨道，学生在使用《学程手册》学习的过程中逐渐学会学习；《学程手册》为教师的教学搭起了脚手架，为教师实现有效教学提供了保障。

近几年来，我校以编写、修订与使用好《学程手册》作为课堂教学改革的重要行动，全面推进各学科的课堂教学改革。

行动一：让全体教师参与编写《学程手册》。让教师把教的设计转化为学的设计，进一步理解学科本质；把学科知识转化为学科教学法知识，同时发挥学科团队集体智慧，实现教学智慧的有效传递。

行动二：全体教师用好、用活《学程手册》。基于《学程手册》，又要超越《学程手册》。要立足教学实际和学生基础特点，灵活应用，将精心预设与即时生成相统一，组织学生开展切实有效、有意义的学习活动，满足不同层次学生发展的需求。

行动三：全体教师参与修订《学程手册》。积极开展多形式的校内、校际研修，改进与完善各学科的《学程手册》。如与白鹤中学、五浦汇实验学校、世外尚美学校建立校际联合教研共同体，在每学期开展新课堂实验教学研究，完善《学程手册》，与重固中学开展"同课共构"新课堂比较研究，完善"一图二表三单一视频"新课堂改进的技术工具。

与此同时，将《学程手册》研修成果及时转化为课程，开设"新课堂实验"讲习班，在集团内进行智慧共享，区内外进行成果辐射。

4."优化学程"新课堂改革项目实践

进一步加强学校"活动—发展"教育模式的研究与实践，以编写新一轮《学程手册》为载体，及时记录学生的学习活动。我们尝试从基于"课标"和关注学习目标的学习内容出发，建立结构化的知能体系，在此基础上形成启发式的问题链、设计进阶式（情境体验式）的活动序，打造同步式的评价体，切实提高课堂教学效果，发展学生的学习潜力，办人民满意的教育。

"优化学程"暨《学程手册》2.0版的主要编制要求如下：

第一部分：学习内容——建立结构化的知能体系。把分散的知识体系系统化，梳理出学科结构化内容及之间的关联，厘清本学科整体的知识体系及与之相应的能力体系。

第二部分：学习问题——形成启发式的问题链。在明确学习目标的基础上，厘清学科的主干性、逻辑性问题。以问题引导学生的学习，启发学生学习的思维、帮助学生自主学习，提升学生高层次的思维能力。

第三部分：学习过程——设计进阶式的活动。精心设计与学习问题相对应的有意义的学习活动，因需设计解决问题的活动，使活动能切实解决学生的问题，特别是重点、难点问题。

第四部分：学习评价——打造同步式的评价体系。过程性评价应避免评价的延迟性，而结果性的评价要做到科学性、多元化，让学生在鼓励与成功的体验中不断前行。

四、研究成效

学生与教师，是课堂教学改革的直接受益者，而师生的发展体现了学校的发展。通过多年的实践，我们切身体会到了实验中学师生的变化。

1. 学生发展

培养学生自主学习的习惯，铺就自主学习活动的轨道。使学生的学业负担得以逐步减轻，使师生关系更为融洽。学生获得了充分、全面的发展，综合素养得到了有效提升。

2. 教师发展

提供教师课堂教学支架，引导教师实现精准教学。促进教师专业合作，教学智慧共享。夯实实践基础，促使教师进行深入的研究。

3. 学校发展

教师教学改革热情高，几乎人人参与新课堂实验的改革实践，促使每一堂课的教学变革。

课堂改革永远在路上，作为学校新课堂实验探索的重要载体，《学程手册》需要不断地升级、迭代，在核心素养视域下，需要更科学地进行知识、内容、结构化的梳理与编排。在促进学生更主动、自主学习的观念下，教师要更合理地理清从学习的知识内容中生发的学习问题，从而设计出更适合学生学习的探究活动，形成引导学生自主学习的活动体系。在促进教师专业学习和信息化时代语境下，学校应建立并完善与各科《学程手册》相配套的教与学数字资源库，创建学生移动终端。课堂改革永远与问题并存，我们要持之以恒，以不断的变革去成就学生学习与生命的精彩，实现教育的真正价值。

参考文献

［1］潘敬芳，王建华.以《学程手册》催生学习动力［J］.现代教学，2012（Z2）：7-8.

［2］陈增强.优化学程，提升教学质量［J］.新课程，2010（3）：133-134.

［3］汤荣.实践"学程导航"追寻理想课堂［J］.化学教与学，2010（5）.

［4］樊健.建构学程导航模式 激活儿童道德生命［J］.中小学德育，2012（12）.

（课题组成员：刘明、班丽亚、项志红、崔乐乐等。执笔：项志红）

以评价驱动教学变革的行动

上海市青浦区实验小学

一、问题的提出

1. 国内外学生学业评价发展趋势与价值需求

目前，无论是我国课程标准和上海市"绿色指标"，还是美国、英国、日本等国学业评价体系，其发展趋势都有以下几方面特点：一是评价过程由封闭走向开放，不再只是关注评价目标本身，而是将各种背景环境、外部因素都纳入评价过程，呈开放式的网络；二是评价内容由片面走向全面，从仅关注学生学业成绩的评定到关注学生思想品德和个性的评价等方面，关注学生的全面发展；三是价值观由一元走向多元，关注评价者本身的需要；四是评价方法多元化，定量评价与定性评价相结合。以上发展趋势均强调知识评价向能力评价的转变，注重在真实情景中评价学生的表现，注重对学生的学习能力和发展潜力的评价，关注学生核心素养的培育与长远发展，使学生成为全面的人。

2. 学生学业评价工作现状与改进的需求

本研究以问题为导向，针对目前学校评价体系中存在的问题，如分数指标唯上，忽视学生的全面发展；评价方式简单，缺乏对学生的真正关照；结果功能单一，难以实现教学的过程改进……以目标为导向，基于课程标准的教学与评价，开展行动研究。依据课程标准，制定较为科学的、全面的评价指标，运用恰当的、有效的方法和途径，系统地收集学生在各学科学习和认知行为上的变化和信息，对学生的知识和能力水平进行价值判断，使评价真正成为促进学生全面发展、健康发展的有力抓手。

二、解决问题的过程与方法

（一）研究的主要目标与重点内容

1. 主要目标

通过对学生学业评价相关理论与实践的研究，探索与市情、区情、校情相适的学生学业评价的目的意义和整体框架；从评价各个环节入手，拓展评价维度，立足学生年龄段特点，精准定位评价要求、评价内容，协调教师、学生、家长等评价主体，全方位参与构建适合本校学生的校本化学业评价体系，研发、形成可具体操作的整体化实施方式及策略，并积累相关的实践案例。

2. 重点内容

为了改变根深蒂固的传统教育文化观念和行动惯性，充分发挥评价的导向激励功能，全面落实素质教育，项目组通过文件解读、理论研究等方式进一步厘清当前学校发展中应有的学生学业评价的价值取向与行为方式；进一步通过编制《青实萌园》实验小学学生成长记录手册、编制语数英《学生学科基础素养教师评价使用指南》，开展"春风师语润课堂"行动、"分类分层优作业"行动、"综合展评显素养"活动、"缤纷体验秀风采"活动等各子项目推进和各项评价活动的实践探索，以多维度、重过程的综合学业评价方式为切入点，进行校本化评价的创新研究与行动实践，注重学生的全面发展和综合素养的提升，凸显学校的办学理念和育人目标。

（二）实践过程

1. 整体策划，学校做好评价改革项目的顶层设计

学校成立了课题组，组织人力、物力全面规划项目的实践路径与实施方法。学校领导负责六个子项目组的具体实施，落实过程管理，收集研究信息，及时总结经验。

2. 全方位参与，教师助推评价改革项目的实践研究

本项目重在进行六个子项目的实践研究，将六个子项目分组实施，分步推进。各子项目负责人来自不同校区，应分别制订研究计划和实施路径并具体负责执行。总项目组协调管理，有序推进研究的进行。

子项目组1：编制《青实萌园》实验小学学生成长记录手册。根据新课程理念和学校的办学宗旨，在以往学业评价手册的基础上梳理各学科学生的学习兴趣、学习习惯与学习成果等方面的达标要求，细化评价指标，根据校本化的拓展型课程要求，制定拓展课程的评价指标和要求，汇编成校本化的学生成长手

册，全方位、各角度记录学生在校的学习经历和成长足迹。

子项目组2：编制语、数、英《学生学科基础素养教师评价使用指南》，以市颁学科评价指南为基础，以区学科单元目标要求和教学建议为指导，对应《校本学生成长记录册》，制订每一个阶段性（单元）评价活动方案范例。

子项目组3：开展"春风师语润课堂"活动。在教师中广泛征集激励性评价用语，引导教师关注课堂即时评价的有效性，在此基础上形成"实验小学教师激励性评价用语100句"。

子项目组4：开展"分类分层优作业"活动。通过优化不同类型、不同难度作业的批改与反馈，给予不同学力层次学生适切的指导，以此来优化对学生作业评价的质效，让作业成为展示学生学业进步的实证。

子项目组5：开展"综合展评显素养"活动。通过整合基础性课程、拓展型课程和校本化的综合课程评价内容，创新师生互动的评价形式，设计相应的评价展示活动，凸显学生的表现性评价，在评价展示活动中凸显学生的综合素养。

子项目组6：进行"缤纷体验秀风采"毕业季课程开发与实施。根据实验小学的办学理念，通过在实小毕业班学生中开设相应的毕业班体验课程和成果展示活动，彰显实小毕业生的综合素养和个性特质，达成育人目标。

3. 家校互动，家长助力评价改革项目的实施

充分挖掘家长资源，通过共同参与活动的设计、过程的实施、结果的反馈，赢得家长的理解、支持，达成共识，让家长成为此项目实施的志愿者和同盟军。

三、成果的主要内容

（一）进一步厘清当前学校发展中学生学业评价的价值取向

学生学业评价研究是指从某一特定目的出发，根据一定的标准，通过特定的程序对学生已经完成或正在进行的课程学习活动进行检测，找出反映其学习进程质量和学业成果水平的资料或数据，从而对学生学习质量和学业水平做出合理的综合性评价的过程。它是关系学校管理的方方面面，涉及学校的培养目标、课程建设、课堂改进与教师成长等诸多因素，牵一发而动全身的关键因素。因此，通过实践研究，发挥评价的诊断改进功能，有利于增强学校自主发展的能力和教师专业发展的内驱力；通过发挥评价的激励功能，有利于端正全体教师的育人价值取向，促进课程教学改革；通过发挥评价的监控管理功能，有利于保障教学基础水平的稳步提升；通过发挥评价的选拔功能，有利于学生个性的培养，从而促进学生全面健康地发展。

（二）进一步梳理学校立足校本实施学生学业评价的主要经验

1. 评价融于教学，发挥评价对学生学习的促进作用

在学生学业评价的实践研究中，项目组坚持评价方式和评价内容的设计要先于教学过程，做到"教学有导向，评价重全面"，努力做到积极评价融于教学过程，优化教学达成评价的目标。

我们认真研读了市教研室下发的低年级语、数、英三门学科的评价指南，发现各学科评价均根据课程标准设立了三个主题模块，都从"学习兴趣""学习态度"和"学业成果"三个维度设计分项评价内容，设定相应的观察点，提出适用的评价方式。这样的评价框架非常清晰，为教师日常的教学评价提供了示范。为此，学校以此为行动指南，在原有的《学生成长手册》的基础上，以"丰富内容、多维导向、细化标准、指导行为"为行动目标，着手编制《校本学生成长手册》，增加了"学习兴趣"和"学习习惯"这两个维度的评价频率，注重全方位、过程性地记录学生的学习现状。

在《校本学生成长手册》的研制过程中，我们还丰富了拓展型课程评价的具体内容，将我校独具特色的"快乐活动日"课程纳入其中。从参与指数、表现指数、快乐指数、创新指数等多个维度评价学生的活动情况；以自评、互评、师评、家长评、社会评等共同参与的方式，将富有童趣的奖章评价、积极向上的称号评价、丰富多样的展示评价、激励成长的积分评价等融入"快乐活动日"课程的每一个学习活动中，弥补了以往学生拓展型课程中活动评价以学习单反馈为主的不足，使《校本学生成长手册》集基础型、拓展型和探究型课程于一体，比较完整地记录下了学生校园生活的足迹。

2. 细化评价标准，让评价有据可循

为了让评价有据可依，项目组根据市颁年段评价指南，分年级、按学期根据课标要求和学生的年龄特点梳理各学科学生学习情况评价标准，细化了"学习兴趣"和"学习习惯"中的参与、交流、倾听、发言等评价指标，又结合学科特点罗列出"学习成果"中的拼音、词句、听说、描写等评价项目的具体指标，并对所有的评价内容做了"三星""四星""五星"达成度的具体描述。例如，美术学科老师在一次对一年级学生当堂作业的评价过程中，出示了一张评价标准表，见表1。

表1　美术学科老师在一次对一年级学生当堂作业评价的标准

三星标准	四星标准	五星标准
图案外形有特色	图案外形有特点	图案外形有特点
点线花纹组合	点线组合花纹有美感	点线组合花纹有美感
涂色较均匀	涂色均匀	色彩鲜艳又均匀

在评价活动中，大家对学生学业成果的评价不但明确了评价内容，而且清晰了具体的评价要求。这样一来，教师有了评价的依据，学生也有了努力的方向。

3. 编制《教师评价使用手册》，提高评价的科学性

为了进一步提高评价的科学性和客观性，项目组以市颁布的《学科评价指南》为基础，以区域学科单元目标要求和教学建议为指导，对应《校本学生成长记录册》，尝试在语数英学科中梳理学期评价达标要求的基础上，认真筛选每一册教材的学科知识能力要点，制订每一个阶段性评价活动方案范例。在每一个评价环节中设计具体的评价表，描述了学生从一星到五星的达标表现。评价活动中老师对评价的内容、评价的方式、达标的要求清清楚楚，大大提高了评价活动的可操作性，清晰明确可操作的评价对提升教师的教与学生的学起到积极的引导和促进作用。

4. 优化课堂用语，彰显即时评价的激励作用

项目组在教师中开展了"春风师语"——实验小学教师课堂教学激励性评价用语的征集活动，经过层层筛选，按照"激发学习兴趣与学习动机""指导和培养良好的学习习惯"以及"改善学生的学习思路与方法"等几个方面进行归类和重组，整理出"实验小学教师课堂教学激励性评价用语推荐101句"，汇编成册。在此基础上，各学科从"树立学习榜样""发挥诊断功能""鼓励生生互评""评选学习之星"等角度出发，开展校本研究，通过各学科的课堂展示、教学研究和教学案例的积累，在课堂实践中进行验证，不断优化教师的课堂评价用语，充分发挥评价的激励性、诊断性和导向性作用。

5. 编写学科加油站，让作业成为展示学生学业进步的实证

项目组整合骨干力量与资源优势，依据学科特性和课程标准，在汲取相关学科配套练习册优点的基础上，进行"各学科加油站"校本作业的研究与设计。以《课前预学单》《课中学习单》《课后检测单》的方式围绕目标的达成，对学生进行连贯一致的学程指导，帮助学生开展学习活动，收获学习成果，同时也有助于教师及时调整或矫正课堂教学。每年利用假期收集汇总教师在使用过程中的得失记录、修改意见等，及时组织骨干团队进行删减、修改和调整，使校本作业的质量逐步完善。在此过程中，教师通过优化不同类型、不同难度的作业，给予不同学力层次的学生适切的指导，让作业真正成为展示学生学业进步的实证。

6. 实施综合性学科展评活动，逐步建立学生综合素质考量的评价机制

项目组在一、二年级学生中开展了学习准备期、期末阶段学科素养综合展示评价活动的探索与实践，以"乐游智慧园，携手共成长""青实萌童，迎新登高"等为主题，根据课程标准，确定评价内容，制订评价指标，设计了"形象与律动、智力大冲浪、铃儿响叮当、寻找百灵鸟、词句连连看"等精彩纷呈的活动项目，让孩子们在听一听、读一读、说一说、演一演、摆一摆、编一编、唱一唱的过程中，展示自己在各类课程中的学习收获和综合素养，逐步建立校本化学生综合素质全面考量的评价机制。

7. 开发毕业季课程，凸显学生的综合素养和个性特质

为了进一步改进毕业班学生的评价内容和评价方式，项目组从学校的育人目标出发，整合各类课程资源，以课程实施与成果展示的方式为毕业班学生规划设计了"向阳花开，扬帆起航"毕业季课程。课程主要分必修与选修两类。必修课程包括实践能力、自救自护、心灵花园等分项学习内容；选修课程包括启智类、健体类、艺术类等若干门技能类兴趣课程，学生在完成必修科目的基础上，可自主选择适合自己的学习课程与项目，通过一段时间的学习与体验，可进行综合展示，以此考量自己的综合素养和个性特质，为五年的小学生活画上圆满的句号，留下美好的回忆。

四、效果与反思

1. 取得的实际效果

（1）研究与完善学生学业评价，使提升学校课程领导力之间的内在关系与实际的关联度得到更为充分的体现，使项目研究真正服务于学校的课程建设与教学改革，让学生成为真正的受益者。

（2）从评价各个环节到拓展评价维度，立足学生年龄段特点，精准定位评价内容，鼓动教师、学生、家长等评价主体来参与，构建适合本校学生的校本化学习评价体系，研发具操作性的整体化实施方式及策略，并积累相关的实践案例。

（3）在关注核心素养培育的当下，学生的基础学力与基础素养显得尤为重要，因此在评价目标的设置、评价内容的确定以及评价过程的实施中，进一步关注学生的学习兴趣、思维品质、表达能力与自制力等方面的评价，更为务实有效。

2. 后续研究的思考

研究日益深入，问题越发凸显，如何突破难点，更好地促进本项目研究向深度开掘，向广度拓展，是我们亟待解决的问题。为此我们将从以下几方面着手进行：

（1）整合阶段研究成果，积极进行全面而深入的第二轮行动研究，进一步对研究过程中发现的问题，尤其是六个子项目研究在校本评价体系构建中如何体现关联性、科学性、系统性与实效性的问题，进一步加以梳理与完善，邀请专家组及上级相关部门进行更为深入的项目指导。

（2）创造机会适时组织阶段成果展示，鼓励教师将研究成果应用于学生学业评价的全过程，渗透日常课堂教学和专业行为的方方面面，形成过程性文字及影像资料。

（3）归纳资料，分析数据，对实施部分进行修改完善，构建适合本校学生的校本化学业评价体系，对具体操作的整体化实施方式及策略进行全面总结，同时将研究成果转化为常态的工作制度，形成规范，彰显实效。

研究未有穷期，我们将进一步加大实践研究的力度，积极探索学生欢迎、教师可操作、管理见效、家长接受的评价方式，形成基于课标与学情的校本化评价实施经验，以校本化的实践让教育回归本源、回归真实。

📇 参考文献

［1］袁振国.教育评价与测量［M］.北京：教育科学出版社，2002.

［2］吴瑾.浅谈日本高考制度对我国高考制度改革的启示［J］.华中师范大学研究生学报，2006（4）.

［3］陈晨，潘苏东.美国全国教育进展评价体系的发展历程：40年回顾［J］.外国中小学教育，2009（12）.

［4］冯锐.基于案例推理的经验学习研究［D］.上海：华东师范大学，2011.

［5］张志明，李婷婷.浅谈档案袋评价在高校教学中的应用［J］.科教文汇（下旬刊），2012（3）.

（课题组成员：徐峰、陈文芳、张筱琳、严天民、周琼、戴琦弘、吴志平、李志英、许利琴。执笔：徐峰）

以"GROW"理念引导学校课堂转型的实践

上海市青浦区徐泾小学

2011年，上海市基础教育工作会议后，时任市教委副主任的尹后庆提出成立"新优质学校推进项目"，总结提炼出不挑选生源，不争抢排名，不集聚资源，在较短时间获得可持续发展的学校优质办学经验。2012年，我校加入该项目组。

一、发展之思：新优质赋能

新优质学校的意义并不在于给学校加上"新优质"的头衔，而是以"进步"的视角来关注学校在原有基础上的增值。"新"代表了一种追求与态度。作为一所人口导入地区的学校，我校面临四个方面的挑战：一是学校规模扩张，使得学生数量多、班额数量大、学生流动性大，三大问题成为学校难以承受之重；二是新教师比例迅速上升，师资队伍的结构性矛盾凸显；三是外来务工人员随迁子女日益增多，生源复杂，差异较大；四是学生家长文化背景不一、程度参差不齐，家校深度合作困难大。

2012年，学校首次参加了"上海市中小学学业质量绿色指标"测试，结果显示学生的作业、睡眠、自信心、内部学习动机等几项指数都很低，教师的教学方式、学生压力、师生关系等多项指标都低于本区平均水平。

通过深入分析数据，我校找到了问题所在：教师在教学中往往忽视学科的育人功能，不太重视学法的指导，使得学生缺乏自主学习的意识与方法；教师不给学生较为宽裕的时空，缺乏以评价促进教学的意识和行为；学校课程碎片化，不成序列，不够丰富，不能满足学生的个性化需求。找准了问题，也就明确了学校发展的方向——建设朝气蓬勃、富有生机的学校环境，加强精细化、智慧化的学校管理，强化教师的责任担当意识，转变课堂教与学的方式。

二、顶层设计："GROW"理念引领下的整体突破

聚焦问题，谋划出路；课题引领，整体突破。2013年，学校提出"以'GROW'理念引领新优质学校持续发展的实践与研究"课题，获得市级立项。"GROW"理念：grow意为成长，包括学生、教师的成长，使学校成为成长型学校。其中，G（green，绿色）指学校要拥有绿色教育的视野，使学生具有可持续发展的关键能力和品格，引导学生运用所学的知识与技能去思考、探求，解决实际生活中出现的问题，养成可持续发展的价值观、道德观和责任心。R（respect与responsibility，尊重与责任）指学校要尊重学生与教师的差异，对每个孩子的健康成长负责，对每个教师的专业发展负责。O（Opportunity，机会）指学校要坚持公平、优质与均衡，为每个学生、教师创设适切的成长空间，提供充分的发展机会。W（worth，价值）指学校要遵循"以人为本"的价值导向，在引导师生实现自我价值的同时提升学校的社会价值。

学校确立的目标为：基于新优质学校的发展需要，通过实践创新，形成以"GROW"理念建构成长型学校的基本思路、操作平台与管理机制，提炼学生、教师成长的成功经验，总结促进学校办学品质提高的理性认识。

依据该目标，可将研究分解为以下内容。

1. 绿色理念深化的途径

探索以"观察—诊断—改进—突破"为运作要点的校本教研方式，以"问题—实践—反思—提升"为特点的小课题研究模式，以"快乐成长"积点评价项目为载体的评价机制。

2. 机会平台创设的做法

整体架构学校课程体系，推广特色课程、开发兴趣课程、完善校级社团类课程和"校园小农场"探究等实践体验课程，创建以主题文化长廊为载体的系列环境教育课程。

3. 责任意识承续的思路

以"做负责任的教师"为共识，面对目前教师队伍存在的问题与发展需要，深入分析问题形成的原因，加快研究解困对策。

4. 自我价值实现的指向

基于"以人为本"的价值导向，不断进行探索实践，使师生人人能参与、人人有收获、人人得发展，从而使师生的自我价值不断实现，学校的社会价值逐步提升。

三、有序推进："四个成长"稳步进展

在专家的指导帮助下，我校把握"新优质学校推进"项目学校集群化发展的有利条件，基于"绿色指标"测试结果，聚焦建设"四个成长"——成长的校园、成长的课程、成长的课堂、成长的师资，培养具有可持续发展能力的学生。

（一）景中有人，人中有景，打造"以人为本"的成长校园

我校认为，新优质学校最为亮丽的"风景"是人，创设人在景中亦是景的文化景观，是新优质学校的一种发展取向。

1. 寓情于景，向师生传递成长的愿景

一方面，广泛使用标语标识，发挥暗示效应。进入校园，映入眼帘的是一块刻有校训"勤奋向上"的石碑。报告厅门上镌刻着"对每个孩子的健康成长负责"的办学理念。个性化设计的学生校服仿佛流动的标语，时刻提醒孩子们作为学校的一员所担负的责任。另一方面，校园环境设计引导师生角色代入，叩击心灵。漫步校史长廊，孩子们发出了"我要努力学习，今后让我的形象出现在这里"的"豪言壮语"。"学生风采展示园地"向孩子们传递着"加油，你也可以秀一秀"的信号。学校荣誉墙让全体师生更加意气风发。

2. 生命景观，让学生体悟成长的意义

利用校园空间较大这一优势，学校首先将校园中的一块空地开辟成了一个属于学生的"校园小农场"。结合学校的"苗苗农场"校本拓展课程，分地到班，分季节种植各类瓜果蔬菜。同时，校园里也陆续养起小动物，满足学生对天上飞、地上跑、水里游的动物的好奇心。人与大自然合一，成为校园的美好一景。

3. 以景怡情，使学生提升成长的追求

"廊文化"是校园文化传播的重要途径。学校在设计长廊环境时，结合学校的理念与特色，将教育功能融入其中。校园内先后建设了校史长廊、禁毒长廊、科普长廊、书画长廊、艺术长廊、体育长廊等。漫步长廊，让学生在欣赏之余陶冶情操，激发情怀，架起梦想。

4. 景中留白，给学生自由的成长空间

教育家陶行知先生提出要"解放小孩子的头脑，解放小孩子的双手，解放小孩子的嘴，解放小孩子的空间，解放小孩子的时间"。基于此，学校在南部校区搭建了一座木屋书室，在北部校区留出了一面"心语墙"，让孩子们能自由地徜徉其中，寻找自己的成长乐趣。

（二）满足需求，多维联动，建设"健康少年"成长课程

以"健康少年"的成长为取向，学校将课程、教学、评价、管理以及师生发展融为一体，在课程文化层次上实现变革。

1. 顶层设计，建构起课程框架

学校以"责任育人、活动拓展，逐步完善"为课程建设指导思想，在确保落实国家课程的基础上，根据学生多样化、个性化发展的需求，充分发扬地方课程特色，有效整合校本课程，初步形成三类课程协同发展的结构体系，如图1所示。

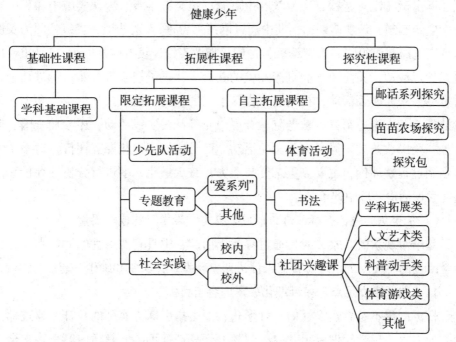

图1　徐泾小学"健康少年"系列课程结构

2. 着力"三化"，促进课程的全面开发

一是促进"课程特色化"，在保持原有田径特色项目的基础上，发展"阳光体育"课程（三棋四球等）、"泾风"学生社团课程（器乐、舞蹈、声乐、书画、戏剧等），使学校的特色课程从单一变为多样。二是形成"课程系列化"，加强课程科目群建设，使优势课程从"单薄"发展为"厚实"。学校目前已经形成"爱"系列课程、"邮话"系列课程。三是凸显课程个性化，满足需求从"趋同"到"多选择"。依托兴趣课，学校一方面"问需于学生"，对全校学生开展了关于学生兴趣的问卷调查；同时"求能于师长"，对在校教师进行了技能兴趣调查与课程开发培训，并进行了广泛课程征集。本着普及和提高原则，我校已开发了100多门兴趣课程。

3. 创新管理，推进课程规范有序实施

一是设置镶嵌式课程，坚持每年修订课程实施计划，将每一门课程合理地嵌入整体框架。如将足球、跆拳道等校本课程嵌入体育活动课，将书法课程嵌入拓展课，将"邮话"系列课程作为探究学习包，将"爱"系列课程嵌入少先队活动课和晨会课，将兴趣、社团课程嵌入每周的"快乐活动日"，等等。二是组合式推进课程实施，采取"长—短—微"课程相结合的方式：一、二年级兴趣课上微（短）课程，实行教师走班制；三至五年级兴趣课实施中课程，实行学生走班制，每学期期初、期中通过网络平台进行2次选课；校级社团为长课程，实行跨年级组团，固定编班，每周兴趣课安排连续2课时学习。三是重视体验式学习活动，关注孩子们直接经验的获得，让孩子们亲近自然，走进社会，通过一系列的实践活动，扩充和丰富孩子们的经验和见识。如学校"和美"茶艺社的小茶人走进军营、敬老院、会展中心等开展实践活动，还参加全国、市区级"全民饮茶日"等各类茶文化活动。四是实施多样化课程评价，对学生学习强调过程性评价，主要侧重态度与能力，减少量化，多进行分析性评价，注重在学习活动情境中评价学生。

（三）聚焦问题，持续改进，形成"自主·导学"的成长课堂

基于对现状的观察，我校通过寻找当前课堂中具有普遍性的薄弱点，分析教学改进的突破点，以理念转变来促进课堂转型，让课堂和师生一起成长。

1. 找准课堂立足点，多维细化教学内容与目标

目标制定不是教学设计的一种形式，而是指引课堂实施的标杆。通过课堂诊断，专家指出学校课堂上"对教学核心任务把握不准，教学内容贪多求全，不会取舍"等问题比较突出。因而，学校将厘清教学目标作为课堂改进的立足点，采取"自上而下、自下而上、同伴互动"的实践研究方式，基于单元及单课进行分析，逐步形成校本化教学指南，引领教师教学。为把纲领性的课标细化为具体的课时教学目标，学校设计了多维教学分析表，见表1、表2。

表1　数学单课"四维"教学分析表

学习内容	知识与能力目标	学力水平及要点

表2　语文知识与能力教学目标

教学内容 课时（容量）	教学目标				教学方式	教学评价
	A	B	C	D		

2. 注重学法指导，形成"自主·导学"的课堂教学模式

在课堂诊断中，也暴露教师比较缺乏对学生自主学习的意识和方法的培养、不重视对学生的学法指导等问题。因此，学校提出"自主""导学"这两个关键要素，引导教师探索课堂改革。自主，即明确学生是学习的主体；导学，即指出教师是学习的组织者、引导者和合作者。

同时，学校以杜威的"五步教学法"（情境、问题、假设、推论、验证）为理论依据，结合实践逐步架构起"自主·导学"课堂教学模式。预学环节——提倡有准备的教与学。从学生已有的学习经验出发，由教师创设一个情境引起学生的探究兴趣，适当提供或者让学生自主准备一些学习资料，进行学法的指导。交流环节——营造氛围，适度引导。教师不急于给出观点或是设置过于充分的台阶让学生按部就班地学习，而是鼓励学生大胆提问和发表自己的观点，引导多样的方法。释疑环节——民主讨论适时点拨。课堂教学中教师要少讲，多为学生创设交流讨论的时间和空间，教师在其中发挥"穿针引线"的作用，引导学生正确理解、达成共识。总结整理、练习巩固、拓展延伸环节——自主感悟相机导学。引导学生运用比较、类比等方法来归纳、优化方法。设计开放的练习，发展学生的能力。

3. 注重发展学力，关注思维与评价

关注学生可持续发展能力的培养是课堂改进最鲜明的特征。课堂教学除了要求学生具有扎实的基础知识和基本技能之外，更重要的任务是发展学生的思维能力，使其养成良好的学习习惯、学习态度。

一是提出围绕"思"与"问"，发展学生的思维能力的策略。"思"是指重视学生思维体验的过程，不仅要学会，更要会学。"问"是指教师要设计与创设有效的问题情境，提出"真问题""大问题"，引发学生探究学习；也指教师要注重培养学生的问题意识，引导学生思考与提问。

二是提出以评促教、以评促学的策略。学校推行"快乐成长积点"学生评价机制，以"勤奋点"指向学生的学业评价、"向上点"指向活动表现评价、

"进步点"指向行为规范表现评价，采取综合积点的方式，在日常教学中促使评价融入课堂，发挥其诊断、引导、激励、调节等功能。

（四）研修助推，评价导向，促进教师的专业成长

学校的改革与发展，关键在于将先进的教育理念化为全体人员的实际行动。而在课题启动之时，学校的师资队伍正面临着这样的困境：骨干教师数量不足，缺乏持续发展急需的领军人物；教师"重教学、轻育德"倾向普遍存在；班主任队伍过于年轻化。为此，学校提出了"有责任担当、有教学基础，勇于创新、特色见长"的师资培养目标，做强教师，促进其成长。

1. 文化引领，激发教师成长

学校以"做负责教师"为教师的价值导向，通过组织各类学习活动，因势利导。

一是开展培训。聘请专家进行三期"全员代言教师形象修炼学堂"培训，以主人翁的姿态提高教师对学校文化的认同度。

二是树立榜样。学校先后开展了"我身边的好教师"公推评选表彰、校长书记"夸夸我身边的好老师""我和学生共成长"等活动，通过榜样示范，增强教师发展的自觉意识。

三是开展争创活动。发起"坚持五带头，争做人民满意好教师"承诺践诺行动、组建"四叶草"志愿者队伍等，骨干先行，发挥党团员教师的示范带头作用。

2. 活动推行，夯实教师实践能力

学校坚持"在实施中强化理念认同，在行动中提升实践智慧，在互动中凝聚团队力量"的校本研修理念，通过"自下而上"的活动，注重教师专业发展的文化自觉，促使教师从日常的、习以为常的现象中发现问题，激发其变革的愿望。

一是以点带面，项目推进，课堂实践长能力。从语文学科切入，学校借外力诊断问题点，寻求突破点，成立先行小组，以任务驱动，以活动推进，取得一定的成效。从语文学科辐射到其他学科，一部分骨干教师得到锻炼提升，迅速成熟起来。

二是深挖潜能，开发课程，发挥特长增魅力。在校本课程开发与建设的过程中，学校充分信任、依托、扶植教师，促进教师提升自我。如音乐教师邓丽琼，因喜欢传统茶艺，学校支持其参加市级培训，鼓励其在特色社团基础上开发校本课程，不仅少儿茶艺项目和孩子们屡屡得奖，在学校全力支持教师专业化、个性化特色化发展的氛围中，通过自身的努力，邓老师现在已成为一名高级茶艺师、评茶师、区拓展型学科名优教师。

三是课题研究，团队合作聚智慧。为助推骨干教师成长，学校以申报区级重点项目和研发校本课程为抓手，培养一批教、研双强型骨干教师。2012至2016年，学校27项课题获区级及以上立项，在各级各类教育科研征文评选活动中获奖近百人次，在市级刊物上发表文章120多篇。

3. 评价促进，推动教师持续成长

一是健全评价机制，引导教师德能双优。学校以"上海市中小学学业质量绿色指标"为导向，进一步健全对教师的评价考核机制，不断完善满意率测评标准、评价量表和评价结果的使用，做到评价标准科学全面，凸显导向性；评价主体更加多元，有生评、家长评、年级组评、学科组评和自评。从师德规范、有效课堂、师生关系等多维度对教师教育教学行为进行评价。二是完善激励机制，激励教师持续成长。学校开展校优秀班主任"米兰奖"评选（每三年一评）、我身边的好教师——青年教师"新苗奖"和中老年教师"银杏奖"评选（每三年一评），以及优秀党员、优秀团员的评选。每学年开展优秀教研组、文明组室、文明教职工等的评选。

四、初见成效：润泽校园，智慧课程，活力课堂，特色育人

培养具有可持续发展能力的人，是我校不懈追求的办学终极目标。近年来，学校以校园、课程、课堂、师资"四个成长"为起步点与落脚点，以培育学生核心素养为目标，打造润泽身心的校园环境，开发传递爱心与智慧的课程，创新充满活力的课堂，建设德能双优的教师队伍，多维度地关注学生内心的成长。实践至此，初见成效，得到了各界的认可，我校成为市"基于课程标准的教学与评价"试点校、市"以校为本的教育质量保障体系建设"试点校、全国红领巾集邮文化体验行动示范校、市集邮特色学校，市禁毒工作先进集体、特色项目学校，市书法教育实验学校、市艺术特色学校、市小学歌唱教学联盟单位、市体育传统学校、市足球布控学校，市安全文明校园；区新优质学校、区文明单位，区行为规范三星级示范校，区科技教育特色项目学校，区学生民族文化培训基地校；等等。师生呈现良好的发展态势。学校拥有的区级名优教师人数从上一届的7名增至18名，编写校本教材5套。组建、拓展校级学生社团26个，每年学生参与各级活动均获奖近百项。

学校内涵建设快速开展，呈现丰富多元、全面综合的成长路径。课题实施

期间，曾多次承担市、区级各类现场展示，研讨会举办任务，学校提供的实践经验得到各级领导、专家、同行的肯定。

　　成绩只说明过去，学校不忘新优质学校"成长（GROW）"的初心，坚持以人为本，全面关注教师和学生的发展需求，让师生的内心更加丰富和精彩。当下，一些现实问题需要持续不断地研究，如课程的统整有待进一步完善，有些学科的教学质量还不够稳定，骨干教师团队的实力还不够"冒尖"，等等，学校仍需要加紧突破。

📁 参考文献

［1］夏雪梅.新优质学校的课程可能是怎样的［J］.上海教育，2012（10）.

［2］张民生.学习"新优质"，创新"新优质"［J］.上海教育，2012（4A）.

［3］倪闽景.教育转型期推进改革的标杆行动［J］.上海教育，2012（4A）.

［4］汤林春.让评价回归教育的原本之义［J］.上海教育，2012（4A）.

［5］胡兴宏.走向新优质——"新优质学校推进"项目指导手册［M］.上海：上海教育出版社，2014.

　　（课题组成员：沈秋其、高健华、赵志方、朱莉莉、陆建红、徐晓新、张薇。执笔：沈秋其）

第二章

变革教学形态，激发课堂活力

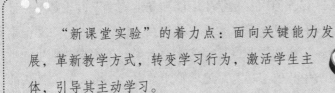

　　"新课堂实验"的着力点：面向关键能力发展，革新教学方式，转变学习行为，激活学生主体，引导其主动学习。

以"前置学习"为特征的课堂教学新样式探索

上海市青浦区第一中学

"求木之长者，必固其根本；欲流之远者，必浚其泉源"，师生的生命健全发展根本在课堂，为聚焦学生关键能力的发展，我校启动了以"前置学习"为特点的课堂教学新样式的实践探索。着眼于提升师生的生命质量，为学生的终身发展奠定基础，构建基于共同目标的师生学习共同体，确立"教—学—做合一"的前置学习理念，探索出以"四环、五线、一载体"组成的以"前置学习"为特点的课堂教学新样式。近年来，学校课堂成为"教学相长，潜能开发，师生愉悦"的场所，正在实现课堂教学的高效率和高质量，不断促进师生的生命成长。

一、问题的提出——"课堂教学新样式"研究动因

1. 探索源于学校的困惑与追求

学校办学质量稳步提升之际，还直面许多问题和挑战：学生和教师负担还很重，他们的学习生活和职业生涯还很不愉悦；大量讲、练还是课堂的基本形态，教师教得累，学得苦。究其原因，是学生不能独立地"学"，教师不会针对性地"教"。怎么办？我们回到了课堂教学存在的意义这个原点，对实施素质教育的要义进行了思考：学生的学业成就应该从哪里来？怎么来？师生的生命健全发展如何在课堂教学中有效实现？是追求师生健康的、全面的、持久的发展，还是满足于片面的、表面的、眼前的发展？做出正确选择并不难，难的是在实践中加以落实。

2. 出路在于突破课堂教学这一瓶颈

怎样才能改变目前实践与认识背道而驰的局面呢？出路何在？我们认识到需要突破的瓶颈就是课堂教学的效率和质量。如果课堂教学还是低水平、低效

益，教师还是以讲为主，学生还是处在"被学习"的状态，上述问题必然难以解决。而要突破这个瓶颈，解决这一普遍问题有不同的办法，我们经过深思熟虑，将课堂改革的起点定为"把课堂还给学生，让课堂成为教学相长、潜能开发、师生愉悦的学堂"，探索具有一中特色的课堂教学新样式，提高师生课堂生命的质量，构建师生共同成长的学习共同体，最终实现美好愿景。

二、解决问题的过程与方法——"课堂教学新样式"的发展历程

我校探索"课堂教学新样式"的过程，主要经历了这样一个发展轨迹：以"愿景引领"打开教师的信念之门，以"典型领路"进行先行先试，迈开改革的第一步；以"行动研究"寻求破解难题的策略。

1. 愿景引领，打开教师的信念之门

从2008年12月开始，我校着手进行力度更大的课堂教学改革，开始了以"前置学习"为特征的"课堂教学新样式"探索之路。

信念的改变需要愿景的引领。教师对"前置学习"的教学理念进行了深入的学习、交流，在充分考虑学生需求的基础上，提出了我们的课堂愿景：构建"人人参与，个个展示，尝试成功，体验快乐，激活思维，释放潜能，自主学习，个性发展"的课堂，用愉悦课堂的愿景来激发教师课改的热情。

这样的愿景真的能实现吗？学生真的可以在"前置学习"中实现高效自主学习吗？有些教师仍然抱着怀疑的态度，体育组教师更是对"前置学习"提出了质疑。为此，我们提出以"预学"，即"前置学习"为突破口，鼓励教师大胆尝试的策略。体育组教师在实践中开了先河，首创了"心理预学""身体预学"、学生自编自创热身运动等多样化预学方式，其他学科教师也相继打消了怀疑的念头。

2. 典型领路，迈出改革的第一步

课堂改革的进一步推进需要成功经验的引导，需要样例学习。学校为了推动教师迈出改革的第一步，选择最具说服力的典型来激发和引导广大教师的改革激情和行动。学校根据教师的需求和特点，精心设计了不同层次的考察学习。目的有二：其一，看别人的课，想自己的课，产生观念的冲击。其二，感受别人的课堂，反思自己的课堂，内心产生变革的愿望。一方面，学校成立课改实验小组，进行先行先试。课改实验小组每周晚上举行课改实验学习研讨，促使自己在想清楚的基础上清楚做。另一方面，学校通过全校大会，教研组、备课组活动，日常听评课等多种途径，进行"新样式"的探索。

学校果断采取"一选高中，二选数学，三选困难教师"的策略。短短一学期，实验班"异军突起"，取得了明显的进步，师生关系也获得极大的改善。试点的同时，其余课改小组成员分别进行跟进式实验，一起交流经验，共享成果，课堂面貌纷纷发生了变化：学生变得有信心了，兴趣提高了，学习主动性也提升了。

"点"上的初试成功，让大部分教师产生了主动变革的愿望。为有效推进改革进程，我们采用了多层次合作探索的方式，包括实验参与者（组织者、教师、学生）之间的多向合作、实验团队和专家的合作。我们将探索研究的重点下到备课组。备课组在不同阶段认领按教学要素分解的不同的研究任务，采用合作探索、资源共享的方式，总结经验，及时传播，逐步形成具有学科特点、学段特点的初级样式。

3. 行动研究，寻求破解难题的策略

在初级样式的全面推广过程中，我们发现了不少问题。如在小组合作学习中，学生不敢展示或者不会展示。我们的解决策略是：一方面宣传新课堂学习方式；另一方面重点培养典型学生，发挥学生榜样的影响力，带动不同层次的学生，使其敢于展示。同时，通过展示规范的制定和培训，让学生逐步学会展示。展示面貌在短时间内发生了巨大的变化，学生们争相上台的场面经常可见。

又如学生小组活动效率不高的问题。我们的解决策略是：首先，遵循"组内异质、组间同质"的原则，建立2~8人的学习型小组。注重加强座位安排、组长培训、组员培训等小组常规建设，营造民主合作的氛围，提高小组凝聚力和合作学习的效率。其次，设计符合学生身心特点的有意义的问题，通过丰富多样的活动形式，增强学生合作解决问题的愿望，从而提高小组活动的效率。再次，建立小组捆绑评价机制，使个人荣誉与集体荣誉紧密联系，培养学生良好的交互研讨习惯，有效保障学习小组的长效发展。

三、成果的主要内容——以"前置学习"为特征的课堂教学新样式

（一）"前置学习"的含义

"前置学习"是我校在"课堂教学新样式"实践研究过程中提炼、归纳而提出的一个新概念。"前置学习"本质上是学习起点的前移，即学生先进行个性化的自学，将学习任务提前。"前置学习"的意义和价值，首先，在于彻底地打破了课堂教学的封闭性，在时间上向两端延伸，在空间上向教室外、校园

外拓展。其次，在于有效地确保了学生学习的自主性，对学生提出了更高的学习要求，也提供了更自由地发挥余地；要求教师抛弃教学分离、重教轻学的落后观念，树立"为学而教"的新理念，学习引领学生自主学习的新方法。

（二）"课堂教学新样式"理念

新课堂着眼于提升师生的生命质量，构建基于共同目标的师生学习共同体，确立"教、学、做合一"的前置学习理念，促进优秀学生和困难学生同步发展，促进学生学习能力的提高和教师专业能力提高同步发展，促进师生的身心愉悦和潜能开发的同步发展，为学生的终身发展奠定良好的基础。

（三）"课堂教学新样式"的构成

"新样式"由三个学习阶段，七个教学环节，六个关键技术，一个学习载体，三种组织单位构成。

1."前置学习"阶段（第一轮学习）

这一学习阶段包括两个教学环节，即确定任务、暴露问题，包括两项关键技术，即目标转换、问题重组。

教学环节1：确定任务——教师深入解读文本及摸清学情后，以备课组为单位设计前置学习的具体要求，即编制学习单，指导学生进行前置学习。

关键技术1：目标转换，即教学目标的两次转换。首先，教学目标转换为学习目标，使目标显性化，可测量。其次，学习目标转换为问题，把基本概念、基本原理、基本方法和基本过程转换为相关问题，以问题驱动学生"前置学习"。这是问题的第一次设计。

教学环节2：暴露问题——目的是让学生在完成前置学习任务的过程中，将一些易错点、易混淆点、难以理解之处在学习单等载体上自然暴露出来，便于教师及时掌握不同层次学生的起点，为课堂的教和学做好准备。

关键技术2：问题重组，是指教师将学生前置学习中暴露出的问题进行收集、整理、筛选等，将问题等进行重组，以问题串或问题组的形式，完善预设的问题，让课堂教学更精准化。这是问题的第二次设计。

如此，在前置学习阶段之后，学生们能带着问题、带着思考走进课堂。

2. 交互学习阶段（第二轮学习）

这一学习阶段包括四个教学环节，即呈现问题、解决问题、检测问题、升华问题，三项关键技术，即呈现多变、优化组合、诊断调整。

教学环节3：呈现问题——教师根据学生心理发展特点，以激发学生学习动机和参与兴趣为目的，将重组后的问题以恰当的方式进行呈现，以引发学生自主、合作和探究学习，从而掌握知识、形成能力、养成心理品质。

关键技术3：呈现多变，主要解决呈现的主体、时机、形式和载体等问题。问题的呈现主体是多元化的，可以是学生、教师，也可以是师生共同呈现。呈现的时机是动态的，可以在交互学习起始阶段呈现，也可以在学生出现认知冲突时呈现，等等。呈现的形式是多样化的。

教学环节4：解决问题——学生在教师精细化的活动指导（如明确活动要求，提供活动方法指导，等等）下，以个体、小组或全班为单位，在形式多样的活动中对师、生呈现的问题一一突破。其关键是对能激发学生参与热情和学习兴趣的系列活动的设计，重点集中在活动内容、组织形式等问题的设计上。

关键技术4：优化组合，该技术包括三种组织单位（个体、小组、全班）的交替使用，教学方法和学习方法的优化组合，小组成员结构的优化组合。

教学环节5：检测问题——检测设计是为了诊断学生的问题解决情况，便于早诊断早干预，设计重点是检测内容和检测形式的设计。检测形式上主要采用当堂检测，实现"课外作业课内化"，从而减轻学生的课业负担。

关键技术5：诊断调整，包括对教师和学生的诊断，操作上围绕重难点知识，对全体学生进行诊断。在检测内容设计上贴近学生"最近发展区"，让不同层次的学生都有收获。教师根据学生的检测反馈情况，反思、调整学习支架，提升课堂教学效果。

教学环节6：升华问题——教师根据学生的检测反馈及课堂学习情况，为学生提供使其得以提高的学科知识指导，引导学生探究自己感兴趣的更宽领域的问题，即升华问题。

如此，在交互学习阶段之后，学生们带着问题、带着更多的思考走出课堂。

3. 探究学习阶段（第三轮学习）

这一学习阶段包括一个教学环节，即衔接新知。一个关键技术，即资源整合。

教学环节7：衔接新知——主要是学生在升华问题的过程中，通过自主、合作拓展和探究学习后，习得更多课堂外延的知识，能力得到提升，在最大程度上开发潜能。

关键技术6：资源整合，针对学生提高、延伸学科知识，拓展探究更宽泛"新知"的内在动机进行激发。如构建家校互动、社区联动等平台，拓宽学生视野，发展学生多方面能力，探索个性化学习方式，使学生的潜能开发得以真正实现。

4. 学习过程的载体——《学习单》

《学习单》从构成上看，由学习目标、重点、难点、学习内容、困惑、辅助资料等内容组成。从功能布局来看，由梳理区、留白区、评价区、检测区等板块组成。《学习单》贯穿"前置学习"课堂教学过程三阶段的始终，是课堂教学七环节的教学载体。如图1所示。

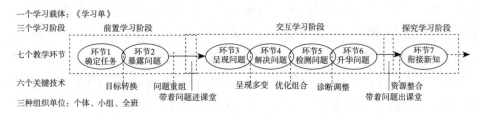

图1 "新样式构成图"

（四）"课堂教学新样式"机制

我们在实施"新样式"的过程中，完成了教与研的整合，让教师在教中学，在学上教，改变了工作和培训"两张皮"的问题。

1. 指标引领，推动教研转型

学校围绕教学方式、师生情感等"绿色指标"中的要素，在教学行为的改进上确立了明确的指标及要求，引导教师上课、听课。备课组围绕"七点"：知识点、重点、难点、易混淆点、应检测点、应拓展点、学生活动设计点，对教师个人的备课思路、作业设计进行研讨，达成组内共识。

2. 实践反思，彰显学科特色

各学科在剖析本学科现状、学科特点的基础上，结合新课堂实践模式，对教学进行改进，体现学科的个性化特色。在学科教师实践—学科组反思—再实践—再反思的基础上，初步形成了各学科的课堂改进特色做法，课堂呈现百花齐放、百家争鸣的繁荣景象。例如，语文学科，为了引导学生重视对语言的涵泳，培养学生的语感，在阅读课教学中摸索出了创意朗读的展示方式，极大地调动了学生的语文学习兴趣。

3. 创设平台，完善评价保障

为了保障教研活动的质量，学校制定了《青浦一中校本教研活动评价表》，用一般科研的程序和方法来引领、强化活动中"研"的力度。具体指标要求有：研修活动重心要下到每位组员，用教研活动策划书、任务书来落实准备活动；有完整的活动过程记录，对活动进行定性描述、定量评价；等等。学校其他有效的校本研修平台还有跨学科研讨、预约观课、专题教研、网络教研和主题论坛等。

四、效果与反思

1."教学相长，潜能开发，师生愉悦"的生命课堂初步实现

自从实施新课改以来，学校的课堂发生了翻天覆地的变化。教学理念和课堂实践已被师生普遍认同，成为教学常态。"新样式"课堂唤醒学生的自我意识，把隐藏于学生内部自我发展的潜质激发、引导出来，让学生感受到学习的价值，体验学习带来的乐趣，学生的创新意识得到了全面的体现和发展。在"绿色指标"的测试中，各项数据表明，学生高层次思维能力指数得到显著提高，教学方式指数遥遥领先。

2.学生过重的学业负担切实得到了减轻

探索实践强调学生的自主学习和教师有针对性的教学，强调教学从前置学习开始，以学习单为主线，学生在做中学，教师在做中教，使做学教合一；当堂测评诊断的关键技术为"课外作业课内化"创造了有利的条件，不断提高课堂教学的效能，切实有效地减轻学生的学业负担。

3.教师群体的专业发展赋予了新的内涵

教师群体专业发展的水平是一所学校教育质量提高最核心和最关键的要素。教师在新课堂教学的探索实践中不断交流经验，互助共享，理论联系实际，不仅打开了教师的信念之门，而且在行动中取长补短，反思改进，在磨课、磨人、磨精神中不断精进，不断成长发展。

4.学校的实验得到了广泛传播

学校的实验得到了青浦教育局的极大肯定。2010年，在总结一中经验的基础上，全区开展了新一轮的"青浦实验"。2010年暑期，上海市教委在校长大培训期间，播放了我们"新样式"经验的专题录像，学校做了专题发言，经验在全市得到了广泛传播。

2013年2月7日《中国教育报》头版介绍了我们的"新样式"经验，《解放日报》《上海教育》《文汇报》《上海教育科研》等报纸杂志也进行了相关的报道，在国内引起了广泛关注。

5.师生用行动研究描绘学校的发展愿景

（1）"教改的问题主要是教员的问题。"改革实践有起伏，也有反复，究其原因，无不因为教师的观念、态度、专业素养出现问题。所以，打造一支"新样式"教学所要求的真正高水平的教师队伍，成为改革重要的发展愿景。

（2）"新样式"的实践，极大地提升了学生的自主学习能力，但合作探究与创新的能力还有待提高，只有这样，才能使课堂更高效，才能进一步减轻学生负担。

（3）"新样式"围绕问题展开教学，问题由学生和教师共同提出，但还是离不开教师的启发引导，怎样让每一个学生真正地、自发地提出问题，提出高质量的具有探究性的问题，是"新样式"进一步探索的努力方向。

（4）学习单在"新样式"的实施中起到了关键作用，是学生独立学习的好助手，怎样让学生离开"拐杖"，真正地、彻底地独立学习，能够自己规划出学习的路线图，走进个性化学习的自由王国，这是我们期盼的理想目标。

参考文献

［1］上海中小学课程教材改革委员会办公室上海市教育委员会教学研究室编.面向21世纪中小学新课程方案和各学科教育改革行动纲领（研究报告）［Z］.上海：上海教育出版社，1999.

［2］钟启泉，崔允漷，张华.为了中华民族的复兴，为了每位学生的发展——基础教育课程改革纲要（试行）［M］.上海：华东师范大学出版社，1999.

［3］孙元清.关于上海第二期课改的主攻方向和突破口［J］.上海教育，1999（5）.

［4］金建生.课堂范式的历史嬗变及现实重建［J］.教育研究与实验，2005（4）.

［5］［美］查尔斯·M.赖格卢斯.教学设计的理论与模型：教学理论的新范式（第2卷）［M］.裴新宁，郑太年，赵健，译.北京：教育科学出版社，2011.

（课题组成员：王学才、冷彩花、秦剑钧、王根章、葛燕、袁芳芳。执笔：王学才）

知识序与认知序协同：激发课堂活力的实践

上海市青浦豫英小学

一、在阅读教学现状中发现问题及症结

阅读，是小学语文课程中最重要的学习领域，阅读教学在整个小学语文教学中占比达到近四分之三，可以说没有阅读教学的质量，就难以有语文教学的质量。为了提高阅读教学的质量，我国曾多次进行小学语文教学的改革，取得了举世瞩目的成就。把这些改革成果汇总起来看，涉及两大方面：一是关注语文本体性任务，关注学生的语言学习；二是体现语文学习的语用观，如关注表达、培养应用能力等。

但是从现在的阅读教学实际审视，我们可以发现，阅读教学存在的问题并没有得到根本解决。主要表现在以下三个方面：一是阅读教学质效普遍比较低，习题化教学等急功近利的现象没有得到彻底解决。二是阅读教学的方式方法偏离了原有的方向。如不是以读散文的方式来教学生读散文，不是以读小说的方式来教学生读小说，而是全部以"整体了解—关键词句品读—感悟文章主旨"的方式进行教学。三是阅读教学的改革视野比较狭窄，只是从单一的角度进行局部的改革，没有从系统性上考虑学生整体的阅读能力的培养，使得学生的能力停留在浅表层面，或始终在同一层面徘徊，难以实现阅读教学整体的改革与质效的提升。

要解决现实问题，找到出路，就应该追溯阅读教学本来的意义和目的。"阅读是在与文本对话的过程中，读者不断提升自己与文本的对话能力，不断提升自己对世界和人生的认识力和感受力""阅读不仅是把读物从一系列的符号变为一种充满意义的作品，而且改造阅读者本身"。由此可见，小学语文教学中的阅读教学应该是让小学生主动参与到阅读过程中来，通过阅读实践不断

提高自己的阅读能力，培养阅读的素养，从而提升对社会和人生的认知能力及感受能力。

二、提出解决问题的过程与方法

（一）阅读教学各项任务和学习水平的层级分析

要用系统的、整体的观点来研究阅读教学，全面提高学生的阅读能力，首要的就是要对阅读教学的各项任务和学习水平层级做出系统的分析。笔者在知网上查阅相关的研究成果，发现与语文阅读能力相关的成果一共有700多篇，另外还有不少专家的专著。不同的专家从各自理论和经验视角出发，有着许多不同的见解。如西方N.B. 史密斯等曾将阅读能力因素分为23个方面，依据发展水平归纳为"理解—解释—评价—创造"，这也是西方较为共识的提法。国内专家也有许多相关研究。有些是以纵向层级为主的能力结构观。如刘增福认为，阅读能力大体上由阅读过程中的感知能力、识记能力、理解能力和评价能力四个方面构成。武永明认为，阅读能力结构应顺应阅读过程。他将阅读能力分解为认读能力、理解能力、鉴赏能力，并指出它们呈螺旋递进的层次，也有交叉现象。也有专家以横向属性为主来构建能力结构观。如张志公认为，阅读能力包括三个方面的因素，理解、记忆和速度，体现在读懂、记住和读得快。刘守力认为，阅读能力可以分解为语感、文感和情感三项能力。周金林认为，阅读能力大致可以分为七项，即鉴赏力、阅读力、注意力、记忆力、思考力、创造力和想象力。综合以上研究成果，阅读能力的分析指向两个方面：偏重"意义理解"和偏重"智力发展"，其中又以"意义理解"为主要取向。当然，受时代和研究视野的局限，这些研究还缺乏一些"主体关怀"和"前沿意识"，如最新的教育教学理论提出的阅读是一种多向、动态、开放的对话过程，阅读要有读者意识、学生立场，关注学习者的个性化阅读体验等。

2011年版《义务教育语文课程标准》明确指出，阅读教学应注重培养学生感受、理解、欣赏和评价的能力。这些能力的培养，各学段可以有所侧重，但不应把它们机械地割裂开来。根据前期的研究成果、课标的思想，结合自身的阅读教学实践经验，本人推导出阅读教学的任务至少可以分为以下几个层次：培养学生基础的认读、感知的能力；培养学生理解、解释的能力；培养学生欣赏、评价的能力；培养学生迁移、运用的能力。这些既是阅读教学需要面对的学习任务，也是阅读教学需要培养的学生的综合能力。

（二）阅读教学的任务模块与教学思路

如何才能实现阅读教学的根本目的？如何由浅入深、循序渐进地培养学生的语文能力呢？我们可以根据阅读水平的层级设计序进式的学习活动，让学生在亲历学习活动的过程中，完成阅读任务，培养和发展语文能力。依此，我们可以设计阅读教学框架及任务模块，见表1。

表1　阅读教学框架及任务模块

任务/水平	关键行为	学习活动	教学方式	课型
认读感知	辨识/认读	识记、朗读、默读、默写、积累等（朗读）	识记性阅读	朗读指导课
理解解释	提取/解释	感受、推断、摘要、联系、组织、解说等	理解性阅读（分析性阅读）	探究阅读（变式阅读）
欣赏评价	感悟/评述	想象、品赏、感想、抒发、评论等	评价性阅读	对话交流、感想评说、感想交流
迁移运用	转换/应用	连接、联想、延伸、拓展、借鉴、模仿、运用等	迁移性阅读	技能、情感和思想方法的迁移运用

具体做如下分析：

1. 认读感知的能力

认读感知的能力指的是学生在阅读的过程中能够对文字符号做出识别而准确读出来，在阅读能力结构中处于基础层次。当然，只是做到正确读出并不是认读的全部，对后续的理解也是不利的，认读的过程中应该做到初步了解、感知阅读材料的内容，为理解做准备。因此，其学习层次体现为"正确读出—流利地读出—正确流利地读出"，注意适当的节奏和停顿。

识记、默写、积累等都可以达到认读和感知的目的，但是在这些活动当中，最能够提高学生认读感知能力的方式还是朗读。在朗读的过程中培养语感，结合形象和想象进行朗读也有助于后续的理解。因此，要达成认读感知，最基本的课型是朗读指导课，让学生在朗读的过程中真切地、充分地进行感知。

2. 理解解释的能力

理解解释是指在感知材料的基础上，学习主体利用原有的知识、经验经过分析、归纳、综合、概括、想象和推断等思维活动，把握阅读材料的思想内容和语言方式。理解是阅读教学的目的和根本的任务，是阅读能力的基本要求。其学习水平由低到高体现为：内容和形式上的识别—对语言材料的检索、选择、整理、记录、存储—推断、感悟及组织解释表述。

理解的方式是多样的，如在教师的讲解、灌输下学生也能产生理解，合作学习也可以产生理解，借助工具也可以帮助理解。但是最根本的理解源于学习主体的自主学习，最根本的方式是探究，典型的课型是探究型阅读课。

3. 欣赏评价的能力

欣赏评价的能力是以理解为前提，对阅读材料的思想内容与表现形式进行鉴别与评价。评价是对理解的进一步深化，不仅要对阅读材料进行客观性的认知，而且要在此基础上结合读者自己的主体价值观进行分析、鉴别、思辨、欣赏、评论等，在阅读行为上更加凸显一种读者"个性化阅读的姿态。欣赏评价是高层次的阅读能力，其学习水平主要表现在个性化的认知、鉴别—在比较与反思中形成融合或冲突的认识、体验—以价值观和主体情感倾向"为前提的取舍及表达主观性的认知与情感。古人所说的"奇文共欣赏，疑义相与析"说的就是这样一种阅读状态和水平。

培养欣赏评价能力的基本课型是对话交流课、感想评说课或是感想交流课。通过欣赏评价，在不断拓展和深化自己认识的基础上，能够达成共享智慧、集思广益。

4. 迁移运用的能力

迁移运用的能力是阅读能力发展的高级阶段，是指在阅读材料中触发阅读主体的个性化行为和创造欲望而产生学习迁移。可以是对阅读材料的引用和延伸，可以是对语言形式的变式和转换，可以是对认知和情感的迁移体会，可以是运用同样的思维方式去探寻事物之间的联系和因果，也可以是依靠和创造条件来解决实际问题。其学习水平主要表现为"联系、模仿、简单应用—变式、转换、重组材料和方式—由此及彼地单因素或多因素迁移或创造"。

重迁移运用的课型重在技能、情感态度和思想方法的应用，重在通过联系、延伸、变式迁移中解决实际问题。

三、在序进式学习中提高学生的阅读能力

阅读教学要综合培养学生的认读、感知的能力，理解、解释的能力，欣赏、评价的能力和迁移、运用的能力，这些能力目标呈现由低向高发展的阶梯式层次。阅读教学可以设计和组织有层次的学习活动，让学生在完成序进式的学习任务中，拾级而上，达成阅读能力培养的目标。当然，语文阅读能力的综合性特征是现实存在的，阅读教材的特性也直接造成了阅读教学的复杂性。在一篇课文的阅读教学过程中可能侧重某一方面的阅读能力训练，也可能是这些

能力的综合培养。下面以小学语文三年级《想别人没想到的》一课教学为例加以说明。

课文讲述的是一位画师让三个徒弟在相同大小的纸上画最多的骆驼。大徒弟画了密密麻麻的骆驼。二徒弟画了许多骆驼头。小徒弟画了几条线代表山峰，又画了两只骆驼从群山里走出来，最终赢得了师傅的称赞。这是一篇启智类的文章，情节看似简单，但三个徒弟的画为什么不一样？他们分别是怎么想的？小徒弟的画为什么得到了称赞？三个徒弟的思维方式到底不同在哪里？这些问题的解决既是教学的重点也是学习的难点，都需要学生不断深入地探索。教学一改以往"导入课题—整体了解—选点读析—教师总结"的教学模式，设计了以下的学习任务：

（1）初读课文，了解文章内容和主要人物，理解课题意思，知道是谁想到了，谁没有想到。

（2）再读课文，圈画相关的内容，了解三个徒弟分别画了什么，并尝试简要概括。

（3）从三个徒弟画的内容出发，联系上下文推测他们的想法。

（4）比较三个徒弟的不同想法，说说自己获得的启示。

（5）课外阅读《深山藏古寺》《踏花归来马蹄香》《十里蛙声出山泉》，思考这些艺术创作又是如何做到"想别人没想到的"。

这些学习活动的设计紧紧围绕教学的重难点，让学生理解课题，了解内容，推测想法，比较辨析，拓展阅读，由浅入深、由易到难，而且环环相扣，板块化推进。在这样序进式的学习任务中，学生的语文能力得到了充分锻炼。

1. 在搜索信息中提升学生的认读感知能力

感知能力在阅读能力水平中属于最低的，它是学生进行阅读的基础。提高学生的感知能力水平主要可以通过正确朗读、查找圈画信息、复述故事的大概内容、根据课文内容回答问题等加以提高。

本课的学习活动，从课题出发，让学生了解课题中的两个"想"分别是谁在想，并联系事情的起因完整说说课题的意思，也就是让学生对课文内容大致了解。让学生圈画三个徒弟画了什么，并连起来说说，也就是让学生在阅读的过程中搜索信息，复述故事的相关内容。

在了解事情的起因时，教师不满足于让学生找到文中画师要求徒弟们画画的内容，而是让学生读读这部分内容，说说画师提了哪三个要求。学生搜索到相关信息：要在同样大小的纸上画，必须是画骆驼，要比一比谁画得最多。这不仅发展了学生的感知能力，更重在为学生后续理解三个徒弟的想法做铺垫。

2. 在推测想法中提升学生的理解解释能力

提升学生的理解能力可以通过让学生对相关内容进行选择和判断，简要概括主要内容，采用个性化的方式对内容进行重组，推断和感悟语言材料的内涵；教师组织学生进行解释及有序表达；等等。合理地解释和有序地表达是提高理解能力的关键。

我们要关注和强调的还是学生的思维参与度，即能否以较快的速度找到相关的"暗示"，并将它们进行有序的联结。

本课的学习活动中，"从三个徒弟画的内容出发，联系上下文推测他们的想法"是教学的重点环节，也是理解课文内容的关键。其中，推测小徒弟的想法又是学习难点。教学中采用以下策略尝试突破：

（1）反复读文。当学生推测小徒弟的想法有明显困难时，教师提示，文中哪些内容可以帮助我们推测出他的想法，学生在反复的朗读中进一步提高了对材料的意义感知，为理解做铺垫。

（2）建立联系。在反复读文的基础上，教师提示学生关注两个词语"连绵起伏"和"若隐若现"，学生借助工具书理解了这两个词语的意思。但是"这两个词语和小徒弟的想法之间又有怎样的联系呢？""连绵起伏的群山一定是怎样的？""若隐若现是有还是没有？是看得清还是看不清？""为什么有但是看不清？"学生借助教师给出的提示，真正建立起了联系：正是因为群山连绵起伏，让人看得遥远，山中的骆驼才会若隐若现；正是因为若隐若现的骆驼走在这层层叠叠的群山中，才会让人想象山中有数不尽的骆驼。

（3）有序表达。借助这两个关键词语，让学生将画的内容和小徒弟的想法进行有序组织、清晰表达，从而真正体现学生对这些内容内涵的理解。

3. 在比较辨析中提升学生的欣赏评价能力

欣赏与评价是高层次的阅读能力，对于小学生而言，就是教学中要关注课文写了什么，也要关注为什么这样写，还要知道写得好不好。提升学生的欣赏评价能力，可以让学生评价文章的内容和内涵、作者的表达技巧、作者的观点态度和情感倾向，可以让学生进行个性化评论，可以让学生进行质疑问难，并鼓励学生讨论甚至争辩。

在本课教学中，只是理解三个徒弟的想法而没有辨析和评判，这就难以凸显文章"启智"的价值。如何才能让学生感受到三种想法本质上的不同呢？教学中较多采用了比较辨析的方法。

如课文中对于二徒弟的画只写了一句，即"二徒弟画了许多骆驼的头"，联系前后语境我们可以发现，文中省略了很多其他的信息。如何才能让学生感受到大徒弟和二徒弟想法的不同之处呢？教师准备了一幅画，只画了许多骆驼的头，但是没有画满，笔画很粗，问学生："如果这样画能够画到最多吗？那二徒弟一定还是这么画的，他又是怎么想的？"这样一比较，学生立刻明白，二徒弟和大徒弟比较有相同之处：他们都画得"多、细、密、满"，但是二徒弟想到了用骆驼的头来代替骆驼，以局部来替代整体，更胜一筹。

同样，在学生了解了小徒弟的想法后，教师让学生来讨论讨论他们三个人的想法，对自己有什么启示。有的学生说："我最欣赏小徒弟的想法，因为他的想法独具一格。" 有的学生说："小徒弟虽然只画了两只骆驼，但是想得巧妙，以少胜多。"还有的学生说："我们应该换一个角度思考，这样才能想得独特。"学生个性化的评论凸显了他们思维能力的提升。

4. 在问题解决中提升学生的迁移运用能力

提升学生的迁移运用能力主要可以通过拓展阅读、仿写等变式训练，材料重组进行表达，同一主题下的创新表达等途径实现。须要注意的是，在学生迁移运用能力的培养中应强调学生主动发现问题，进行假设推理，解决新的问题，这样才能真正达到"教是为了不教"。鉴于小学生的实际能力有限，教师可以参与学习，给予提示性的问题、思路或者学法，促使学生更好地进行内容或方法的灵活运用。

本课教学最后设计了一个拓展阅读的环节，但是在阅读之前，教师有意识地提示学生："其实，换个角度思考问题，如在画面上留白等，这在艺术创作中是非常常见的，如果请你画根本看不见的东西，画出一种香味，或者是画出一种声音，你又会如何创作呢？"这样引发了学生解决新问题的兴趣和尝试的动力，再推荐相关的阅读资料《深山藏古寺》《踏花归来马蹄香》《十里蛙声出山泉》等，迁移能力强的孩子会有个性化的想法，其他学生也会提升阅读的兴趣，拓展思维的宽度。

以上阅读能力培养的各个层次符合学生认知心理和思维的规律，先后既有明显的差异，后一层又都以前一层为基础，而要实现跨越又有一定难度，形成了一个梯度推进的思维链。循着这样的层级和系统，精心设计相对应的序进式的学习任务，让学生在活动过程中扎扎实实地学习知识，完成阅读任务，培养思维能力，提升阅读水平，是提高小学阅读教学效益的有效途径，也是检测课堂教学有效性的一个标尺。

四、效果与反思

1. 教育观念得到更新，教学行为得以改进

研究历经"学习—反思—实践—再学习—再反思—再实践"不断往复的过程，把握专业引领与行为跟进这两个关键性问题，促进了教师在本课题的校本行动研究的过程中成长。本课题研究所做的课例着力于让学生在教师的指导下，以研究探索的方式自主地进行阅读，不仅使学生的学习兴趣、学习主动性得以提升和发展，还使得教师通过这样的"研究课"将教育理论与成功经验逐渐内化为自己的观念，转化为自己的实际教育教学行为。

2. 在序进式的学习任务驱动中提升了语言学习的品质

学生的阅读能力不是教师讲出来的，主要是因学生自己大量接触并有意识、有目的地去学习规范、生动、优美的语言而生成的。通过朗读感受、深入理解、主体评价和迁移运用，学生可以在理解课文内容、学习课文语言上有序攀登。在课题研究的过程中，教师始终观察与研究语言积累内化为语言的运用和实践能力这一问题。通过序进式的学习任务驱动，学生以理解为前提进行逻辑记忆，有效地促进了语言的迁移与内化。只有工具能为自己使用，才算真正掌握了这一工具。

3. 使语言文字的理解运用与人文精神的熏陶渐染水乳交融

新课标强调语文教育要关注学生的可持续发展，要从提高人文素养的高度进行语文教学。语文教育首先是人文教育。在本课题研究中，不仅着力于让学生独立自主地从事阅读活动，研究和解决问题，还特别强调要珍视学生的独特体验与感悟；从读者的视角出发，给学生自由表现的机会，让学生在积累、感悟和熏陶中学习，真实地、个性化地理解课文，使学生将语言文字的理解运用与人文精神的熏陶渐染水乳交融。

综上所述，阅读教学必须把握各项阅读能力培养的关系。值得注意的是，在不同的年段，针对不同的学习材料，各种阅读能力的培养应该有所侧重，但是任何阶段都不应对核心能力有所忽视，也不应完全割裂而机械地教学，学习活动的设计应该注意环节融合，实施过程更应该注意有层次的板块化推进，提高整体质效。如何重情感及变化地整体把握朗读指导，如何将读和品词品句、揣摩表达作用、学习表达方法结合起来，在"以读为本"的基础上，把各层级学习任务机智地镶嵌组合，较理性地把握好各层级语文能力培养的关系，这都需要我们进一步地探索与研究。

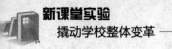 参考文献

[1] 中华人民共和国教育部.义务教育语文课程标准（2011 年版）［S］.北京：北京师范大学出版社，2012.

[2] 杜威.我们怎样思维（第2版）［M］.北京：人民教育出版社，2005.

[3] 谈永康，徐玉兰，李永元.阅读能力结构分析及教学改进：基于阅读能力结构因素分析的教学行为改进［J］.现代教学杂志，2013（9）.

（课题组成员：张筱琳、吴志平、於丽虹。执笔：张筱琳）

基于问题的"自主·导学"课堂的探索

上海市青浦区徐泾小学

一、问题的提出

2010年8月，我校建成了新校舍。新的起点下，社会对我们有了更高的关注与期望；新的征程下，全体教师也萌生了更高的追求与动力。但当时我们正面临着办学规模迅速扩大带来的一系列不均衡与不适应，学校的发展遭遇了"瓶颈"，原先的优势正在逐渐弱化，而师资队伍的力量又远不足以逆流而上（区级名优教师仅1名，有近40名新教师同时入职）。需要改进的地方太多，重中之重是课堂，所以我们把改进课堂教学作为学校的首要任务。

课堂教学改什么？怎么改？我们选择了以语文学科为切入口，邀请区教研室、教科室、特级教师工作室专家进课堂调研诊断，发现问题，寻找改进点。

在听了几十节课后，专家们将观察到的种种问题进行罗列，梳理出了教师在教学中普遍存在的六个方面的共性问题：一是在教学中忽视学科的育人功能；二是对教学的核心任务把握不准；三是教学贪多求全不会取舍；四是不重视学法的指导；五是不给学生较为充足的时间和空间；六是缺乏让学生自主学习的意识与方法；等等。

通过进一步分析，专家们认为，原因有两点：一是由于教师观念仍然陈旧，为"教"而教的现象比较突出；二是教法上缺少章法、比较随意，以自己的喜好安排教学，缺少设计。

二、思路与方法

于是，在"新课堂实验"理念与方法的指引下，我们强调两个"明确"——明确学生是学习的主体；明确教师是学习的引导者、组织者和合作者，提出了"自主·导学"作为我校课堂教学改进的思路与方法。自主——是指学生在教育教学实践过程中，主动探索与积极思考，区别于原来的被动接受，目的在于增强学生的学习意识，满足其学习欲望，体现其学习主体地位。导学——是指教师指导学生自主学习，在学生迷思处进行启发式的点拨及启迪，在学生遇到问题时给予帮助和评价。教师是引导者，学生是自行探究、自行解决者，学生应有主动学习的权利与乐趣，主动参与课堂教学活动的全过程。

基于我校规模大、教师多的实际，我们采取了以下几点策略逐步推进实践，进行改进。

1. 专家引领

专家引领可以帮助我们低头看路，少走弯路。郭善泰老师的顾问指导，李永元老师"行思"工作室的蹲点引领，朱连云老师"导向深度学习"的理论与技术，岳德明、何雪芳老师的杜威"五步教学法"与"任务分析技术"，一师附小特级教师姜鸣芳的教学示范……学校请来很多教育教学专家，引智造血。

2. 分步推进

语文学科先行先试，低年级实践经验向中高年级辐射，分学科、分年级逐步深化课堂教学改革。

3. 全员参与

由教研组全体成员共同合作完成各项任务，促使教师投入与提高。如细化课程标准时，教研组首先安排教师独立研读、分析课标；然后让教师进行组内交流统整，确定内容与目标，分享各自的教学经验。

4. 课例研修

促进教师教学改进最有效的途径，就是让教师看课、学课、上课。学校要求每学年各学科开展以小课题、主题教学为载体的校本研修活动，通过循证实践的方式备课、观察、分析和改进。

5. 评价保障

改进师生评价模式，从源头上引导教学改进。对教师的评价由原先的单一学生成绩标准变为综合性的问卷调研；对学生的评价要求更加全面，注重考察能力水平。目前，已经形成了学生"快乐成长积点"评价模式与教师专业综合发展评价模式。

三、实践与成果

"自主·导学"的课堂是怎样的？怎样落实"自主·导学"的课堂？带着

解开这些问题的期待和解决课堂存在问题的决心，我们开始了改进行动。

1. 细化学科课程标准，帮助教师精准导学

课堂教学中出现的"对教学核心任务把握不准，对教学内容贪多求全、不会取舍"等问题，是导致教学质效不高的主要原因。怎么改？——强调以学科课标为教学指南，让教师知道学生应该通过课堂学到什么，避免主观任意教。但由于课标对各年段教学内容的阐述十分精简，因而造成教师们的理解有偏差或有分歧。因此，我们设计了多维教学分析表，见表1、表2，把纲领性的课标细化为具体的课时教学目标，便于教师比较精准地把握教学目标与内容。

表1　数学单课"四维"教学分析表

（容量）	A	B	C	D	教学方式 /	教学评价 /
求算式中空格里的未知数			√		复习加法、减法、乘法、除法各部分之间的关系，并利用相应的关系尝试练习	在（　）里填入适当的数4题
求算式中符号所代表的数		√	√		利用加法、减法、乘法、除法各部分之间的关系尝试练习	各式中的■表示什么数4题 各式中的▲表示什么数3题
找数列中的规律并求符号所代表的具体数		√	√		独立尝试，交流归纳，求出符号所表示的数	找规律3题
求不等式中符号表示的一些特定的数		√	√		独立尝试，交流归纳，求出符号所表示的数，求出不等式符号所表示的一些特定的数	填空2题

注：A. 认识（感受）；B. 理解（体验）；C. 掌握（探索）；D. 应用。

表2　语文知识与能力学习目标分析

学习内容	知识和能力目标	学力水平及评价要点
识字	读准字音	能正确认读41个汉字：小、学、生、我、高、校、里、同、多、老、师、语、文、们、上、玩、读、书、写、字、问、会、儿、说、你、来、答、快、乐、唱、歌、游、戏、日、月、水、火、明、大、尖、有
	认清字形	认识并能说出6个基本笔画名称：横、竖、点、撇、捺、提
	正确描摹	正确描摹6个笔画：横、竖、点、撇、捺、提

续　表

学习内容	知识和能力目标	学力水平及评价要点
词语	积累词语	正确认读12个词语：小学生、学校、同学、老师、语文、唱歌、游戏、我们、读书、写字、快乐、问答
	理解词义	/
句子	了解标点	认识句号、逗号。知道句号表示一句话结束，逗号表示句中停顿
	了解结构	认识完整的句子
	积累句子	能正确认读句子，读准字音，做到不加字、不漏字： （1）我是小学生。 （2）我高高兴兴上学校。 ……
说话	说话	（1）初步学习用"谁是什么""谁做什么"练习说话。 （2）初步学习自我介绍。 ……

2. 架构"自主·导学"课堂模式，促使教有章法

针对教师未能给学生充足的学习时间和空间，缺乏让学生自主学习的意识和不重视学法指导的问题，我们提出课堂要以"自主·导学"作为主要的学习模式，具体分解为以下四个环节的要求：

（1）预学环节——提倡有准备地教与学。教师从学生已有的学习经验出发，创设一个能引起学生探究兴趣的情境，同时适当提供或者让学生自行准备一些学习资料，据此进行学法指导。

案例①　设计《预学单》，做好学前准备——语文课《莫泊桑拜师》

这节课的教学重点之一是运用转换人称的方法进行创造性复述。基于这一目标，先设计了课前《预学单》，见表3，引导学生从原因入手理清复述的脉络。

认真朗读课文，思考：莫泊桑向福楼拜请教了几次？每一次请教的原因是什么？请用相应的线在原文中画出。

表3　预学单

请教的次数	请教的原因

课上，在学生通读课文之后，先让学生根据自己的理解，依据《预学单》上的梳理结果，在小组内交流，并尝试复述。而后，全班交流时，教师引导学生质疑、补充，并针对互动过程中产生的观点碰撞，再次引导学生全面分析课文，全方位解读、剖析人物，从而完整地、高质量地进行复述。

案例 2 了解学生，分析学情，把握教学——英语课《My pet》

教材上，本课学习的主要句式是："What animals do you like?"出于对学生的了解，教师确定学生很想表达。因而，教师将本句的回答要求做了适当拓展，由"I like _____."增至"I like _____, because _____."让学生能够有机会分享。同时，考虑到学生学习水平与特点，教师在Pre-task部分，通过图片展示了动物们的本领，为学生后续表达提供了素材。

（2）交流环节——营造氛围，适度引导。教学中，教师不急于给出自己的观点，或是设置过于充分的台阶让学生轻易获得结论，或先让学生按部就班地学习，鼓励学生大胆提问，勇于发表个人意见，引导方法的多样化。

案例 3 让学生充分地思考、尝试与发现——数学课《组合图形的面积》

课上，教师直接出示组合图形，如图1所示，抛出问题"这个图形的面积是多少"，让学生自己想办法来计算；然后留时间让学生去尝试。学生一般都采用了转化成简单图形的策略。教师考验学生是否能根据组合图形上的边、角特征进行合理转化。因为没有提供指定的边、高数据，所以学生不得不动手去找出并测量所需数据。计算简单图形的面积对学生而言并不困难，但由于转化方法的不同，有的学生只需要简单的步骤就能完成，而有的则做了大量的测量和计算工作。在此过程中，学生得以充分感受到优选转化方法的重要性。整个新授学习部分，教师只是在旁观察和做个别辅导。

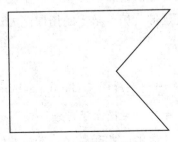

图1 组合图形

案例 4 让学生在交流中得到更好的方法——体育课"伸展运动"

一年级广播体操第一节"伸展运动"教学时，惯用的"一二三四"口令以及反复的练习让学生深感枯燥，降低了学习兴趣。于是，教师发动学生和她一起编口令记动作，这下学生的积极性被激起了，经过一番热烈的讨论，大家通过了"打开—蹲—打开—放—点地—点地—点点点"这条口令，一边齐喊，一边做动作，劲头十足。

（3）释疑环节——民主讨论，适时点拨。课堂上，教师尽可能少讲，多为学生创设交流讨论的时间。在学生发言时，教师适时发挥"穿针引线"的作用，并通过释疑，引导学生正确理解、达成共识。

案例 5 以问题串起精彩——数学课《谁围的面积最大》

课堂以围长方形羊圈栅栏这一情境贯穿教学，在引导学生发现规律时，教师以一个个递进的提问提升学生的探究层次：①周长不变，面积有可能会变大吗？②周长不变，面积为什么会变化呢？③周长不变时，面积的变化与它的长、宽之间有什么关系呢？④你有什么办法说明规律吗？

案例 6 听取不同的声音——音乐课《我是草原小骑兵》

在欣赏了歌曲之后，教师让学生来谈谈听完之后的感受。学生们会说"我觉得音乐很欢快""我觉得声音一会儿由大变小，一会儿由小变大"等等。教师一一肯定，说道，"不同的人听同一首乐曲可能会有不同的感受，但乐曲之所以会带给我们各种感受，源自它的情绪、力度等"，然后再让学生谈谈他们各自对于乐曲的理解。

（4）整理总结、练习巩固、拓展延伸环节——自主感悟，相机导学。教师引导学生运用归纳、比较等方法，整理知识、总结经验；设计开放性练习，巩固学生所学；将方法适度延伸，培养学生的拓展能力；对于这一过程中学生感悟到的问题，再适当引导。

案例 7 学习可以更有趣——英语课《The ant and the grasshopper》

在课堂学习过后，教师对学生提出了"演一演"的要求。师生共同将课文文本进行了重构，使语言口语化，更有童趣，将枯燥的练习转变成了刺激的排练，将课文的反馈转变成了精彩的表演。

案例 8 学习可以更深入——数学课《幻方》

在解决了"怎样填幻方"这一问题后，教师再提问"这些数在幻方中排列的位置会不会是有规律的呢，如图2所示"，引导学生先通过列出横向、纵向、对角线三个数分别相加的八个加法算式，观察算式中各个数出现的次数，再对应九宫格中各个格子被加到的次数。当规律逐渐被发现时，学生们情不自禁鼓起了掌。虽然只是二年级的学生，但学习一样是可以更深入的。

6	1	8
7	5	3
2	9	4

图2 幻方

3. 探索深度学习的课堂，提升"自主·导学"的品质

在课堂有了章法、改进初显成效后，我们追求课堂的进阶，注重以发展学生的高层次思维能力为教学目标，努力让学生能够在获取知识的过程中变得"聪明"起来，提高其可持续发展的能力。依据小学生的学习特点，我校倡导教师围绕"问题"做文章，通过创设问题化情境、引导鼓励学生质疑提问等方式，激发学生积极性、主动性，让学生能够深入地进行思考与探究，发现问题、分析问题、解决问题。

案例 9 设计有效问题情境——五年级数学课《体积与重量》，见表4

表4 有效问题情境

情境一	A和B都是铁块，谁重？

续　表

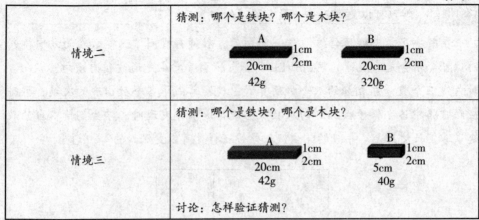

| 情境二 | 猜测：哪个是铁块？哪个是木块？ A 1cm 2cm 20cm 42g｜B 1cm 2cm 20cm 320g |
| 情境三 | 猜测：哪个是铁块？哪个是木块？ A 1cm 2cm 20cm 42g｜B 1cm 2cm 5cm 40g 讨论：怎样验证猜测？ |

　　为引出计算"单位体积物体重量"的方法，教师设计了三个递进的问题，前两个问题是为激活学生已有的经验而设计，学生用已有知识就能解决，并能初步经历"比较相同体积物品的重量"；最后一个问题则是为了引发学生的认知冲突——"大小（体积）不一样、重量也不一样，怎么比？"

　　教师基于学情分析进行针对性设计，以前两个问题为铺垫，第三个问题以"猜测—验证"的形式展开探究，给予学生充分的思维空间，课堂上学生呈现了多种方法。有的认为"体积相差那么大，而重量只相差2克，显然B物体是铁块"，有的说"可以把A切成和B一样小再比重量，重量大的是铁块"，还有的说"把A切去2克和B一样重了，再比较大小，体积小的是铁块"。教师对学生的方法都给予了肯定，再导入把A、B都切成1平方厘米的小块，比较小块的重量也可以判断物体的质。这样的教学不是为了只产生一个结论，更重要的是生成结论的过程。

案例 10　学贵有疑——书法课《"马"字小篆》

　　小篆"马"字中有一笔"上弧"，如图2所示，是学生已经认识了的笔画，但在这里有变形。课堂上，教师不把这个细节直接告诉学生，而是引导学生观察对比、发现不同，并提出疑问："这一笔为什么是倾斜的呢？"然后教师又让学生各抒己见谈谈原因。学生们发挥想象："这一笔就像马的一条腿和尾巴，马腿抬起来了，尾巴垂下去了。"能提出问题也是学生主动思考的表现。

图3　"马"字小篆

四、成效与反思

近10年的探索、实践与改进，提升了我校的教学水平，从2012年、2014年、2016年连续三次的"绿色指标"测试结果来看，学校的各项指标反馈良好，特别是"教师教学方式""师生关系""学习动机""学习压力""学校认同度"等几项指数进步明显，如图4所示。师资队伍也迅速成长起来，区级名优教师人数从1上升至18，30多项教师个人课题获得区级及以上立项，百余研究成果发表、获奖。学校突破了发展"瓶颈"，走上新优质成长的道路。

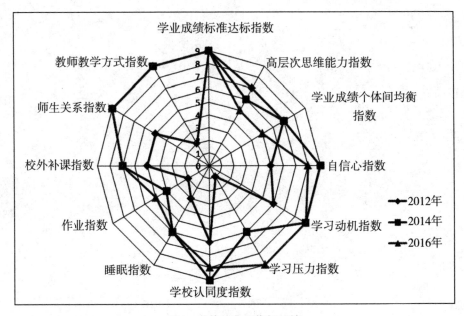

图4　学校的各项指标反馈

在课堂教学改进的过程中，"青浦实验"和"新课堂实验"的理念与方法一直导引、支持着我们，让我们在混沌中依然没有迷失前行的方向。纵观这三次"绿色指标"测试的结果，我们认识到，学校整体提升了许多，但发展仍不够稳定。我们应进一步自查反思新的问题，未来我们仍将继续开展一轮轮新的实践探索，愿与"青浦实验"共同成长！

参考文献

［1］朱连云，李霞，彭尔佳.建设"以学定教、少教多学、鼓励挑战性学习"的课堂［J］.上海教育科研，2016（11）.

［2］文汇教育.新课堂实验：优质学习从"可能"变为"现实"［N］.文汇报，2013-12-19.

［3］金志明，沈祖芸.从"一个不能少"到"每个都学好"［N］.中国教育报，2011-12-22.

［4］顾志跃.关注差异，提升学校教学有效性［J］.上海教育，2012（10）.

（课题组成员：高健华、朱莉莉、潘勇、沈曙文、姚亚琴、徐晓新、胡健。执笔：朱莉莉、高健华）

师幼互动，激发幼儿生命活力的行动

上海市青浦毓秀幼儿园

教学设计是教学实施的先决条件，是教学的灵魂与方向；而教学实施是教学设计的组织过程，是教学的落地与呈现。可见二者相辅相成，缺一不可。再完美精致的设计如果没有得到实施，那么终究只是停留在思考层面，而无法变成现实，这一点每一位教师都非常清楚。然而，在教学的实施过程中，教师同样出现了很多的困惑与问题，主要表现有：师幼互动隔靴搔痒，浮于表面；教学调整措施单薄，空洞无力等等。那么，如何让师幼互动更有效？如何让实施过程更优化？针对这些问题与"瓶颈"，我们立足幼儿、立足课堂，积极开展了行动研究，积累了一些具有实战意义的经验。

一、关注幼儿全面性的互动策略

应彩云老师曾经说过："聪明的孩子必定是耳聪目明的。"同样，聪明的教师也应该如此。在集体活动的组织与实施过程中，面对众多发展各异的幼儿，眼观六路、耳听八方，成为教师与幼儿互动的必要策略，也是教师充分关注每一位幼儿的重要表现，其核心是"全面关注每一位幼儿，关注每一位幼儿的全面发展"。也就是说，教师要立足"以幼儿发展为本"的理念，充分运用观察了解、倾听分析的手段，真实、及时地捕捉每位幼儿发展中的各种动态信息，从而通过判断和设计内化、滋生出有效的师幼互动情节，促进每一位幼儿的全面发展。

（一）眼观六路

"眼观六路"通常是指眼睛看到四面八方，形容某人机智灵活，遇事能多方观察、全面了解。而这里的"眼观六路"特指在集体教育活动中，教师充分关注每一位幼儿，积极捕捉、观察每个幼儿活动中的情绪、神态、表情、动作等，并及时进行解读，做出判断，为更好地完善教学互动、达成教学目标提供依据。它强调要"看幼儿"—"时刻看幼儿"—"看全部的幼儿"，充分体现了对幼儿关注的全面性和系统性。它既是集体活动实施中的重要教学策略，也是产生有效师幼互动的前提条件。集体教学活动中的"眼观六路"一般指两个方面：一是指幼儿需求的观察了解；二是指活动需要的观察了解。

1. 幼儿需求的"看"

相对而言，幼儿需求的"看"是一种比较浅层的"看"，大多聚焦幼儿集体活动中的情绪、安全、健康、习惯、困难、交往、兴趣等方面，它可以为确保活动的顺利和幼儿的参与提供保障。

（1）情绪。

观察描述：作画开始了，欢欢拿着打开的记号笔撑着下巴毫无动手的迹象，眼睛却死死地盯着对面贝贝手里的笔，恨不得一把抢过来。教师走近一看，他的白纸上有一道淡淡的笔痕。

思考分析：也许是因为欢欢自己不巧拿到的笔没水了，也许是贝贝拿了他的笔，但此刻关键是让欢欢稳定情绪，尽快进入活动。

互动行为：教师立即拿来一支记号笔，并在上面粘上了一张笑脸贴纸，摸摸孩子的头送到他手中，欢欢脸上立刻扬起笑容提笔作画。

（2）安全。

观察描述：教师见小喆费力地把一只脚提起来想伸进布袋，刚到袋口身体就摇晃起来，一副马上就要摔倒的样子。再看看旁边的孩子，也是七倒八歪，力不从心。

思考分析：教师高估了小班孩子的平衡能力，站着让孩子进布袋有安全隐患。

互动行为：教师拿着布袋，坐到小喆身边，有意放慢速度，两脚伸进布袋后慢慢站起来。小喆马上跟着做，成功后奔走相告。

（3）习惯。

观察描述：教师话音刚落，孩子们纷纷举手抢着回答，有的甚至在别人回答时也不肯放下小手，更别说是听清楚别人的回答了。

思考分析：教师意识到倾听对孩子们来说是非常重要的习惯，必须在活动中一点一滴地培养。

互动行为：教师追问：谁刚刚听清楚了某某的回答？谁跟某某的想法是一样的？

（4）困难。

观察描述：冬冬看着折纸步骤图，怎么也看不懂第三步的他有些灰心，尝试了几次准备放弃了。

思考分析：每个幼儿的能力不同，有差异，统一的步骤图对能力弱的幼儿有些难度，教师需要铺设不同的台阶。

互动行为：教师将冬冬带到电脑前，点击播放第三步的操作视频，并给了冬冬一个第三步折好的范例，让他在直观和比较中继续学习。

（5）交往。

观察描述：分组表演需要在4个人中推荐一名组长。大家都很想当组长，谁也不让谁，时间就在孩子们的僵持中一分钟一分钟地过去……

思考分析：争是孩子们的天性，因为他们不懂得谦让。此时幼儿需要学习的不是规定，而是商量办法。

互动行为：教师与幼儿共同讨论让更多的人可以当上组长的方法，如自荐、推选、猜拳、轮流、抽签等，并在不同的活动中加以巩固。

在集体活动中，这些现象经常出现，涉及的范围也比较广，关键是教师有没有及时看到、看懂，并迅速做出有效的回应。这应该成为每位教师贯穿每一次集体活动始末的习惯，这也是一种课程教学机智的初级反应。这些观察更多捕捉的是来自幼儿基本生理、认知发展、社会性发展三类需求的外在表现，需要教师用正确的教育观和大课程的理念去一一应对。

2. 活动需要的"看"

相对而言，活动需要的"看"是一种比较深层的"看"。更多的是针对集体活动目标、活动需要、活动过程、幼儿发展等一系列连续的观察与分析，它对集体活动的质量调控和策略优化有着至关重要的作用。

（案例）**探索活动《瓶子大炮》中的两个片段**

观察重点：观察幼儿用什么方法将子弹射得更远。

预想策略：提供桌子这个载体，试图发现能放在桌子上拍手射子弹的幼儿。将他的方法与其他方法进行比较，得出结论。

观察实录：幼儿在教师的有意引导下走向桌子边，但是此时桌子并没有成为幼儿的关注点，他们有的仍然将瓶子捏在手里发射，不断地调整着力气的大小；有的装好子弹放在地上猛踩一脚，子弹贴着地面射出很远；有的幼儿将瓶子放在自己的椅子上猛地一碰，子弹飞了出去；有的幼儿学着别人变换不同的方法，比较哪种更有效……终于有幼儿走到桌子边，将瓶子稳稳地放在桌子上，双手一拍，子弹呈直线飞奔向前……

及时调整思考：观察到幼儿并没有像教师预设的那样充分利用桌子这个道具，而是自己想出了许多不同的方法，此时教师的预设就显得非常狭隘，幼儿的能力超出了教师的预估。所以，可以在让每位幼儿体验成功喜悦的基础上，启发幼儿在各自的成功方法中归纳出共性：①放平稳；②力气大；③速度快。这样，让幼儿分享如何掌握射远的关键点，鼓励更多的创意。

分析：幼儿在集体活动中的表现常常会高于或低于甚至超出教师的预设范围，如果教师固执地坚守自己的权威地位或遵照教案按部就班，而没有在活动中一步步沉下心来欣赏、观察每一位孩子，那么活动就是死板的，也是教师主宰的活动。要成就以幼儿学为主的课堂，教师必须将目光从教案移向幼儿，全面观察幼儿在教育目标作用下的行为表现，认真分析听到的和看到的，迅速有效调整、完善自己的教学策略或内容，这才是以幼儿为主体的教与学。

无论是幼儿需求的"看"，还是活动需要的"看"，都需要教师在集体活动中有"眼观六路"的敏感和能力，时刻将幼儿放在眼中，将每位幼儿以动态的方式印刻在自己的脑海里。这是优秀教师必备的技能。

（二）耳听八方

"耳听八方"通常指耳朵同时察听各方的声音，形容人很机警。这里的"耳听八方"是指在集体教育活动中，教师在课程理念和教学目标的双重作用下，在认真听取幼儿的各种观点、想法后，经过加工、整理、分析，再以恰当的方式反馈给幼儿的过程，是有效对话与交流的起源。它强调教师要时刻以平等的姿态扮演角色，善于倾听每位幼儿的心声和想法，为捕捉教师教学点与幼儿学习点之间的平衡寻找素材。耳听八方不仅体现的是对每位幼儿的关注和尊重，也体现了对每一种学习可能的关心与重视。

要成为一名理想的倾听者，不仅要有倾听的愿望、倾听的自觉性，还要有倾听的技巧，知道听什么和怎么听。

1. 满足幼儿表达欲望和情感需要的倾听

在集体活动中，教师是幼儿主要的倾诉对象，因此教师要通过专注的、饶有兴趣的倾听让幼儿感受到被尊重和被认可，体会到被教师倾听和关注的满足感，从而获得积极的情感能量。

2. 了解幼儿学习动态和发展水平的倾听

了解幼儿学习动态和发展水平的倾听在集体活动中是最常用的。教师可以通过提出问题或要求来倾听了解，收集来自幼儿的信息，掌握幼儿的现有水平和学习状态，并根据教学目标迅速做出有利于教学的、适宜的调整。

3. 鼓励幼儿多元思维和创造想象的倾听

鼓励幼儿多元思维和创造想象的倾听，是指教师在集体活动组织中经常在同一时间内对幼儿不同维度、不同思路的表达表现出同样的倾听兴趣和热情，或者对幼儿的创造想象表现出想深入倾听和持续了解的状态。它对幼儿的思维品质、知识建构、主动学习等有着积极的影响。

4. 滋养幼儿生生互听和听辨能力的倾听

在集体活动中需要耳听八方的不仅仅是教师，还有幼儿，因此教师的倾听要成为幼儿的榜样。教师倾听幼儿的同时，要重视生生之间的互相倾听，发展幼儿的倾听能力。在倾听中，教师除要营造安静的倾听氛围，闭上嘴巴、竖起耳朵、停止动作、集中注意力外，还要多考虑便于幼儿互相倾听的形式与方法。

综上所述，在集体活动组织实施的过程中，如需建立以幼儿学为线索的教学模式，那么"眼观六路""耳听八方"就是全面了解、关注幼儿的最佳形式，也是师幼互动的先决条件。会看、会听的教师也就意味着完成了新课程理念下的角色定位和角色转换，真正地做到了将幼儿放在学的主体位置上。

二、关注幼儿主动性的互动策略

集体活动中的师幼互动是教师与幼儿之间发生的各种形式、性质、程度的心理交互作用或行为的相互影响，它是教育过程的核心部分，是教师组织活动的重要策略，也是幼儿学习的主要手段，它体现的是一种具随机性、灵活性、有效性的教育机智。近年来，随着二期课改的深入，如何凸显幼儿在集体活动中的主体地位、如何激发幼儿更主动地学习、如何以学法制订教法等问题成为一线教师必须攻克的难题，也激发了我们对关注幼儿主动学习的师幼互动策略的探索与尝试。如果说对幼儿进行全面性的观察和倾听是师幼互动的基础，那么关注幼儿主动性的师幼互动就是关键。以下介绍三种能有效激发幼儿主动学习意识和能力的师幼互动策略。

（一）故意装糊涂——让幼儿主动寻求结果

"装糊涂"顾名思义就是明明懂的，却故意装作不懂。集体活动中的"装糊涂"是指教师出于发展幼儿主动学习的目的，从而掩盖自己的真实状态或真实意图，主动切断幼儿从自己这里直接获得准确信息和结果的机会，鼓励幼儿主动想办法寻求答案。它强调教师角色退后，将幼儿推到前面。

1. 以抑促扬的"装糊涂"

用教师的"不知道"来激发幼儿的"我知道"。当活动中幼儿遇到问题、碰到阻碍时，教师不急于传授、解决，而是退一步假装"我也不知道"，将问题抛给全体幼儿，引发幼儿热烈的讨论和主动的思考，在彼此的思维碰撞和启发中自主地寻找答案。教师的这种退后与等待对满足幼儿的成就感、建立幼儿学习的自信心、催生幼儿自主学习的动力起到了一定的作用。在这里"抑"的是教师的权威地位，"扬"的是幼儿的主动学习。

2. 以反激正的"装糊涂"

用教师的"做不对"来诱发幼儿的"做得对"。在数活动《春天的朋友》中，多数和漏数是活动难点，教师采取的方法不是正面引导，而是反面推敲，教师故意在难点上"犯懵"，直观地呈现自己的错误，巧妙地引发幼儿进行讨论、抽丝剥茧、解决问题，这种方式极大地调动了幼儿学习的积极性和主观能动性，达到了幼儿自我纠正和巩固经验的双重效果。

教师在"装糊涂"中退后与等待、引导与激发，表现了教师对幼儿主动学习的尊重、放手与推动，很好地培养了幼儿大胆质疑、主动探究、解决问题的能力。同时，教师在以抑促扬、以反激正的"装糊涂"中，激发了师生之间、生生之间的互动，让幼儿在自信、成功的体验中逐渐成为学习和活动的主体。

（二）巧妙设障——让幼儿主动超越自我

"设障"通常是指对某事设置难度或妨碍其流程，致使某事难以完成。幼儿园集体活动中的设障是指教师在对幼儿的年龄特点、发展水平、已有经验进行充分了解的基础上，在集体活动的某环节中，教师通过适当增加难度、线索、矛盾等手段，激发幼儿主动发现问题、分析问题、解决问题，鼓励幼儿在富有挑战的学习中获得更多的经验，综合发展各项能力。其强调的是教师设难，幼儿挑战性学习。

1. 材料设障

大多集体活动是需要依赖教具、操作材料等来完成的，因此教师事先在这些材料中埋伏、设障比较容易，也比较常用。由于材料设障有一定的预设性，可以给教师充分的时间和空间去设计和思考，所以这种设障涉及的种类比较多，能激发幼儿不同形式的挑战和能力提升。

（1）从感官入手的材料设障。

从感官入手的材料设障，是指在视觉、听觉、嗅觉、触摸觉等感官材料上设置障碍，其实质是通过这些障碍引发幼儿内在经验的碰撞与重组，主动获得更多更完整的经验。

教师从幼儿看得到、听得到、摸得到、闻得到的材料上入手，利用改变材料的原有状态、呈现方式、组合关系等增加障碍与难度，从提升感官经验的角度出发，放大问题，放大学习的过程，调动幼儿运用各种经验和方法解决问题，主动合成新经验。

（2）从思维入手的材料设障。

为提高幼儿比较、分析、判断、论证等综合能力，我们常常会在幼儿操作材料上设置一些障碍，让幼儿必须经过一段思维过程和实践证明来解决问题，寻求答案。

相对而言，从思维入手的设障要求教师对教学目标和幼儿能力发展有更深入的、系统性的思考，设障的材料一般也都承载了教学难点的任务，它往往会成为教学的亮点和幼儿学习的重点，这种设障对教师的教育智慧挑战也比较大。

（3）从差异入手的材料设障。

幼儿的发展必然存在一定的差异性，因此为了在集体活动中满足不同幼儿的发展需求，我们往往在材料上体现不同层次的障碍，呈现不同的梯度。

在材料设障过程中可以根据幼儿的差异体现不同的难度，为幼儿的发展提供坡度和台阶，满足每位幼儿学习的欲望，使其体验属于自己的成功感，也让每位幼儿有"跳一跳摘到更多果子"的机会。

2. 情境设障

情景设障是指利用故事情节、情境问题或突发事件等为活动设置障碍或难度，将困难和问题隐藏于情境或活动中，让孩子在活动过程中接受挑战，解决一个个问题，积累经验，这种设障自然且带有很大的随机性。

3. 合作设障

集体活动中合作是一种学习形式，但有时合作也能作为障碍来提升活动的难度，它会增加幼儿与幼儿之间的碰撞，生出更多的问题来让幼儿自己面对、自己解决。

这种合作可以称作教师设置的障碍，也是教师教学智慧的体现。它通过合作的设障形式放大了幼儿学习、互动的过程，尤其是幼儿与幼儿之间的互动，同时让幼儿在发现自己的问题、发现同伴的问题中积极思考，主动解决，真正使活动价值最大化。

4. 自我设障

自我设障，顾名思义就是幼儿自己对自己设障，它可能更多发生在大龄幼儿的身上。这类幼儿通常能力比较强，对自己有一定的要求和自信。

无论是教师利用材料设障、利用情境设障、让幼儿合作设障，还是幼儿自我设障，其关键都是让幼儿成为绝对的主角。教师用设障为幼儿搭建好主动学习的舞台，增加适宜的难度，可以引发更多的师生和生生之间的互动来挑战问题，解决问题，对幼儿的能力、习惯、情感、思维品质都有积极的意义。

（三）适当留白——让幼儿主动想象表达

"留白"是绘画里的一个术语，是艺术表现的一种技巧。我们这里所说的"留白"是指教师在集体活动中要为幼儿的表现表达、想象创造留一定的时间、空间和机会。教师要从追求整齐划一的教学模式中走出来，赞赏幼儿的发散与创意，允许幼儿有所差异与不同，支持幼儿的想象和多元思维，鼓励幼儿将个人的想法大胆表达出来。其强调的是教师留白，幼儿创造性学习。

1. 补充式留白

补充式的留白在集体活动中比较常见，也即通常说的教师讲一半，幼儿接一半，它用时较短，需要师生共同完成，在低年龄段运用较多。

2. 片段式留白

片段式留白是指集体活动中教师通过课前预设，为幼儿的表现和想象留有一定的时间和空间，满足幼儿的多样思维和表达，激活课堂。一般在艺术类活动中运用较多。

3. 延伸式留白

延伸式留白是指在集体活动的结尾部分，激发幼儿对结局、后续问题等进行大胆想象，延续创造热情。

留白就是给幼儿机会，而且是展现个性、想象创造的机会，它是教师设计教案、组织活动过程中必须重视的部分，这种放手是对幼儿天性的尊重与呵护。装糊涂、设障、留白这三种师幼互动的策略的共性是教师角色的智慧性退后和幼儿角色的主动性向前。

关注幼儿发展的互动策略是激发幼儿主动学习、挑战性学习和创造性学习的有效方法，也是在集体活动的组织与实施中可以多方迁移的经验，它们的有效运用必然会使教学行为和教学质量大大改观，也会带动教师团队的成长，促进幼儿全面和谐地发展。

参考文献

［1］中华人民共和国教育部.3～6岁儿童学习与发展指南［M］.北京：首都师范大学出版社，2012.

［2］朱慧纺，施建萍.展现群言堂的精彩：幼儿园集体学习活动中师幼互动的魅力［M］.上海：上海教育出版社，2011.

［3］柳茹.师幼互动中的教师适宜应答策略研究［M］.北京：教育科学出版社，2014.

（课题组成员：陈蓉、王利燕、唐丽君。执笔：陈蓉）

第三章

创新教学方式，驱动高阶思维

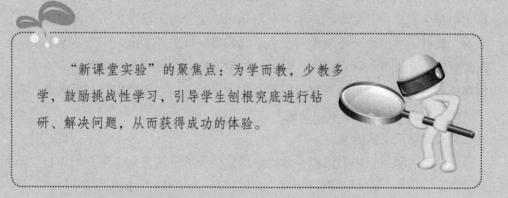

　　"新课堂实验"的聚焦点：为学而教，少教多学，鼓励挑战性学习，引导学生刨根究底进行钻研、解决问题，从而获得成功的体验。

创建"三思课堂",发展学生高阶思维的探索

上海市青浦区高级中学

一、问题的提出:着力高阶思维

1. 基于宏观视野的思考

面对"钱学森之问——为什么我们的学校总是培养不出杰出人才",基础教育应该反思。杰出人才的一条重要衡量标准是创造力,它的主要成分是发散思维(创造性思维)。建设创新型国家是党和国家的重要战略决策,全面提升国民的创新素质是建设创新型国家的基础,创新素质的核心是创新思维、创新能力和创新精神。创造性思维、创新型人才的培养要从基础教育抓起,学校教育必须主动回应、适应这种挑战与需要。

2. 对当前大背景的把握

30多年前,青浦实验从教改实践中总结出了由"创设问题情境,启发诱导"等环节组成的课堂结构,以及"让学生在迫切要求下学习"等有效教学经验。在当今这个信息化时代,学生获取知识的途径与手段发生了革命性变化,课堂、教材、教师乃至小黑板等已经不再是唯一或主要来源,有些甚至消失。在课堂转型背景下,问题情境、学习迫切性这些承载过青浦经验的基本概念,现在应有更丰富而深刻的理解及应用。作为青浦实验初创时期的"根据地"和"试验田",学校需要继续担当起引领责任。

3. 立足微观层面的作为

以学生的学习为中心组织教学,是课堂转型的关键。而"学"的中心应该是"思","思"的对象则是"疑",即问题。"学起于思,思源于疑。"课堂转型过程中,如何鼓励挑战性学习、加强针对性教学?创设问题情境是有效策略,其关键是问题要选好、用好。最具有挑战性的问题,是在学生"最近发

展区"边界。课堂教学最需要针对的，是用问题激发学生的创造性思维、创新思维。

当前课堂教学中，教师所提问题大多数都是预设的，缺乏教学过程中的生成性问题；教师提问，追求答案的唯一性；问题的解决，重结果而轻过程；所问的大多是"是什么、为什么"一类能很快在书本上找到结论的问题。重在记忆力培养，缺少"有什么、还可怎样"等关注思考力、发散性的问题。

4. 实现行动研究的价值

通过实践行动，探索"三思课堂"的建设路径，由此形成学校品牌建设的一种设计思路、一个要件架构、一套实施策略。经过筛选，形成一批鼓励挑战性学习的学科课例。其价值在于作为主导项目启动了我校"十三五"发展规划，同时为学校的特色建设、特色发展提供可资借鉴的运作模式。

二、具体实施：创建"三思课堂"

（一）开展多层面研讨，提升目的意义的理念认知

要创建"三思课堂"，需要教师转变教学观念，而教育理论的支撑尤为重要。为使教师们认识到创建鼓励挑战性学习的"三思课堂"的意义，尽快掌握研究方法，从课题组成立始，学校就以"关注教师发展，服务教师成长"为思路，多层面开展培训，着力提高教师素养。

1. 建设学习型教研组，使研究全员化

学校各教研组每两周进行一次主题式活动，围绕"三思课堂"建设，组织名师教育教学讲座、课堂教学实践研讨、集体备课总结分析、主题学习交流切磋等，挖掘"三思课堂"的本质内涵，拓宽教师学习渠道，提升教师理论水平和实践能力。

2. 组织学科教师座谈，使研究常态化

学校多次举行"创建鼓励挑战性学习的'三思'课堂行动"教师座谈会，各学科有经验的教师和青年教师就自身对"三思课堂"的认识进行了热烈、深刻的讨论，针对学科特点、学生特点、课堂特点等方面进行了充分交流。通过多次座谈，他们对建立有"三思"特征的新型课堂有了进一步的理念认同和行为驱动。

3. 专家指引多方交流，使研究专业化

在第二十四届磨炼成长论坛上，特邀上海市语文学科名师基地主持、进修学院前院长、特级教师郑少鸣对论坛进行引领性点评。郑老师就学校的新设

想、"三思课堂"的针对性及教学案例进行肯定和鼓励，并结合教育教学理论对建设"三思课堂"提出了引领性的设想。

期间，在我校履职指导教研教学工作的、虹口区教师进修学院教研室副主任、物理特级教师袁芳老师，对"三思课堂"建设的设计思路、基本结构、实施策略、课堂形态等都进行了针对性的指导，提出了许多便于实施、行之有效的建议。

（二）开展探索性实践，达成先行先试的内涵认可

1. 聚焦课堂，主题研讨，开展"三思课堂"实践研究

我校以推进观念转变与选择为突破口，以课堂为主阵地，以主题研讨活动为载体，大力开展"三思课堂"教学研究，以教学实践的改进来探索、诠释新的课堂形态。

学校通过"教学开放周"和主题研讨活动等专项举措，积累"三思课堂"建设的案例和经验。至今已组织了三轮"三思课堂"教学实践以及专题研讨和论坛活动。三次研讨的主题分别是"创造性地教，探究式地学""聚焦教学设计与实施，鼓励挑战性学习""激活学生学科思维，解决学科教学问题"，活动已积累了近50位教师的课例或论坛交流材料。

2. 课例分析，优化教学，探索"三思课堂"实践模型

以问题为中介、问题解决为导向，创建"三思课堂"。各学科教研组充分认识到改进高中课堂教学，尤其应重视高阶思维能力的培养。他们制定了"备—听—议—思—行"的循环推进式教研机制，在个人备课、同伴建议后进行"教学课例"展示，然后再集体听课评议，反思小结，最后再将所思所悟付诸教学实践。通过对教学课例的分析和教学实践的反思，逐渐探索出"以问题为中介、以问题解决为导向"的"三思课堂"实践模型。

3. 以三类课程整合抓手，创建"三思课堂"

基础型、拓展型和研究型三类课程的统整能有效关注课程与社会、学科与学科之间的联系，能以课程整合促进学生提高有效利用所学知识解决问题的能力，促进学生综合素养的提升。教师将学科教学内容进行拓宽延伸，形成拓展型课程，又结合学科教学内容，指导学生提出小课题，开展调查或实验研究，展开研究性学习。整个课程体系的全新构建，让给学生勤于思考、善于思考，为学生的奇思妙想提供了更广阔的平台。目前，各学科分年级已形成了一些整合方案，积累了一些实践案例，并获得了初步的成效。

（三）开展信息技术培训，实施基于O2O的教学

O2O，即Online To Offline，原被称为线上线下相结合的商业模式。随着互联网技术的进步和教学改革的发展，创造性地形成Online的网络学习与Offline的课堂学习相结合的教学模式。

1. 教师技术培训，信息技术与传统教学无缝对接

学校信息推进工作组组长浦勇烽老师在微视频制作、线下教学等"翻转课堂"技术上经验丰富，他经常以网络直播的授课方式组织教师们学习微课的录制和编辑等。王建华老师在网络应用于学科教学方面也有着多年的实践经验，以他为中心，学校组建成立了O2O教学中心团队，该团队以年轻教师为主，涉及所有的学科，为实施基于O2O教学提供了保障。

2. Pad进课堂，创新学科教学与信息技术结合

学校增设智慧班，以期在教育信息化推进与课题研究结合方面进行实践探索。2017年5月，区际智慧课堂专题研讨活动在我校举行。王建华老师的"iPad与网络应用于英语教学（小说阅读）"、钱轶娜老师的"法国大革命模式"和浦勇烽老师的"数列的递推公式"三节研究课进行了成功的展示。在O2O学习模式研讨会上，信息技术专家黎加厚教授对我校工作给予了充分肯定，认为它展现了信息技术支持下的iPad进入课堂的教学模式，验证了iPad在智慧班教学中实现常态化的可行性。

三、成果的主要内容

（一）主要内容

1. 深化"三思"内涵

基于学科自身特点，在教学设计与实施中关注与引导课堂思维多元化，包括常规思维与非常规思维（用超常规、反常规方法进行思考），逻辑思维（抽象思维）与形象思维（基于文理各科的特点），发散思维与集中思维。

"三思"要义的实践操作：勤思——着力培养思考习惯（发现与提出问题），善思——着眼于掌握思维方法（认识与分析问题，找到解决办法），奇思——着意形成思想风格（突破常规思维的界限，以超常规甚至反常规的方法、视角去思考、分析问题，提出与众不同的解决方案）。

把握"三思"的关联性，整体提高思维能力："习惯"离不开"方法"，"方法"熟练便成"习惯"，"习惯"与"方法"的融合就是"风格"。

2. 聚焦课堂转型

以问题激发思维,以创造性思维、创新思维引导学习,以学生学习组织教学,将"勤思、善思、奇思"融入师生互动、生生互动过程。

3. 开发技术手段

适用于挑战性学习的问题包括内容特征、表述形式、时机把握。记忆性问题向挑战性问题转变、转化、转换的策略包括挖掘本质内涵,改善思维品质。在现代信息技术条件下,对运用问题创设教学情境所面临困难的破解策略包括建设Wi-Fi线上、线下教学平台(教室),实施基于O2O技术的教学。

(二)主要成果

1. 总结出"三思课堂"的课堂形态

从迷思性、能动性、深层性、反省性等角度,研究与把握高阶思维的特点,用于改进课堂教学。

优化教学设计与课堂实施。设计贴近学生实际水平,符合其发展需要,呈现一定梯度的挑战性学习任务;灵活选择适合学生的实施策略,保护和强化学生的思维活动;及时运用多样化激励方式,培养学生高阶思维能力(理科侧重探究性思维能力、文科侧重批判性思维能力)。

在课堂进程中关注与引导学生体验思维的多元化:各学科基于自身特点,关注学生的常规思维与非常规思维(用超常规、反常规方法进行思考),逻辑思维(抽象思维)与形象思维(基于文理各科的特点),发散思维与集中思维。

以教学实践的改进诠释新的课堂形态。教学设计贯彻"以思导学"的原则,教学实施把握"以思促行"的原则。

2. 探索出"三思课堂"的实践模型

(1)"三思课堂"突破口:改进课堂教学流程,以问题激活学生思维。

"三思课堂"教学流程,如图1所示。

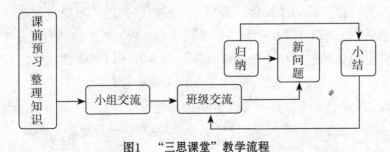

图1 "三思课堂"教学流程

以问题为中介，让学生的思维活动前置，课前就能明确需要思考的问题和学习要求，甚至相互之间展开交流。课中以创造性思维、创新思维引导学习，通过小组交流、班级交流等形式，将勤思、善思、奇思融入师生互动、生生互动过程，激发学生突破常规思维的界限，以超常规甚至反常规的方法、视角去思考、分析问题，提出与众不同的解决方案。

（2）"三思课堂"实施方法，见表1：情境创设，问题确定；多元思维，交流互动；探讨质询；促成新疑。

以问题解决为导向，探寻解决问题的方法和策略，培养与提高学生解决问题的能力。教师可多角度地强化探究的过程与方法，突出其创新性、开放性，逐步引发学生生成新的思考点和解决问题的切入点，通过猜想与质疑、归纳与概括、类比与联想，再现更高层次的思维过程。

表1　"三思课堂"实施方法

问题解决的过程	"三思课堂"实施方法
阶段1：设置问题情境，引导学生提出问题	情境创设，问题确定
阶段2：让学生通过独立思考或小组讨论，用各种方法探索解题思路，编制解题方案，研究解题方法和策略	多元思维，交流互动
阶段3：通过观察、画图、运算、推理、实验、操作等方式进行探究、解决问题	探讨咨询
阶段4：对问题解法进行反思，研究解这类问题有些什么规律，还有其他什么解法。对问题的条件和结论进一步研究根据原有的条件可以得出哪些新的结论，以及改变问题的条件，可以得到什么新的结论	促成新疑

（3）"三思课堂"操作策略，见表2：勤思习惯的行为训练，善思方法的实践积淀，奇思风格的品性涵养。

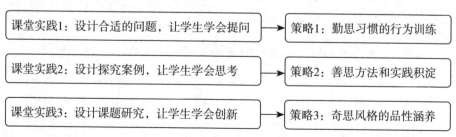

图2　"三思课堂"操作策略

3. 设计出"三思课堂"的评价指标，见表2

表2 "三思课堂"观课评价表

执教			班级		地点		时间	年　月　日第　节			
学科		课题					课型	新授□　复习□　试卷讲评□			
	指标描述，指标定向				分值	得分		指标观察点简要记录			
教学设计（20）	课标、教材、学情统备教学目标的恰当性				5分						
	教学设计的创意及实现方法匹配度				5分						
	生活经验的运用或学、用兼顾结合度				5分						
	环节问题的设计及教学流程的合理性				5分						
教学实施（45）	问题的指向性及时机把握的恰当度				15分						
	讲授、指导兼顾学生差异的覆盖面				10分						
	尊重、激励学生，营造利学氛围				10分						
	激发引发学生释疑或创新的表现				10分						
教学成效（35）	教学目标的课堂效果达成方式与达成度				15分						
	学的需要和时空保障程度发展性				7分						
	学生活动的体验性与活动量的合适度				8分						
	预设、非预设教学契机的处置机智感				5分						
汇总					100分		优	良	一般	差	

意见与建议：

注：@ 体育：讲解生动、形象，示范清晰；& 等级：≥85分，优；84~75，良；74~65，一般；<65 差

为了使"三思课堂"落到实处，学校设计了与"三思"相应的课堂评价指标，以指导教师改进教学设计。"三思课堂"评价指标以反映学生真学为核心，依教学的进展进行设计。一级指标分为教学设计、教学实施、教学成效等。一级指标下各设置二级指标四条，观察评估教学行为。

"三思课堂"观课评价指标由教学设计、教学实施和教学成效三方面，12条指标构成。指标的表述形式为：给出关键观察点的判断词，及其关系动向，指示判断方向或程度。设计执教者依据指标及其方向指示，进行课堂教学层面的设计；观课者依据指标及其指示，判断关系或程度。

4. 编写校本教材，物化"三思课堂"实践成果

校本开发，减负增效，指向"三思课堂"实践价值。创建"三思课堂"引领课堂教学改进行动，校本教材的开发聚焦于教学的精准性，以避免低层次知识的重复学习，减少较低层次基本概念的重复练习，省出时间着力培养学生分析和解决问题、生成新问题的能力，提高学科教学的有效性，提升学生的高阶思维能力。各学科严格遵照课程标准，切实实施"教考一致"，根据新课标制定教学目标，明晰内容要求，筛选合适的练习和导读材料，编写并逐步完善各学科的校本教材。

5. 打造O2O模式，延展"三思课堂"的时空疆域

系统化的网络教学资源，便于学生更广泛地获取学习所需的信息，突破了传统教学的时空限制，更有利于激发学生的学习积极性和创新思维的发展。在现代信息技术的支持下，通过先锋教师的带动，智慧课堂队伍像滚雪球一样不断壮大。今后，会有更多的教师成长为具有较高信息技术素养的"慕课网红"，更多的学生受益于线上、线下学习的无缝链接。

四、效果与反思

（一）效果

1. 课堂内外，培育学生高阶思维

通过"三思课堂"的实施，在高考新政推出后的第一届毕业生中，我校自招上线率大幅提升，且自招录取排名靠前。近几年来，我校学生在各级各类竞赛中屡次获奖。

2. 各学科通过案例研究，形成有自身特点的实践模式

学校以实践课、视导课、研讨课为载体，以学科教研组为操作平台，大力推进"三思课堂"教学实践。由此集聚的各科鲜活教学案例，通过教学论坛等形式共享。

3. 构筑高地，锻造优质教师队伍

以名师为引领，以工作室等为依托，以"三思课堂"推进及研究为运作方式，以学术修养提升为主要目标，开展了名师导引下的"三思课堂"实践研究活动，使一批具有学科特长或发展潜能的教师在磨炼中不断奋进。

（二）反思

从理念认同到实际行动。对不少教师来说，前面似乎横着一道难以跨越的沟坎。为此，除了必要的机制保障，学校还须不断壮大专业引领力量。鼓励挑战性学习、加强针对性教学，创设问题情境是有效策略，这已为青浦实验所证实。在信息化时代，问题情境应有更丰富的意蕴，而当前课堂上教师所提问题大都是预设的，缺乏教学过程中的生成性问题。教师提问，大多是"是什么、为什么"这类在书本上能很快找到，重在记忆力培养的问题，缺少"有什么、还可怎样"等关注思考力、发散性的问题。对问题的解决，也是重结果而轻过程，追求答案的唯一性。为此，学校要从厘清问题主干、变革发问方式、选择投问时机等方面，率先促使教师走出原有的策略定势。

 参考文献

［1］刘艳军.培养高阶思维，营造高阶课堂［J］.教育实践与研究（B），2015（1）.

［2］白智才.高阶思维课堂教学研究实验报告［J］.长春教育，2013（10）.

［3］顾春风.问题驱动教学：魅力与操作［J］.新课程（综合版），2012（6）.

［4］李国强.教师教育课程问题导向式教学（PBL）模式建构策略初探［J］.教育教学论坛，2014（6）.

［5］陈祥春.思维课堂才是真教学［C］.国家教师科研基金管理办公室专题资料汇编，2013.

（课题组人员：陆康其、贾军、吴国章、陆晓东、陆永梅、杨玲、俞琼、沈春辉、杨志燕。执笔：陆康其）

思维点亮课堂： 激活学生高阶思维的实践

上海市青浦区徐泾中学

一、问题的提出

我校作为一所农村中学，一直以来，因为学生基础较弱，教师在教学中偏重基础知识的传授和基本技能的训练，在高阶思维训练方面一直不太注重；学生在历次的考试中也表现为基础题目得分高，而那些挑战思维的较难题目则大量失分。因此，基于我校学情和教学质量的现状，培养学生高阶思维刻不容缓。

二、高阶思维的内涵

在两年的实践中，我们对高阶思维内涵的认识逐渐清晰。我们认为，高阶思维是指发生在较高认知水平层次上的心智活动或较高层次的认知能力，是通过发挥人的各种思维功能来认识和把握客观对象的科学方法。具体思维方法是通过某些具体的思维活动，来认识和解决某种具体的实际问题的一类思维方法，如发散思维与聚拢思维、批判性思维、创造性思维、顺向思维与逆向思维等。

三、解决的方法与过程

（一）思维点亮课堂

全体教师在理论学习中达成共识，强烈意识到了培养学生思维的重要性。为此，我校提出了"思维点亮课堂"的响亮口号。思维点亮的课堂是有火花、有碰撞、有挑战的课堂，是充满能量的课堂。

1. 思维如何点亮课堂

"思维点亮课堂"的教学基本路径——"四思"课堂，即新课设疑诱思、点拨启发导思、复习归纳深思、举一反三广思。

（1）新课设疑诱思。设疑诱思，其实质就是用悬念感来引发学生的思维。设疑要注意选择适当的时机，新课一开始的设疑，犹如磁铁吸铁一样，能牢牢吸引住学生，把学生引导到新课的情境中，自觉地产生思维。

案例① 初中物理第二章《机械运动》

讲初中物理第二章《机械运动》时，首先可以让学生思考三个问题，平常我们能不能抓住向你飞过来的子弹？那么要像随手抓一个昆虫一样，抓住子弹，你有没有办法？书上引言中飞行员为什么能顺手抓住一颗子弹？

分析：通过设疑，激起学生的兴趣，引发思维，让学生扮演问题探索者的"角色"，真正进入学习活动之中，达到掌握知识、训练思维能力的目的。

（2）点拨启发导思。教师起的是"引"和"导"的作用。在充分把握教材的重点和难点的前提下，教师精心设计一个由浅入深、由表及里的阶梯式问题系列，依次在课堂上进行提问。当问题一个个地被解决，学生的思维也就一步步深入，从表象到本质，从简单到复杂。

案例② 奥斯特实验

物理学科黄健教师在做奥斯特实验时，边做边提出下列问题：

（1）导线通电前导线旁小磁针的北极指向什么方向？

（2）导线通电后，小磁针的北极指向什么方向？

（3）断电后，小磁针的北极如何转动？

（4）改变导线的电流方向，小磁针的北极指向是否改变？

然后引导学生将电流的磁场与磁体周围的磁场进行比较，并帮助学生分析，从而使学生理解并建立电流的磁场概念。

分析：电流与磁场都是无法观察到的，电流周围的磁场是通过小磁针的N极作为"风向标"来观察磁场的存在与否以及磁场方向的变化，实验现象很不"起眼"，仅仅是一瞬间小磁针的指向就发生了改变，而后又来回偏转。对于该实验，观察对象及现象是实验前需要教师特别叮嘱的地方，通过让学生观察通电前后、改变电流前后的现象，可以让学生注意到条件变化后现象的不同，引发学生思考，得出电流的磁效应。

（3）复习归纳深思。复习是理顺各知识点间的关系，"温故而知新"的重要环节，通过归纳、演绎和类比，可以让学生认识所学知识的层次结构和相互关系。

(案例) ③ 语文学科《为学》

语文学科姜雪莲老师执教《为学》一课。在课的最后设计了这样一个问题："西蜀之去南海，不知几千里也，僧富者不能至而贫者至焉。人之立志，顾不如蜀鄙之僧哉?"这最后一句话可否删掉？

分析：引导学生深入理解从结构上，最后一句与文章开头形成呼应进一步点明主旨，从而理解作者所持"人贵立志，事在人为"的道理，培养学生思维的深刻性。

（4）举一反三广思。在传统的接受式教学中，学生的思维往往习惯于求同性、定向性。要使学生克服已有的思维定式，有创新意识，离不开教师的精心培育。而在诸多方法中，一题多解和变式训练是较有效的途径，就是让学生运用已掌握的知识和方法去解决新的问题。教师不断给学生提供变式，并及时反馈，使学生巩固知识，有助于引导大多数学生从低水平向高水平发展。

(案例) ④ 数学学科变式训练

数学学科付佳老师设计的变式训练：八年级上册《一元二次方程根的判别式》教学案例，见表1。

表1　八年级上册《一元二次方程根的判别式》教学案例

题目	设计意图
（1）一元二次方程$ax^2+bx+c=0$有两个不等实根，则k的取值范围是	简单常规题，学生能解决。$\Delta>0$即可
（2）一元二次方程$kx^2+x+1=0$有实根，则k的取值范围是	把a与c的系数位置交换。除了满足$\Delta\geq0$，还要注意$a\neq0$的问题
（3）方程$kx^2+x+1=0$有实根，则k的取值范围是	方程的类型不确定，要分类，再归纳。只要满足$\Delta\geq0$就可以。$a=0$是可以的
（4）方程$kx^2+x+1=0$有两个实根，则k的取值范围是	有两个实根，方程类型确定。不仅要满足$\Delta\geq0$，还要$a\neq0$

分析：几何题目的变式，主要是图形的变式，抓住基本图形，图形具备怎样的特征，适合用怎样的方法求解，通过变式训练，不仅能够帮助学生抓住题目特征，而且可以帮助学生把相关的问题很好地区分开，同时可以让学生感受到图形的变化所带来的几何美。

2."思维点亮课堂"各学科有不同的侧重点

根据学科特点和各种思维品质的特性，在课堂教学中要把握好训练的重点。

（1）语文学科：培养学生思维的深刻性和批判性。

现在的语文课堂，一味注重师生互动和生生活动，但仅停留在行为互动水平，表面看起来热热闹闹；只注重课堂教学的生动活泼，却忽视了学生的积极思维，不利于学生思维的发展，而且学生思维深度挖掘不够，学生的认识停留在作品的表层。所以语文学科培养思维的深刻性和批判性势在必行。所谓批判性，就是要有自己的不同看法。思维的深刻性和批判性的训练，要抓概括能力和逻辑分析能力两个方面。培养学生思维的深刻性和批判性的方法有：

①深究词句背后的深层内涵，通过比较、替换、迁移等方法激发思维。

②结合作者的生平经历和写作背景，体会作品中所含的思想感情。

③创设特定的情境等。

案例 5 语文学科《晋祠》

教师：文章开头写道，"悠久的历史文物同优美的自然风景浑然融为一体，这就是晋祠"，可是在正文中作者介绍的顺序与文章开头总说的顺序不一致，为什么先介绍优美的自然景物，再介绍悠久的历史文物？

分析：自然景物是外在的，是人们容易感受到的，是直观的，这是晋祠的外在美，历史文物，以及历史文物背后所体现出来的深刻的文化内涵是需要慢慢感受的，文化是晋祠的内秀。这样安排材料符合人们认识事物的一般规律。这个问题的设计意在训练学生的逻辑思维，培养学生思维的深刻性。

（2）英语学科：培养学生知识迁移能力和思维的发散性、逻辑性。

迁移表现为：从旧知识向新知识迁移，从课内向课外迁移，从文本理解向自由表达迁移，等等。迁移在英语这门语言工具类学科中表现最为明显。

如何培养思维的逻辑性？在英语写作课上，思维的逻辑性体现得最为显著。培养逻辑思维的方法主要有分析、综合、归纳、概括等。

案例 6 英语学科《My favorite season》

英语学科许华林老师执教《My favorite season》一课时，用了思维导图。他让学生对课本里关于春天的思维导图进行补充，并进行对话；他让学生以小组合作的形式完成夏、秋两季的思维导图；最后，让学生独立完成冬季的思维导图。

分析：经过一个学期思维导图的训练，学生的写作思路变得很清晰，能够写出有条理、逻辑思维缜密的文章。学生写作思维能力得以提高，为八九年级学习议论文的写作铺平了道路。

（3）数学学科、物理学科、化学学科：培养学生思维的发散性、求异性和创造性。

培养学生发散性思维、求异性思维、创造性思维是培养学生创新能力的重要源泉。培养发散性思维、求异性思维、创造性思维可以使学生对所学的知识融会贯通，多角度、多方位、多层次地思考问题，在原有的基础上再发现问题，解决新问题，从而达到培养创新能力的目的。打破原有的思维定式和思维习惯，经过长期的训练，势必会使思维变得敏捷。思路开阔，多思广想，多疑善解，思维就会闪烁出创新与独特的智慧火花。培养学生思维的发散性、求异性、创造性的方法有：

① 创设问题情境：发散性思维的形成是以乐于求异的心理倾向作为一种重要内驱力的。教师要善于选择具体例题，创设问题情境。问题情境的创设对开拓学生的思维空间有着重要的意义，一个好的问题情境对学生思路的打开、广度的延伸，特别是对超越惯常思维有启发作用。

② 变式训练：一题多解，一题多变，一题多用。通过情境变式、操作变式、条件变式让思维发散、创新。

③ 巧设陷阱：让学生暂时受挫折，便可以使他们的思维处于"愤""悱"的状态，进而促使其思维活跃起来。然后，通过思维铺垫、搭建脚手架，帮助学生的思维更上一个台阶。

案例 7 化学学科胡畏老师执教《质量守恒定律实验设计》

这节课有如下环节：

（1）教师开门见山地提问，"化学变化的本质是什么？化学反应前后各物质的总质量是否发生改变"：引发学生思考，引起学生的兴趣。当教师问到如何得知结果时，学生马上想到了通过实验的方式探究。

（2）学生针对化学反应前后各物质的总质量是否发生改变进行实验探究。首先以小组为单位进行实验方案的探究，然后全班交流探究实验方案。接着学生进行实验操作探究，然后交流实验结果，对实验结果的"冲突"进行探讨，及时对实验装置进行改进，进行演示实验。

（3）在实验的基础上学生概括出质量守恒定律的定义。

（4）通过解释一些常见的化学现象进一步理解该定律，学会应用定律。

分析：教师先使学生明确探究方向，开展合作学习，随后提出有效的问题帮助学生建立思维坡度，在实验内容与学生现有的实验知识之间不断地搭一座座"小桥"，引导学生思维向高层次提升，对实验内容一一做出解答，提出创新的实验装置。最后达到培养学生创造性思维的效果。

3. 高层次思维课堂评价：《思维点亮课堂评价表》

我们提出了"思维点亮课堂"的教学理念，并采取有效措施对教师课堂进行考量。因此修改了《青浦区中小学课堂教学评价表》，设计了《思维点亮课堂评价表》，把备课、上课环节加入思维考量的因素。着重考察：教学设计有没有思维力度？教师的备课有没有思维的设计，有没有体现思维点亮课堂的理念？课堂实施有没有培养学生的思维能力？思维点亮课堂表现在哪些环节？调动学生的思维积极性用了哪些措施和手段？从分值上看，思维占比是五分之一。我们以此为抓手，评价教师的教学效果，拉动课堂向培养学生思维能力转型。以此要求教师应具有强烈的思维训练的意识。针对不同学科的特点，语文、数学、英语、物理学科各自制定了本学科的《思维点亮课堂评价表》，作为教研组听课、评课的具体抓手，操作性较强。

4. 培养思维品质的思想方法

培养思维品质的思想方法包括类比、迁移、分类、替换、对比、观察、分析、综合等。

（二）借助微视频和项目学习——让思维向课外延伸

2015学年两个学期我校有12位教师制作了教学微视频，40节微课涵盖六个学科；把微课制作成二维码下发到每个学生手中，这也是培养学生自主学习习惯，提升高层次思维的成功尝试。学生通过手机扫码上网学习丰富的微课程，学习更加灵活、主动，让思维由课堂向课外延伸。

我校的项目学习主要是语文学科的综合活动和桥牌社团活动。我校的象棋和桥牌是社团优势项目。在全区团体和个人成绩排名中均名列前茅。带领学生在玩中学，在培养学生逻辑思维方面起到了很大的作用。

（三）基于学生思维品质提升的课堂临床诊断的实证研究

在反思总结的过程中，我们深刻认识到新课堂实验的核心价值是提升学生的思维品质和能力。它是学生终生发展的有利武器。同时，我们也发现，在改进教师的课堂以及构建新课堂的过程中，依然存在诸多悬而未决的问题，其中之一便是如何提高教师基于学生思维品质提升的课堂教学水平和能力。我们发现，"临床诊断"指导是教师的专业发展不可或缺的有效手段。从2017年起，我们开始了新的课题《基于学生思维品质提升的课堂"临床诊断"指导的实证研究》的研究。

运用"临床诊断"的方法干预教师课堂"四思"活动的教学，这就是本课题的初衷以及意义所在。课题的实施与徐泾中学的教师发展和校本研修融为一体，旨在立足全员教师的发展，提高教师的教学水平和教育科研能力，进一步促进整个学校的发展。

在专家的指导下，教研组、学科组团队通过课堂临床观察、临床诊断、临床指导、教师反思、教师教学改进、发展性评价等一系列活动，进一步探索如何通过教师教学过程中教学内容的优化、教学方式方法的改进、教学评价的完善，来促进学生思维品质的提升，特别是学生批判性思维和创造性思维的提升。

教研组、学科组团队听课后对执教教师进行访谈，内容包括对课程标准、教材的理解，以及把教材打造成学生可以习得的学科教学知识的过程方法。在访谈的基础上，进行同伴互助、专家指导，帮助上课教师总结经验，查找存在的问题。接着，进行"三实践两反思"的行动研究。在反思的过程中，教师要把自己的教学过程详细地描述出来。"诊断"结束后，在同伴互助的过程中矫正，挖掘教师点亮学生思维的经验，商榷存在的问题。被指导教师针对问题反思、撰写个案报告，将已有的经验加以总结，不断地发展巩固，使发现的问题在以后的教学实践中得以改进。最后，教师修改教案，通过校本研修平台继续修炼。

在课堂诊断的过程中，我们也总结了一些好的做法。比如开出教师教学行为的"负面清单"。我们要从丰富的案例出发，诊断各学科、各年段，不同经验、不同文化背景的教师，运用质的研究、行动研究的方法，挖掘课题的内涵，通过教师的内心内省提升自身课堂教学的水平，改变原有的负面教学定式。当然，原来的定式中，好的要继续坚持，如有些教师的教学语言规则和与学生的交流活动。让被诊断的教师开出一个自己课堂教学行为的"负面清单"，诊断后改造其负面的教学行为。因为文化背景、教学经验不一样，开出的"负面清单"也不一样。绝大部分教师通过临床诊断之后，提高了课堂教学的能力水平，落实了新课堂的理念，对在经验教师中培养有教育特长的高端教师，对推动全校的教师队伍的发展、提高教师的教学能力有着重大意义。

又如，让教师上好课，进行反思交流，听着容易，还要留下痕迹，实际比较难。为了促进教师写的能力不断提升，我们要求被"诊断"的老师，在"诊断"后用提纲、短文的方式记录改进的方案以及心得体会。为此，我们设计了

《临床诊断书》，包括教学环节、教学自我评价、临床意见、对诊断意见的反馈（反思）。这些板块分别由执教教师和参与诊断的教师填写，参与诊断的教师包括专家教师、名优教师、教研组长、教研组成员等。待其课后思考清楚后，再将内容扩充，形成科研论文。

四、我们的发现

1. 高层思维的表现形式

（1）积极思维。对提出的问题，能独立思考，有所见解。

（2）思维互动。解答问题时，学生能用多种方式表达自己的见解。

（3）提倡质疑。在讨论时，能向同伴提出有建设性的意见。

（4）出声想，出声做。能将思维的过程和实验等活动过程用语言讲出来，也就是发声思维。思维是隐性的，出声想是积极思维的显性表现。

2. 保持高层次认知水平的因素

（1）给思维和推理搭"脚手架"。

（2）任务建立在已有知识的基础上。

（3）提升学科知识在证明、诠释及意义方面的思维品质。

（4）在学科与学科之间建立思维联系。

（5）适当的探索时间。

（6）树立高水平课堂教学的标杆。

3. 导致高层次认知水平下降的因素

（1）情境问题常规化，教师包办代替。

（2）重点转移到追求答案的正确、完整，不注重意义、理解、概念获得等方面。

（3）思考时间过多或过少。

（4）给学生的任务不恰当，指向不明。

（5）教师对学生低层次结果或过程一味迁就。

4. 我们对高层次思维的认识

（1）高层次思维不是优生的专利。高层次思维是让每个学生的思维品质在原有基础上有所提升，最终达到因材施教的教学境界。这一研究的目的是开发每个学生的潜能。

（2）教师备课要关注学情。要对学生的生活悖论、思维定式和障碍进行详细分析。教师要深入知识内容与学情，挖掘思维元素，寻找学生思维的差异性，并加以利用。

（3）要提升教师的经验值。首先，教师要对课标、教材中的思维内涵进行理解和开掘。其次，高层次思维的课堂，会产生很多不确定的生成性资源，教师应有预案，为提升学生思维搭建阶梯。

（4）要从关注知识和方法转化到关注学生的自主发展。学习方式应从接受性学习变为发现性学习。让学生经历尝试与猜测的过程，在探究的过程中，提高学生分析问题和解决问题的能力。教师应根据学生的思维特点设计相应的教学方法和形式，如教师只给一些事实和问题，让学生积极思考，独立探索，自己学习相应的原理和规则。

（5）高层次思维的关键是高层次提问。教师在教学中存在着教师提问数量太多、随意性太大、针对性不强、认知层次低、不利于提升学生思维品质等问题。我们的研究显示，教师在课堂上提出具有挑战性、有难度的问题，能激发学生的好奇心，有序发散学生的思维，促进学生多角度、多方面地考虑问题，从而提高逻辑思维和辨析能力。"高层次"问题能够挖掘出问题背后所隐藏的知识点，帮助学生构建新知识与旧知识的联系，培养学生举一反三、触类旁通的能力。除了教师向学生质疑，还有师生互动，学生可以向老师质疑。

5. 催生高层次思维活动要对教师进行能力培养

催生高层次思维的过程对教师的教学设计是一种挑战，教师要对教与学的综合因素及相互作用有深入的剖析和理解。本课题研究使我们意识到，教师需要着力培养以下几个方面的能力：

（1）高层次提问能力。为了引导学生的思维活动，教师提问应有一定的挑战性、启发性，要能引起学生探索、讨论的兴趣；要能有序发散学生的思维，促进学生多角度、多方面地考虑问题，从而提高其逻辑思维和辨析能力。

（2）把握课堂的能力。提问、实验、操作、板书、学生对象，都会影响教师对学生思维品质的评判。教师要分析学生解决原始问题的过程，为提升学生的思维序列提出从属的、渐进性的问题。

（3）耐心等待的定力。我们研究发现，学生思考时间较长（3秒以上）的情况下将产生更富有深度的回答、更多的课堂讨论。

五、效果与反思

1. 效果

（1）学生：课内通过高层次思维训练，学生的学习会更深入、更投入、更主动，学习的兴趣会更持久，从而提高了思维品质、思维能力，养成了思维的习惯，变被动思维为主动思维，由学会到会学。而这些正是学生可持续发展的核心素养。

（2）教师：课题拉动教师专业发展，教师最大的变化是由职业疲惫到任务兴奋。将课题融入实践，开拓了一条可持续发展之路。教师们科研意识增强，以前是小部分教师关心科研，现在队伍逐步扩大。学校的科研理念在教师中生根发芽，研究氛围越来越浓厚。

（3）学校："思维点亮课堂"体现的是教师对课程的领导力，为整个学校的可持续发展带来了正能量。可以说一个课题改变了学校的面貌。

2. 反思

我们将紧紧抓住批判性思维、创造性思维这一切入点，在"四思同堂"理念的基础上，探索"新课设疑启思、点拨启发导思、练习归纳提思、着眼复习理思"的新"四思"，通过假设、验证，进行实证研究。全员全过程参与，研究与传播并举，与校本研修紧密结合，将研究成果转化为教学常规，让所有教师参与研究，分享成果，提升素养。

高层次思维训练犹如一块磨刀石，把思维的刀磨得更加锋利，现在全校师生已经达成共识：课题改变了学校面貌，为学校可持续发展提供了不竭的动力。我校将继续进行学生高层次思维培养和教师专业发展的后续探索，相信学生的思维水平一定会有大的飞跃。

参考文献

［1］朱智贤，林崇德.思维发展心理学［M］.北京：北京师范大学出版社，1986.

［2］陈维维，李艺.信息素养的内涵、层次及培养［J］.电化教育研究，2002（11）：7-10.

［3］周青，姚林娜，杨辉祥，等.批判性思维与学生的自主学习［J］.教育理论与实践，2003（8）：53-56.

（课题组成员：何影、赵炜霞、陶纪林、逄立娟、金建兰、陆为磊、周萍萍、章晓丽、付佳、徐卫。执笔：赵炜霞）

注重核心问题串的设计，驱动学生高阶思维

上海市青浦区凤溪小学

一、小学数学课堂教学改进面临挑战

1. 小学生思维能力的培养未引起足够的重视

2016年9月教育部正式发布了《中国学生发展核心素养》，对思维能力的发展提出了具体的要求。所以，学生思维能力发展已成为核心素养培育的基本要求。

目前，虽然国家明确提出了针对学生思维能力的培养要求，可令人遗憾的是，一线教师中却鲜有人真正认识到思维发展对社会和个人的重要性。调查、访谈显示，近一半的教师仍然认为课堂教学应以习得基本知识、技能为主，至于思维发展是自然而然的事；还有一部分教师认为思维能力即天赋，后天的干预效果不大；而大部分教师对培养学生思维能力的策略更是知之甚少、无从谈起。看来，小学生思维能力的培养还未真正引起教师的重视。

2. 课堂教学"提问"环节中的"问题"

课堂教学"提问"环节，实际包括课前问题设计和课堂问题实施两个部分。通过对青浦区城、乡三至五年级201名数学教师调查、访谈的结果显示如下：

课前问题设计。91.39%的教师能关注问题设计的话题或文章；93.1%的教师在问题设计时能尽可能兼顾优生和后进生的能力层次；72.41%的教师在问题设计时能预设可能情况的发生；79.31%的教师在问题设计时能考虑重点和难点突破的方法；但是在提高课堂问题设计有效性方面，93.1%的教师感到有难度，5.17%的教师感到难度颇大。

课堂问题实施。86.21%的教师课堂问答很少采用简单肯定或否定学生的回答，但课堂提问方式比较单一，一问一答占60.34%，问题指向性不明占

50.38%，更有24.32%的教师提问随意性很大。85.27%的教师在针对学情创设适切的问题情境方面感到困难，甚至36.4%的教师会偏离教学目标，这也印证了63.79%的教师在备课时，设计问题要花整个备课时间的50%~80%这一点。

通过以上调查可以看出：第一，大部分教师都比较关注课堂教学的问题设计，只是在提升课堂教学问题设计有效性方面，许多教师感到难度较大，在实际教学易偏离目标，尤其是青年教师。所以，教师应加强问题设计策略及路径方面的研究。第二，大部分教师能根据学生的能力层次进行必要的课前预设，但是师生的问答方式比较单一，且"满堂问""随便问"的现象时有发生，阻碍了学生思维能力的发展。所以课堂教学中，教师还应加强问题实施策略及步骤方面的研究。

3. 数学高层次思维能力在小学课堂难有体现

2011年发布的《上海市中小学生学业质量绿色指标（试行）》（以下简称《绿色指标》）指出，在关注学生标准达成度的同时，也要关注学生的高层次思维能力。其明确将高层次思维能力发展水平作为评价学生学业质量的一项重要指标。

分析三次《绿色指标》数据可以看出，本区学生在某些方面高层次思维能力目标达成度较低，其中包括借助情境进行观察、解释或推理能力不足，无法建立知识间联系并解决问题，不能灵活运用方法解决非常规问题，不能综合运用知识解决实际问题，等等。后来，经过访谈得知，许多教师课堂教学只关注基本知识的掌握和基本技能的训练，而未考虑基本活动经验的积累和基本思想方法的感悟；只关注问题是否解决，而未考虑解决问题策略的多样化与优化等。总之，数学高层次思维能力培养在小学数学课堂中难有体现。

二、数学教学改进从课堂问题设计开始

（一）有效教学与问题教学法

有效教学的理念源于西方的教学科学化运动。有效教学具体是指在符合社会和个人双重价值建构的前提下其效率在一定意义上高于或等于平均水准的教学。实施有效教学最关键的因素是教师，而导致课堂教学效率不高的原因恰恰跟教师有密切联系，诸如思想过于陈旧、教法囿于传统、积极主动性差、奉行拿来主义、过多关注怎么教、极少或从不关注如何学、不习惯课后反思，等等。

实际上，问题教学法在一定程度上恰恰可以弥补有效教学中教师因素的不

足。所谓问题教学法是将教材知识点以问题的形式呈现在学生面前，让学生在寻求、探索解决问题的过程中，掌握知识、技能，发展智力，进而培养学生解决问题的能力。问题教学法是革除传统教学弊端的手段之一，是激发学生学习的动力源泉，同时也为学生提供了一个交流、合作、探索、发展的平台。在问题教学的过程中，学生经历了发现、提出、分析和解决问题的过程，学习效率明显提高，学习效果明显提升。所以，问题教学法是实施有效教学的有力保障。

（二）课堂问题设计的基本原则与方法

关于问题教学古已有之。如古希腊教育家、哲学家苏格拉底在教育实践中的"产婆术"，我国春秋时期孔子也曾用提问的方式对弟子进行启发式教育。

国内学者对问题设计的诸多方面都有详细阐述。比如，王仲炎在《课堂教学的"问题设计"研究》中指出，问题设计的基本原则为针对性原则、开放性原则、关联性原则和递进性原则。王德昌在《数学课堂教学中的问题设计》中就"把握问题的五个生成点"，即新旧知识的联结点、学生的认知冲突点、教材内容的关键点、学生学习新知过程中的易混易错点、教学目标的达成点进行了阐述。学者钱猛在《问题设计是启发的关键》中结合实例指出，问题设计的方法如演绎法、归纳法等。在问题设计的技巧方面，李如密、刘显国等主要谈到七方面的技巧。胡小勇、祝智庭教授指出单个问题和教学问题集的有效特征，并提出教学问题设计支架的重要性。还有一些学者提出了一些具体问题的设计方法，譬如"五何法"，即由何、是何、为何、如何、若何等。

以上文献研究显示，许多学者在问题设计的原则、方法和技巧等方面都有一定的实践经验。

（三）具有内在逻辑关系的问题串

问题教学法中"问题"呈现方式有多种。其中，在一定的学习范围或主题内，教师围绕一定的目标或某一中心问题按照一定的逻辑结构而精心设计的一组问题称为"问题串"。问题串是支持教师教授和学生学习的重要工具，是满足不同层次学生学习的重要阶梯。在问题串的设计中，有学者认为要把握趣味性、针对性、启发性、层次性和创新性等原则，更多设计贴近生活、联系实际的问题，设计富有趣味引人入胜的问题、设计以问促思以问促问的问题，逐步达到从"学会"到"会学"的目的。还有学者将"问题串"与"教学留白"相结合，其目的是在提出问题时留给学生独立思考的空间和时间。其还将"教学留白"分为"显性留白"和"隐性留白"，并解释教学留白仅仅是一种辅助性教学策略，如果问题串是筋骨，那么教学留白则是肌肉，学生的积极思维过程就是全身流淌的血液。

（四）问题与课堂活动

1. 核心概念

核心问题串：特指在小学中高年级数学学习的过程中，教师围绕一定的教学目标，按照一定逻辑结构而精心设计的一系列问题，这个系列中的每一个问题都指向该教学环节的核心。

高层次思维能力：是指要达到教学目标分类中较高层次的目标所要具备的能力。中小学数学高层次思维能力主要包括知识迁移能力，预测、观察和解释能力，推理能力，解决问题的能力，批判性思维和创造性思维能力，等等。

2. 研究目标

（1）实践并探索小学中高年级数学课堂核心问题串设计和实施的策略。

（2）形成通过核心问题串提升小学中高年级学生数学高层次思维能力的有效途径。

（3）研究并形成通过核心问题串提升小学中高年级学生数学高层次思维能力的相关代表性案例。

3. 研究内容

（1）通过问卷调查、访谈和资料查询（绿色指标测试结果）等方法对我区（校）中高年级学生数学高层次思维能力展开现状调查；通过问卷调查、访谈，了解我区（校）中高年级数学教师存在的问题。

（2）对小学数学教材中三至五年级单元主题和相关内容进行梳理。

（3）探索"核心问题串"有效设计和实施的策略研究。

（4）基于核心问题串提升学生数学高层次思维能力的有效途径的研究。

（5）建立小学数学高层次思维发展水平评价指标体系的研究。

（6）案例研究。

4. 研究过程

（1）典型内容的选取。首先，课题组集中学习了《中小学数学课程标准（2011版）》和《上海市学科基本要求》的有关内容；然后，集中浏览了沪教版三至五年级的数学教材及教学参考用书；接着，从单元主题的角度梳理三至五年级数学教材的典型内容。所选取的内容是本单元教学中的核心内容，且教学方法能对本单元其他课时有触类旁通的迁移功效。典型内容的梳理与选取有以下两个原则：在教材所列单元中选取核心内容；在某一知识体系下选取核心内容。

（2）以课例为载体的行动研究过程。依据课标和选定的教学内容，课题组开展"行动研究"。研究过程中，课题组主要围绕"知识所承载的本质是什么""教学目标如何确定""问题串设计是否符合目标要求""问题间的梯度和序列是否合理""教师提问的时机是否恰当""问题的价值何在"等实际问题进行循环实践研究。在对师生课堂观测、课后访谈的基础上，针对课堂教学中目标达成的"盲区"和学生解决问题过程中的"障碍"，进一步反观问题设计的有效性，进而修改问题情境、调整问题间的梯度和序列，最终梳理出有利于目标达成和培养高层次思维能力的核心问题串。

（3）分析课例，总结经验。课题组在单元主题下，针对所选定的内容，分析其数学知识间的联系、数学问题情境的刻画以及知识本质的表达，就某些特定的内容进行多轮课例研究，并重点梳理出"核心问题串的组成及结构形式""核心问题串的设计策略、要求及路径""核心问题串的具体实施途径"等。

课例研究过程具体流程，如图1所示。

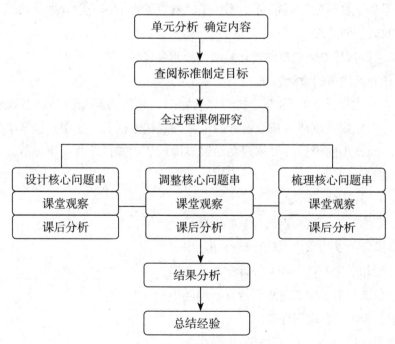

图1 课例研究过程具体流程

三、以核心问题串引领学生积极开展数学思维活动

（一）探索核心问题串的问题组成及结构形式

1. 核心问题串的问题组成

课堂教学中教师的问题一般分为常规问题和非常规问题两类。所谓"常规问题"是指在学生熟悉的问题情境中，用现成的方法、原理和程序进行解答的数学问题。"非常规问题"是指在变式情境或模拟情境中无法用现成的常规方法解决的问题，它需要用一系列认知策略理解问题的情境来找到解决问题的方法。一般来说，相比常规问题，非常规问题具有问题情境复杂，问题解决思路广阔、方法多样，问题解决的方法、原理和程序不明等特点。

以核心问题串引领课堂教学，其目标是促进学生思维品质的提升。考虑到不同学生之间的水平差异，因此，在知识建构环节和知识综合应用环节均可采用"常规问题与非常规问题有机整合"的方式，以期让不同层次的学生思维都有不同程度的发展。

2. 核心问题串的结构形式

根据教学目标的不同指向，核心问题串的逻辑结构一般分为并列式、递进式和发散式三种形式。

（二）探索核心问题串的设计策略、要求和路径

1. 核心问题串的设计策略

核心问题串之所以称为"核心"问题串，是因为其是教师针对课堂教学中的核心目标或关键环节精心设计的一系列问题。因此，从课堂教学的流程着眼，核心问题串的设计一般体现在知识建构环节和知识综合应用环节。具体设计策略如下：

（1）知识建构环节。

① 把握知识的生长点设计核心问题串。

② 围绕教学的重难点设计核心问题串。

③ 紧扣学生的认知冲突设计核心问题串。

④ 找准学生的困惑迷思设计核心问题串。

（2）知识综合应用环节。

① 整合新旧知识点设计核心问题串。

② 拓展延伸知识点设计核心问题串。

2. 核心问题串的设计要求

核心问题串的设计，其目的是着眼于学生思维品质的提升。然而核心问题串的设计绝非一蹴而就的，它基于教师对知识本质的深度理解，基于教师对问题情境的改造或再造，基于学生对学情的精准分析，基于学生对合作、探究学习的需要。

3. 核心问题串的设计路径

根据核心问题串的设计策略和设计要求，现将核心问题串设计路径整理如下：

（1）基于课标和学情，深度研究教材，制定教学目标。

（2）根据教学目标，改造或再造教材问题情境。

（3）结合教学目标、问题情境、学情分析，设计核心问题串。

（4）设计综合练习的核心问题串。

（5）完善教学设计，进行课堂实践，检验核心问题串与教学设计是否匹配。

（6）梳理核心问题串使其序列化，修改教学设计使其结构化。

（三）以核心问题为载体，培养学生高层次思维能力的课堂实施原则及步骤

1. 核心问题串的实施原则

（1）处理好教师课前预设与学生课堂生成之间的关系。

（2）处理好基础性目标与发展性目标之间的关系。

（3）处理好教师教学方式与学生学习方式之间的关系。

2. 核心问题串的实施步骤

核心问题串引领课堂教学，旨在理清师生"教"与"学"的思路，实现课堂教学结构的严谨性和逻辑推理的严密性，在此基础上实现学生思维能力的提升。结合核心问题串的实施要求，我们认为核心问题串引领课堂教学主要有以下几个步骤：情境引入，发现并提出问题；经历探究，分析并解决问题；合作交流，提出解决问题策略；综合应用，提升思维水平。

四、评价与成效

（一）评价措施

1. 坚持正确的评价理念

（1）坚持多元化评价主体。

（2）坚持多样化评价方式。

（3）坚持发展性评价功能。

2. 研制合理的评价工具

（1）《小学生高层次思维能力细化指标量表》。

（2）相关作业、试题设计要求。

（二）初步成效

1. 以核心问题串为载体提升了教师的课堂教学能力

以核心问题串为载体进行课堂教学设计，理清了教师的教学思路，厘清了知识脉络，学生学习效果普遍较好。在以核心问题串进行课堂教学的过程中，课题组教师在各种大赛中取得优异成绩。如孙益新老师设计的"小数乘小数"一课在华东六省一市课堂教学评比中，荣获一等奖；蒋琳老师设计的"周长与面积"一课，在区优秀教研组展示活动中获得的评价颇高。

2. 以核心问题串为载体培养了学生数学高层次思维能力

（1）从课后作业反馈能看出学生高层次思维能力的提升。

（2）从《绿色指标》测试反馈能看出学生高层次思维能力的提升。

3. 以培养学生高层次思维能力为目标增强了教师作业、试题设计能力

课堂教学以核心问题串为载体固然能有效提高教学效率，但知识的学习是一个循序渐进的过程。为此，我们还专门编制了一系列习题，可有效培养学生高层次思维能力。课题组编制的四年级上册"分数的初步认识（二）"作业、试题案例，荣获上海市中小学作业、案例评选一等奖。

五、创新之处

（1）本课题以"核心问题串"为载体，其不同于单一的核心问题，也不同于泛化的问题串。核心问题串是基于核心教学目标而设计的，设计过程既要考虑知识建构过程，也要考虑知识综合应用过程，探究和应用两者要兼顾。

（2）本课题关注学生间认知差异。核心问题串的问题组成是以常规问题和非常规问题有机整合的形式，循序渐进提升学生的高层次思维能力的。

（3）核心问题串的设计策略、要求及路径，是基于典型课例多次实证研究得出的结论，虽然具有普适性，但具体实施仍要以学生主动探究为主、以课堂生成为主，兼顾基础性目标与发展性目标的双向达成。

（4）关于学生高层次思维能力的评价与检测，制定了"小学生数学高层次思维能力细化指标"和相关"作业、试题设计案例和要求"。

六、小学生数学高层次思维能力培养的进一步探索

问题是数学的心脏，问题设计是推进教学活动的主要策略。在小学数学课堂教学中，不同教学环节中的问题是逻辑相关、环环相扣的。因此，在小学数学课堂教学中创设合适的核心问题串，是提高学生课堂学习效率的有效方式，是发展学生高层次思维能力的有效路径，同时也为各种"问题教学"模式提供了有价值的、可操作的实证。

当然，在研究过程中，我们努力践行青浦实验"少教多学、以学定教、鼓励挑战性学习"的理念，同时也发现自己的很多不足。诸如，前文谈到的核心问题串的问题结构形式，除了递进式、并列式和发散式三种外，还有一些问题串是由几个互相交叉的问题同时呈现的，我们姑且称其为"问题网"，关于此类"核心问题网"的设计策略、要求及实施原则与步骤还有待进一步研究。

参考文献

［1］王仲炎.课堂教学的"问题设计"研究［D］.上海：华东师范大学，2011（5）：30–37.

［2］钱猛.问题设计是启发的关键［J］.化学教育，1998（10）：10–12.

［3］闫寒冰.学习过程设计：信息技术与课程整合的视角［M］.北京：教育科学出版社，2005.

［4］王德昌.数学课堂教学中的问题设计［J］.中学数学，2008（7）：4.

［5］黄爱华，刘全祥.洗尽铅华粉饰尽去——以"大问题"为导向的数学课堂教学的实践与研究［J］.小学数学教师，2013（12）：63~67.

（课题组成员：孙益新、刘建、蒋琳。执笔：孙益新）

提供主动学习的支持策略：启蒙幼儿创新思维的实践

上海市青浦区秀泉幼儿园

一、课例背景

近年来，随着人们对学前教育的重视，学前教育实践领域出现了从关注儿童"学什么"到"怎么学"的转向，继而也提出了深度学习的概念。深度学习是培养幼儿良好学习品质的重要途径，也是提高幼儿学习质量和促进学前教育活动转型的关键抓手。此案例借助《简单推理》两次教学活动的课堂改进，提出了支持幼儿深度学习的策略，帮助幼儿运用已有的数学经验解决生活和游戏中某些简单的问题，以提升幼儿的思维品质。

二、设计思路

《3～6岁儿童学习与发展指南》指出，数学认知的目标之一是："能发现生活中许多问题都可以用数学的方法来解决、体验解决问题的乐趣。"在数学领域的学习中，要重视发展幼儿运用数学的思维方法去解决问题的能力，幼儿数学能力的发展包含了较多的内容，如空间方位、排列规律、等量替换等，在此次活动中，通过层层递进的设计，以比赛的形式，试图引导幼儿从感知推理到初步获得简单推理的经验，再到捕捉有效信息进行分析和推理，最后使幼儿获得运用推理经验解决问题的能力和乐趣。

三、活动目标

（1）能捕捉有效信心，进行简单的分析和推理。

（2）初步获得一些简单的推理经验，感受用数学的思维方法解决问题的乐趣。

活动准备：PPT课件，盒子、记分牌一个，标有1~6数字的黄、蓝圆片各6个。教学实录，见表1。

表1　教学实录

	第一次活动	第二次活动
片段一	师：请小朋友猜一猜盒子里是什么？ 幼：糖、饼干、弹珠…… 师：猜东西不是乱猜的，要根据得到的信息才能猜出正确答案	师：请猜一猜盒子里是什么？ 幼儿随意猜。 师：摇一摇、听一听声音是怎么样的，再来猜一猜。 幼儿根据声音进行猜测。 师：继续猜。这样东西是长方形的，是小学生写错作业时需要用的，到底是什么呢？ 幼儿异口同声：橡皮。 师：你是听到了什么信息后一下子就猜出是橡皮的呢？ 幼：我听到了它是小学生写错作业时要用到的，而且这样东西是长方形的，所以一下子就想到了是橡皮。 小结：猜东西不是乱猜的，要根据得到的信息才能猜出正确答案
片段二	放映PPT，提问。 师：请问，被挡住的是几个什么颜色的珠子？ 幼1：红色。 幼2：黄色。 幼3：黄色2个。 师：你是怎么猜的？说出你的理由。 幼1：我是乱猜的。 幼2：我看到前面有红色珠子了，接下来就是黄色的	放映PPT，提问。 师：请问，被挡住的是几个什么颜色的珠子？为什么？你是怎么想的？ 幼1：肯定是黄色的，因为是红黄红黄间隔的。 幼2：黄色4个，我看到前面红色后面是一个黄色的，红色后面又有2个，然后红色后面又有3个黄的，接着红色后面应该是4个黄色的，我是这样推算的。 师：原来被挡住的是4个黄颜色的珠子，因为黄珠子是依次增加一个这样得出来的
片段三	师：小鸭从左岸游到右岸算游一次，请小朋友猜猜小鸭游9次后会在哪边。 幼1：左边。 幼2：右边。 幼儿开始争执	师：孩子们，看，小鸭们现在正在练习学游泳，它们若从左岸游到右岸便算游成功一次，那么它们游9次后会在左岸还是右岸呢？仔细看一看它们游泳的轨迹，有什么规律吗？ 幼1：是在右岸。 师：为什么？ 幼1：因为我是一次一次往下数的。 幼2：我也觉得是在右岸，因为我发现1、3、5、7、9都是单数，单数都是在右岸的。 师：那游到第20次时呢？ 幼：是在左岸，因为20是双数

四、课例反思

1. 聚焦问题导向，帮助幼儿积累"要根据得到的信息进行猜测"的经验

片段一。在第一次活动时，教师只是把它作为一个引出环节，没有深挖其中的教育价值。在幼儿随意猜测之后，就草草结束了这一环节，导致在后面环节幼儿根据教师的信息无法进行推断与猜测，影响活动的整体效果。在第二次教学中进行了调整，教师设计了三个层次：先让孩子漫无边际地猜，幼儿从中意识到这样猜是猜不到正确答案的；然后在教师的提示下听声音猜，结果还不能确定，但幼儿从中感悟到了前提条件，答案的范围缩小了；最后在教师的再次提示下，幼儿猜出了正确答案，并从中领悟到猜测要根据前提条件去推理，进而理解"猜东西不是乱猜的，要根据得到的信息才能猜出正确答案"这句小结语的真正内涵。

2. 概括精简语言，引导幼儿学会用数学语言概括现象，提高其数学思维能力

片段二。在第一次教学中，笔者将问题"被挡住的是几个什么颜色的珠子？""为什么？"分开问之后，幼儿的思考不够全面，猜测也是毫无理由。在第二次活动中，笔者将问题前置，全部抛出，引导幼儿说出推理的依据和过程，帮助幼儿对事物背后抽象的数学关系进行思考，达到内化简单推理思路与方法的目的。由于幼儿思维的片面性，他们有时表达得不完整、不太准确，这时就需要教师顺应幼儿的思路，用数学语言进行提升和概括。如在让幼儿"找出有几个什么颜色的珠子被挡住"的环节中，幼儿答出"有4个黄色的珠子"，在教师追问"为什么"后，幼儿回答"因为先一个红的一个黄的，又一个红的两个黄的，再一个红的三个黄的，最后一个红的应该是四个黄的"。可见，幼儿知道黄珠子是依次增加一个的，但是不会用精练的数学语言表述。于是，教师及时回应道"原来黄珠子是依次增加的，每次增加一个"，从而帮助幼儿梳理经验，学会用精练的语言概括现象，提高了数学思维能力。

3. 明确问题内涵，通过"追问"了解幼儿的思考轨迹，帮助其解决实际问题

片段三。在第一次教学中，孩子们搞不清楚，当小鸭游到第9次时会在左岸还是右岸，幼儿对教师提出的问题不理解，导致他们无法正确判断。在第二次教学中，教师调整策略，以故事的形式引出，说明问题，引导幼儿根据线索进行推测，幼儿一下子就明确教师预设的内容，并将思考点聚焦在小鸭游到第9次时会在左岸还是右岸。

在第一次教学中，幼儿的猜测较为随意，不是左岸就是右岸，教师也没有及时进行追问，导致幼儿的猜测毫无根据，也缺乏主动思考的意识。在第二次教学中，教师抛出问题之后紧接着进行追问，给予幼儿一定的思考时间，引导幼儿说出猜测的理由。通过幼儿讲述的理由，教师明白了幼儿思考的轨迹，如有的是接着往下数的；有的是掌握了规律，知道一边是单数，另一边是双数，根据这个规律猜到第9次是在右岸，因为9是单数。为了能让幼儿更加深入理解，在提问之后，教师再一次进行追问："游到第20次时在哪边？"幼儿有了之前的经验之后，一下子就猜出了正确的答案。幼儿不仅能运用已有的经验进行迁移与运用，而且再次验证了发现的规律：单数都在右岸，双数都在左岸，提高了抽象思考与概括的能力。

五、课例启示

1. 关注幼儿的学习态度，引导幼儿主动学习

从学习态度看，幼儿深度学习是一种高投入的主动性学习。幼儿的学习是一个积极主动的知识建构过程，教师应充分重视幼儿的主体地位。其实，在幼儿的生活中，已经有了一些初步的、合情的推理知识经验，只不过他们没有意识到这就是推理。在这次活动中，笔者通过两次课堂教学改进，充分挖掘幼儿能直接感受的素材，加到他们感兴趣的活动中，让幼儿在说一说、玩一玩、猜一猜中体验推理在生活中的广泛用途，体验数学与生活的联系。所以，教师应善于发现并抓住教育契机，不忽视孩子的想法，积极地创造条件，激励与引导幼儿主动地参与活动，积极投身实践。深度学习需要激发幼儿的学习兴趣，基于学习热情、学习内驱力和积极状态的保持，要让幼儿的学习更加主动、专注和投入，而非被动机械地学习。

2. 提供贴近生活和富有挑战性的学习情境，促进幼儿知识迁移与应用

让幼儿在故事情境中学习数学，引发他们主动去探究自己所要解决的问题。本次活动选取的故事情境是小鸭学游泳，幼儿可以联系生活经验在情境中积极思考，抓住问题的关键，潜移默化地学会数学思考的方法。幼儿深度学习意味着对知识的迁移和运用，这就要求幼儿既能理解学习内容，又要深入了解新的情境，能举一反三，学以致用。只有当学习情境中蕴含知识、技能和富有挑战性的问题时，才更能激发幼儿探究的兴趣，并在特定的学习情境中解决问题。

3. 提供足够的时间，鼓励幼儿深入思考和探究

深度学习是一种基于问题解决的学习，也是一种基于时间探究的学习。大

多数幼儿的认知发展水平尚处于前运算阶段，因此，教师不能期望幼儿在短时间内就能探索和解决比较复杂的问题。深度学习是幼儿主动探索、发现、产生认知冲突，进而采用策略解决问题的过程，比起被动接受的、灌输式的浅层学习，幼儿深度学习更需要时间的保障和支持。因此，在活动中，每个关键问题提出之后，教师都要给予幼儿一定的自主思考的时间，并以"追问"的形式引导幼儿思考其背后的原因，找到问题的解决思路和方法，促进幼儿深度学习的开展。

总之，通过两次活动的实践，将幼儿的学习导向深度。从被动的认知到主动思考，通过了解猜测的方法、用数学语言概括现象到解决实际问题及经验的迁移，帮助幼儿运用已有的数学经验解决生活和游戏中某些简单的问题，充分激发幼儿的兴趣，大大提高幼儿参与活动的积极性。

参考文献

［1］何玲，黎加厚.促进学生深度学习［J］.现代教学，2005（5）：29-30.

［2］李克东.教育技术学研究方法［M］.北京：北京师范大学出版社，2002.

（课题组成员：吕小红、徐红、黄慧婷、吕晔、赵蓓蕾、张辉、潘艺盟、杨诗怡、叶莉婷、施胜蓝。执笔：吕小红）

第四章

融合信息技术，助力课堂变革

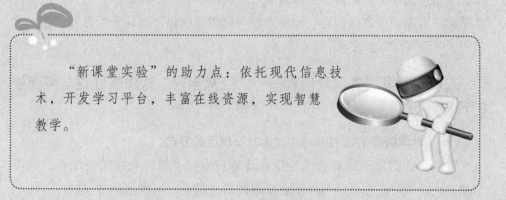

"新课堂实验"的助力点：依托现代信息技术，开发学习平台，丰富在线资源，实现智慧教学。

课堂"二次学习"微视频的开发与应用

上海市青浦区第二中学

一、问题的提出——教与学的变革

在信息技术与互联网高速发展的时代，教育应紧跟科技创新的步伐，与时俱进；教师要教育学生适应新事物，面向未来。针对信息技术的应用，《国家中长期教育改革和发展规划纲要（2010—2020年）》从"教"与"学"两个层面提出了明确要求："提高教师应用信息技术的水平，更新教学观念，改进教学方法，提高教学效果。鼓励学生利用信息手段主动学习、自主学习，增强运用信息技术分析解决问题的能力。"随着"核心素养"概念的提出，教育部发布的2017版《普通高中信息技术课程标准》中，特别将"计算思维"列入学科核心素养。

为此，高中信息科技学科也应充分发挥自身先天优势，合理应用信息技术，变革传统教学，促进学生深度学习，提升学生的学习品质，培养学生的计算思维。本课题探索的内容，即是开发与应用微视频，引导学生开展"二次学习"，进而培育核心素养。

二、问题解决的探索历程——"二次学习"理念的确立与微视频的开发

（一）教学时空的拓展与"二次学习"内涵的界定

当前，随着移动计算技术、泛在计算技术和手持移动终端的发展，出现了基于在线学习的移动学习和泛在学习的研究趋向。本课题所开发的"二次学习"微视频，旨在借助移动设备（如智能手机）和无线通信技术，让学生能在课前、课后的任何时间、任何地点进行学习，从而突破课堂时空的限制。从

2014年开始，我们生发了制作"二次学习"微视频的初衷，并在实践中不断完善这一概念，最终将其内涵界定为：教师在课堂教学结束后，对一个课时或章节的学科重点、难点知识，以及学生学习的易错点，进行整理，采用录屏方式制作成时长10分钟左右的微视频，通过微信公众号及时推送发布，方便学生使用智能手机等设备观看，由此开展"二次学习"。这里的"二次"有两层含义：一是指教师在课后，对原教学设计进行反思，并结合课堂上生成的教学资源，为学生再次设计学习进程；二是指学生在课后，基于个人的不同需求进行补偿性的再次学习。

（二）"二次学习"微视频的设计、制作流程与操作步骤

微视频作为一种新的教学/学习资源，对其开发和应用不能局限于课堂教学层面，只有深入常态教学的资源领域，不断顾及动态生成的新的课程资源，这样才能满足教与学的需求，使资源建设由肤浅走向深刻。

1. 微视频的设计、制作流程

经过不断摸索、尝试，我们最终总结出"二次学习"微视频开发与应用的基本流程，整个流程由四个环节组成，具体如下：

（1）启动：课前教师根据教学内容进行教学设计，课中根据教学设计有序组织课堂教学。这是微视频开发的基础。

（2）预设：课后，教师通过搜集检测学生学习效果的实证数据（包括课堂生成资源、学生访谈等），进行教学反思，并在此基础上构思"二次学习"微视频的设计。这是关键环节。

（3）加工：根据二次设计的要求，形成"二次学习"微视频制作脚本，选择合适的信息技术工具，精心制作"二次学习"微视频。这是微视频应用的保障。

（4）实施：及时发布制作好的"二次学习"微视频，指导学生自主学习，弥补课堂学习的不足和缺憾。这是开发微视频的目的。

2. 微视频的制作路径

制作前要做的工作：在可触摸电视的大屏幕上安装Camtasia Studio（CS）录屏软件，并进行调试；准备好为"二次学习"微视频设计的PPT；录制好简易说明词。做好这些准备工作后，就可以按如下步骤进行微视频录制了。

第一，打开CS录屏软件，在电视屏幕左上方会出现一个"录制屏幕"按钮。点击按钮，屏幕上会弹出录制主菜单。可将其拖至屏幕的合适位置，留作备用。然后，根据事先设计好的"二次学习"微视频的PPT，进行录制区域的设置；同时，对摄像机、音频设备等进行调试。

第二，打开事先准备好的"二次学习"微视频教学设计PPT，设置为放映状态，并选择"指针选项"为"笔"。然后按下主菜单中的录制（rec）按钮，软件即提示三秒钟后开始录制。

第三，按设计好的演讲稿进行讲解。在讲解过程中，可以给予批注提示，以及进行例题演算。此时，还可以使用键盘上的"方向键"对PPT进行翻页操作。

第四，讲解完毕，可按计算机键盘上的F10键停止录制。这时，屏幕上会弹出视频"预览"窗口，可以对刚录制的微视频进行预览。预览后，保存视频。然后，关闭CS录屏软件，在相应位置可以查看保存的文件。

第五，进行编辑处理。可以运用CS录屏软件自带的编辑功能进行编辑处理，如视频分辨率、音频、变焦、字幕等。同时，还可以用"剪切"功能，剪切删除原始录制过程中多余的部分。

经过以上五个步骤，就可以录制成一个你自己设计的"二次学习"微视频了。这样的录制方式，操作简单，技术门槛低，节约了制作时间，适合一线教师。

（三）"二次学习"微视频的基本类型

不少专家指出，当前很多微视频在设计、制作时，较少考虑给谁用和怎么用的问题，因而导致其应用不够充分。我们根据自己的设计、制作实践，将微视频分为如下三类，以便教师有针对性地加以运用。

1. 课时教学类

大凡教师都有这样的经历与体验，即使是精心设计的一堂课，在教学结束后，总会有某种遗憾。例如教学过程中，因师生互动带来的一些生成性资源，由于时间的限制，课堂处理时往往流于形式。对于这样的教学困惑，结合课后反思的"二次学习"微视频可以弥补此类缺憾。如《压缩与压缩技术》一课的教学，教师根据师生课堂互动情况，分析当堂知识检测结果，进行反思，认为有两点需要改进：一是学生对压缩的原理——"数据冗余度"的理解还未到位；二是有关图像、声音、视频的有损压缩格式中，由于知识点比较分散，学生在综合应用上有所欠缺。"二次学习"微视频的设计，就是基于这些问题进行的。

2. 章节归纳类

在学科教学中，一个章节的知识往往需要多个课时的教学。对学生来说，这样的分散学习不利于整体把握整个章节的知识。针对这一问题，可以根据章节知识的特点，制作相应的、归纳章节知识的"二次学习"微视频。如对于教材第一章的内容，我们通过梳理章节知识，选取能体现学科核心知识要旨的概念（如编码），设计制作了"信息基础"的"二次学习"微视频，为学生再次学习服务，从而帮助学生运用系统思维整合所学内容。

3. 典型例题类

在理科类课程教学中，围绕一些典型例题的解析进行教学，对于学生新知识的学习往往可以起到承上启下的作用。当然，这需要学生在理解的基础上掌握，才能为后续的学习服务。而这些典型例题，对于不同的学生来说，其学习时长会有所不同。由此，教师在课堂处理时常常会陷于两难境地：如果反复讲解，既多花课堂教学时间，又会影响已经掌握这部分知识内容的学生的学习积极性；如果不反复强调，那么另一部分学生就会因为没有掌握而影响后续知识内容的学习。鉴于此，我们聚焦教材上的典型例题，设计了相关的"二次学习"微视频，以弥补课堂教学中的不足。如在"算法和程序设计"部分，针对"使用列表法分析简单循环结构"的内容，通过精选例题、设计脚本，制作了"二次学习"微视频，有效解决了这一节的教学难题。

三、"二次学习"微视频的应用及成效

（一）通过及时发布微视频指导学生主动学习、自主学习

1. 注册申请微信公众号

课题组主持人注册申请了名为"木舟微视"的个人微信公众号，并将其二维码下载打印，学生、家长可以通过扫码方式进入，目前已有780多名学生和家长关注此公众号。

2. 及时发布"二次学习"微视频

采用微信公众号的方式发布"二次学习"微视频，既不需要另行建立资源网站，操作又简便，而且受众的针对性也强。基于上述三类微视频，我们设计了不同的发布时间（表1）。在推送"二次学习"微视频时，除了在微信公众号中编辑插入视频外，还针对该视频的具体内容，编辑相对应的文本信息，以呈现知识点概要，方便学生在观看视频时主动对照着学习。

表1　三类微视频的发布时间

序号	类别	发布时间
1	课时教学类	课时结束后的休息日
2	章节归纳类	章节结束后的休息日
3	典型例题类	下一课时的上课前

3. 指导学生自主学习

我们设计、制作"二次学习"微视频，不只是一种资源的积累，更注重它的日常应用，以促使学生自主学习，帮助学生提高学习效果。

目前，"二次学习"微视频的实践应用，主要落实在两个方面：一是通过发布微信公众号，直接推送到学生的智能手机上；二是在复习阶段，由学生在机房根据个人自身需要，自由选择观看微视频。其中，通过微信公众号推送，得讲究两个"时"：一是"及时"，指在课后即推送，以挑战"遗忘曲线"；二是"适时"，指教师根据任教班级的学生实际，有针对性地选择合适的时间点推送相应的内容，有效指导学生进行自主学习。

（二）在引导学生分析解决问题的过程中培养学生计算思维能力

基于对计算思维概念内涵的理解，以及开发"二次学习"微视频的思考，课题组曾以《寻找"水仙花数"》一课为例，设计了一个用问题做媒介，包含4个环节的教学方案，见表2。

表2　《寻找"水仙花数"》的教学方案

教学环节	教师活动	学生活动
问题初探	引导学生思考：258、519、371，哪些属于"水仙花数"	计算，个人思考、描述自己判断的过程
二次探究	给出32个数据，启发学生思考：设计一个方法，能在最短时间内找出"水仙花数"	分析可能出现的两种方式：分布式（全班学生分任务完成）；枚举式（学生——计算）
深入探究	要求学生尝试解决：找出100~999之间的所有"水仙花数"	运用"枚举算法"原理，设计问题解决方案；完善流程图及程序代码
组织讨论	重现32个数据（有规律），组织学生讨论：能不能分析出哪些数不用前面的计算机程序就可以知道不是"水仙花数"	在教师的提示下思考：9~3=729；8~3=512；7~3=343……探索算法优化

按研究计划，教师在课后根据师生课堂互动情况，结合当堂知识检测的分

析，对这节课进行了教学反思。

结论为：主要存在两点不足：一是学生对算法优化设计的理解还未能到位；二是学生对枚举算法的局限性还未有清楚的认识。针对这些问题，教师设计了"二次学习"微视频，在课后发布，主要内容如下：

1. 阐释学习任务，引导学生思考

根据表2内容，围绕有关问题，对三项学习任务进行简要阐释。通过个别数的判别（人力易于完成）、几十个数的判别（人力完成耗时较长）、900个数的判别（人力完成耗时太长）等三项任务的有序推出，引导学生在充分体验"人思维"难易度的基础上，逐步理解计算机算法和程序的相应原理，以感受、思考计算思维的抽象性（运用变量代替具体数值）和自动化（算法程序自动完成）的特征。

2. 明确算法步骤，形成抽象模型

根据问题初探环节的任务设计，通过概括总结，学生进一步体验算法设计的过程，由自然语言描述转向程序语言表达，将现实问题转化为要用抽象的计算机符号语言解决的问题，形成问题解决的抽象模型。

3. 思考讨论深化，启迪优化算法

引导学生思考如果不用枚举算法，仔细观察右边这组数字，能不能分析出哪些数不用计算就可以知道不是"水仙花数"？进而引导学生深入理解应用枚举算法其实是一种借助计算机的强大计算能力，牺牲效率以换取结果的方法。通过讨论，激发学生进一步思考的动力，包括认识计算机在问题解决过程中的速度优势，意识到算法优化无止境，从而形成系统化的解决问题的思路。

（三）促进教师专业素养的提高

1. "二次学习"微视频的设计，是教师课后教学反思的有效推手

教师在微视频设计中，需要回顾整个课堂教学过程中的得与失，同时还要兼顾对课后知识检测结果的分析，以及在访谈学生中发现的问题，这些都是促使教师深入开展教学反思的有效推手。

2. 章节类"二次学习"微视频的设计，增强了教师整体把握学科知识的能力

这类"二次学习"微视频的设计，需要教师在章节授课结束后系统思考该章节的重点、难点，结合各个课时的教学状况，进行整体梳理。这些对于教师把握学科知识结构，厘清各章节知识之间的逻辑联系，很有帮助。

3."二次学习"微视频的制作，提升了教师的TAPCK（基于信息技术的教学能力）

随着"二次学习"研究的深入，微视频的制作（包括后期编辑等），教师会更加注重技术对知识的表现方式，以及对激发学生兴趣方面的互动设计。而这些实践，对于提升教师信息技术的应用能力都大有裨益。

四、初步反思

1. 紧跟时代步伐，观念的更新是关键

对教师而言，应深入理解学科核心素养，合理利用信息技术，关注学生学习的全过程，并根据学生认知特点以及对教学实际效果的自我反思，采取一定措施弥补课堂教学的不足。"二次学习"微视频的开发与应用，为学生提供了更适合实际需要的学习资源。这是一种有效的尝试。

对学生而言，要转变学习方式，借助智能终端设备和现代信息技术，以教师精心设计和制作的"二次学习"微视频为资源，开展补偿学习和深度学习，改变以往"上课听讲、课后作业"的传统学习模式，及时巩固、反思所学，将"会学、善学、乐学"作为自己努力的目标，适应时代的发展，增强运用信息技术分析、解决问题能力，最终养成终身学习的习惯。

对家长而言，也要正确认识手机等智能终端设备的普及对孩子学习带来的影响。不可否认，近几年智能手机的出现，在给人们生活以各种便利的同时，也让学生家长产生了很深的苦恼。孩子沉迷于闲聊、小游戏的现象很常见，严重影响了孩子的正常学习。家庭作为学生学习的一个重要环境，对学生的作用不可小觑。如何引导孩子在家安心学习，变手机之"苦"为学习之"宝"，以微信公众平台推送的"二次学习"微视频也许可以为家长解"燃眉之急"。

对学校而言，也需要改变一些管理策略。当下，很多学校，特别是高中，都在管理常规中对学生使用手机做了种种限制性规定。但这种"堵"的效果并不理想，变"堵"为"疏"，也许是用好这一现代科技产品的有效途径。而"疏"的实现，既需要提升师生应用信息技术的能力，还需要有合适的途径与载体。"二次学习"微视频的开发和应用，正是解决这一问题的适切抓手，也是推进教师教学研究、丰富学生学习资源的有益尝试。

2. 计算思维的培养，需要系列化设计与实施

计算思维的培养需要有一个系统工程，仅靠一个或几个精心设计的课例进行探索是远远不够的。《中信息科技》课程作为典型的学科代表，应该率先

建设此类工程，即基于课标，打破原来的知识框架，选取核心内容（学科大概念）、知识贯通的要点，将计算思维的培养贯穿信息科技教学的始终，这样才能产生预期的效果。如《信息基础》章节中的"编码"、《网络基础》章节中的"IP地址"，以及《计算机系统》章节中的"存储程序"等内容，都可以通过精心设计实际问题，融入计算思维能力的培养。这样，以知识点打通教学整体过程的设计思路，将更有利于计算思维的培养。

培养乃至发展学生计算思维的教学实践，在本课题中主要是凭借信息技术手段，开发与应用"二次学习"微视频。这方面的研究和探讨，对课题组来说才刚刚起步。至于对计算思维本身的认识，也需要我们不断地学习，并通过相关的教学设计和实施不断地体验。所以，培育学生信息科技核心素养这条路还很长，需要更多的学科教师扎实地走。

参考文献

萨尔曼．可汗.翻转课堂的可汗学院［M］.杭州：浙江人民出版社，2014.

（课题组成员：朱连云、周世杰、陈惠、章庆、李伟、任万丽、廖鸣寒、阮叶平、曾伟峰。执笔：周世杰）

新高考背景下信息技术助力高中地理教学的尝试

上海市青浦高级中学

自2017年起，上海高考科目由语、数、外3门和学生自主选择的3门学业水平等级性考试科目构成。3门学业水平等级性考试科目由学生根据自身特长和兴趣从政、史、地、理、化、生6门科目中选出。地理学科的等级性考试由于安排在高二而具有了绝对的时间优势。地理学科因此获得了大部分学生的青睐，我校高二年级有90%以上的学生选择了地理学科。由于选课学生众多以及学生选科组合的多样化，而且6门加3科目在同一时段开课，我校与大部分学校一样采用了"走班制"的课程教学方案。这种分班模式难以兼顾学生的学习基础、学习能力和学习潜力，同时也让教师在教育教学和教学管理上面临多重挑战。传统的教学模式显然不能满足新的课堂需求，需要教师采取一些措施应对这些难题。在教育信息2.0时代的背景下，笔者尝试通过"互联网+教育"来解决教学难题，希望通过借助互联网、智能手机和教育App让高二地理教育焕发更好的活力，达到更佳的教学效果。

一、利用作业"数据库"实现个性化作业和分层教学

地理学科等级性考试难度低于高考而高于合格考，教师需要重新准备相应难度的作业，最好能够布置针对学生学习情况的个性化作业。如何为不同学生找到、布置高质量的课后作业，并有效批阅呢？"走班制"课程方案由于其自身存在缺陷使得教师难以做到从每个学生的实际情况出发。那么应如何有的放矢地进行差别化教学，使得每个学生都能达成预设的教学目标呢？这些问题若能一一解决，便能够落实"以人为本、因材施教"的教学理念，提高教学效果。

随着时代的发展，教育信息化紧跟时代发展和需求，开发出作业App等。笔者从众多的软件中选择了"作业盒子"。作业盒子App软件分为教师端和学生

端。教师使用教师端，实现移动办公，得以从办公室中解放出来。学生使用学生端上传所做的选择题，教师端自动批改，不会增加教师太多的批改量。软件内的海量题库资源，能节约教师查找题目的时间，满足教师布置分层作业和个性化作业的需求。教师还可以自己设计并上传题目，建立自己的题库，有针对性地满足不同学生、不同层次的需求。软件的聊天功能可以满足师生课后随时随地沟通交流的需求，实现教师为学生答疑解惑的目的。如果能充分发挥作业盒子App的优势必然能够弥补常规教学方式的不足。为充分实现分层教学，笔者将班级学生分为三个层次（学优生、中等生和学困生），并为不同层次的学生建立相应的班级群。为了更精准分层，又将中等生分为两个层次，并建立两个班级群："问鼎华山"和"平原策马"。结合学生的考试情况和课堂反应，建议他们进入相应的班级群，教师定期根据各班级群成员的学习情况调整所在的班级群。为发挥学优生的带头引领作用，笔者引导他们加入各层次的班级群。根据苏联教育家维果斯基提出的"最近发展区"理论，学生的发展有两种水平——学生的现有水平和学生可能的发展水平，两者之间的差异就是最近发展区。教学应着眼于学生的最近发展区，为学生提供有一定难度的内容，调动学生的积极性，挖掘他们的潜能，使其超越其最近发展区而达到下一发展阶段的水平，然后教师再在此基础上进行下一个发展区的开发与培养。因此，笔者建议学困生进入"平原策马"班级群。在两个班级群建好的同时，笔者从作业盒子App提供的题库中挑选合适的题目发布到各班级群中，作为学生的课后补充作业。学生上传解答后，笔者及时批阅和反馈，在解答不同学生的疑问时分别扫除不同的学习盲点、讲解各个教学难点，帮助学生回忆知识的遗忘点。同时给予学困生以更多的关注。在布置补充作业时，做到一对一出题；在讲解时，通过一对一的语音或文字的方式来满足个别化需求。借助作业盒子App强大的"数据库"与班级群完成分层作业和分层辅导，实现了分层教学的教学目标，也减轻了不同层次学生的学习压力。

二、运用"大数据"——知识图谱全面分析学习情况

分层教学是教师因材施教的体现之一。因材施教不仅要求教师掌握学生学习的基本信息、状态变化等情况，还要了解学生全面的能力水平数据。过去，由于科技不发达，学生能力水平数据的获取只能靠教师手工统计以及经验总结。随着教育信息化的发展和人工智能的兴起，基于可移动智能电子设备的"大数据"让因材施教得到科学的实施和落实。

利用作业盒子App软件绘制知识图谱，教师可以轻松获得每位学生的作业及学习情况的汇总数据。这些数据包括单个知识点的正确率、近期作业的正确率、每位学生的作业分析等信息，使教师可以对于学生的学习情况及学习近况一目了然，为备课、授课提供精准信息，让课堂教学更加科学化，也为未来的分层教学做好前期准备。学生通过查看APP提供的基于作业情况的知识图谱，可以及时了解自己对于知识点的掌握情况，有目标地查漏补缺，从而提高复习的效率。

　　根据某日"平原策马"班级群内作业情况，许晓雯同学的正确率为83%，但是提交率仅为32%。从这两个数据可以分析出其高正确率可能来自低作业提交量，而不是因为其对知识的熟练掌握。从许同学对待App作业的态度，可以推测她对待日常地理作业的态度较为敷衍。对教师来说，及时发现学生的问题非常重要。只有及时发现问题才能解决问题，将"问题"带来的损失降低到最小。随后，笔者找许同学面谈，督促她及时完成和上交作业，包括日常作业和App布置的分层作业。高中生的自律能力有限，教师的及时关注可以帮助其自我管理和自我约束。经过一段时间对许同学的追踪和关注，发现她端正了地理学科的学习态度，作业的提交情况明显好转，也更加积极地接受笔者对她个性化作业的辅导。

　　某日"陶同学的作业分析"的知识图谱表明，其在142题这样大的题目量的情况下，正确率高达92%，他近期是"学霸"。当教师将他的知识图谱展示在课堂上时，学生惊呼他的进步，并表示要向他学习和讨教学习方法。陶同学的正确率依然有3%提升，说明他对地理学科的学习精益求精。这样的学习态度值得教师宣传和让学生学习。知识图谱带来的激励作用和宣传效果比教师表扬性的语言更有强效持久力。在发现这一点之后，笔者将知识图谱的展示活动定期化，从而全面提升学生的学习状态。

三、使用App聊天功能增强班级凝聚力和学生的团队意识

　　走班形式的教学方案带来了一些管理问题。如选科生在课间跑教室不积极，磨磨蹭蹭直到上课铃响了以后才陆续进教室，影响教师的正常教学进度。由于学生来自不同班级，各班级的班风、学风以及学生自我约束和管理能力差异很大，当他们汇集到新的班级之后，新同学之间的新鲜感以及不断出现的课堂生成性事件使得课堂气氛有时异常活跃，偶尔甚至有点杂乱。这些因素加大了任课老师的课堂教学管理难度，还可能对自我管理能力较弱的学生产生负面

影响。学生对走班班级团队意识的缺失是这些现象出现的重要原因之一。由于走班班级学生人数多且来自不同班级，教师与学生接触的机会有限，短时间内难以认识、熟悉并深入了解他们，这使得教师在课堂管理时有种"课堂氛围难以随机调控"的无力感。

将"教"和"育"充分结合起来无疑是解决这些问题的有效方法。教育不仅要根据学生的成绩，还须因思维施教，因心态、身体、性格施教。俄国教育家乌申斯基说过："如果教育家从一切方面教育人，那么首先就必须从一切方面去了解人。"针对不同类型、不同能力水平的学生，教师往往凭自己的科理论、经验和智慧灵活设计教法。但受经验智慧、学生对自身情况认识的局限、教师对学生了解程度的不同等影响，往往一个学生会在不同教师那里获得完全不同的指导，以致产生截然不同的结果。因此，全面了解学生尤为重要。为此，笔者充分利用班级群这一沟通渠道增加与学生接触的机会，对学生及时肯定和表扬等，对他们进行多方面了解，知道他们的想法、了解他们的性格，为需要帮助的学生提供思想上、生活上的帮助，找到调动不同学生学习积极性和主动性的方法，也为应对各种课堂突发状况找到突破口。此外，笔者请每个原始班级自荐一名同学成为群管理员，通过群管理员来管理。学生们彼此熟悉，可以用同学们喜欢的沟通方式辅助教师解决学生的困难，尤其在学生用模棱两可的网络用语，而教师又不能捕捉其中的隐含信息时。为增加班级群的吸引力，笔者定期会在群中发布与学习有关的视频、地图等资料和链接及告知信息，还会在群中分享学习经验、学习方法及与学生的互动信息。这些措施发挥了老师作为学习引导者和互助者的角色，引领学生主动挖掘自己的学习潜力。随着沟通次数的增多，师生在网上逐渐建立融洽的朋友关系，并将这一关系逐步转移至课堂。课堂上逐渐出现笔者期待中的勇于进取、积极向上的精神风貌。笔者在教学管理中遇到的阻力随之减少，班级凝聚力和团队意识逐渐形成并加强。

四、运用作业盒子App创造良好的竞争氛围，并培养合作意识

走班形式的教学方案还带来了一些其他问题。如选择座位时学生只愿意与本班级的同学坐在一起，而不愿意配合教师的管理调整座位。仅与本班同学交流阻碍了学优生的示范引领效果等，也使得班级缺少竞争氛围。班级群的使用增加了新同学的交往渠道，打破了以往仅限于班级内的交往屏障，为学优生与学困生创造了交往平台。当学困生将学习难题发到班级群内时，同学们便会发

挥自身能力帮助其解决，在解决问题的同时彼此的能力都得到提升。如A10班的黄同学问："为什么黄河水变清是因为入海径流量减少？"匿名为毕经理的同学回答："因为蒸发量大。"B3班的陶同学回答："因为搬运的泥沙少了，说明搬运能力降低了，因此入海径流少了。"黄同学质疑："河床下降了，那不是河水入海多了吗？"C10班的丁同学质疑："为什么会说到河床低与高，题目中并未提及？"丁同学的反问，将大家的思路拽回到正轨上。大家七嘴八舌地讨论，但是都没有解释准确。因此，笔者@了A10班的黄同学："黄河变清，是因为上游中游的水库闸门关闭，拦截住了泥沙，同时也拦住了部分入海径流。"管理员B3班的李同学追问："那上游的泥沙是不是变多了？"C10班的康同学回答："在闸门处泥沙肯定是多了，需要定期清理泥沙。"从这段七嘴八舌的讨论中，我们可以看出C10班的丁同学、康同学审题能力、分析能力和思辨能力较强。他俩的分析让其他同学的解题思路变得更加清晰、答题更加明确。

解决难题的过程中，大家相互帮助，群策群力，同学之间彼此体验到共同克服困难的快乐，感受到彼此积极向上、朝气蓬勃的精神面貌和团队氛围，激发学生彼此的竞争意识和合作意识。每名同学均有不同程度的进步，这意味着全体学生共同进步！当有同学学习进步较明显时，笔者会将他升级为群管理员。C10班的王同学看到他的好朋友李同学晋级为群管理后，希望自己也能成为群管理员。笔者鼓励他说："群管理员是老师管理班级的得力助手，需要一定的实力，你需要证明一下自己的实力。"在这样的激励下，王同学学习劲头十足，终于在第二次模拟考之后实现了自己的目标。各班级的管理员发挥个性与特长，用同学们喜爱的方式管理班级群。笔者也适时介入管理，随时接受学生的咨询，为学生答疑解惑，指引方向，将这个群变为课堂教学及管理的有效辅助平台。

五、借助App聊天功能做好考前考后的情绪安抚工作

学生的心理状态直接影响考试的效果。多数学生在考试前会出现紧张、焦虑等情绪波动的现象，因此学校通常会安排班主任做陪考工作，以缓解他们的紧张情绪。这一举措往往给教师们留下"课任教师的教学工作到课程结束就截止了"的片面认知，认为陪考工作是班主任的事情，跟课任老师关系不大，尤其是在等级考分值仅为30分的情况下，"小3门"的老师更容易忽视自己的重要性。其实，每一位教师都是德育工作者，每一位教师在帮助学生缓解考前压力方面都能起到一定的作用。"考前"可以狭义地理解为考试当天进入考场之

前的时间，也可以广义地理解为课程结束后到进入考场之前的时间。课任教师可以抓住广义上的考前时间，舒缓考前压力，将学生的考前心理状态调整到最佳。这个时间段一般学生都在家中复习迎考，常规的面对面的交流方式显然难以实现陪考的目的，而App的聊天功能却能发挥其"随时随地"沟通的作用。有一些考生，平时成绩不错，但是到考试前或临上考场之前，会出现头脑一片空白、思维反应迟钝的现象，以至于原来背熟的知识，一下子想不起来了，如匿名为林拜的同学便想不起来"为什么海边要种植防护林"这样简单的问题。学生心里越急会越想不起来。此时只要教师稍微提醒一下，学生头脑中的知识便会一下子跳了出来；这时候，教师的轻轻一句提醒便能缓解他们的紧张情绪，使其淡定应对考试，避免因情绪焦虑导致考场失利现象的发生。

可以说，App的聊天平台为学生创造了一个舒缓情绪的平台。学生产生考试焦虑的原因有多种，有的学生是因为突然遗忘了某个知识点，如前面提到的林拜同学。这种情况只要教师及时解答即可解决。有的学生可能因为过于看重考试成绩而压力过大。这种情况可以通过听听歌、找好朋友倾诉等方式放松自己。班级前几名的同学相互调侃"看到了已经考完的历史试卷""搞到了尚未开考的生物试卷"，并开玩笑说"历史试卷出得还可以"，用属于他们的幽默方式来调节紧张的情绪，也为其他同样处于焦虑状态的同学营造出和谐轻松的气氛，使严肃紧张的考前氛围变得轻松，并让同学们感觉到温暖与善意。

情绪抚慰工作不仅包括考前，还包括考后。在考试结束后部分学生会出现"考后综合征"。他们可能因为审题不清而错答。如今年等级考前关于"天山北坡泥石流发生的频率高低"这一问题的讨论频率很高。教师从学生聊天记录中可以看出匿名为"小贱贱"的同学情绪波动较大。也有因为审题偏差而答偏题的，还有因为考前对自己期望过高，信心满满，考后发现成绩没有预期理想而受打击，而情绪低落、烦躁、抑郁的。当教师发现学生情绪波动较大时，可及时通过App聊天工具与其私聊，给予他及时的关注与开导。当负面情绪得到及时疏通之后，大多数学生能如释重负，再一次轻装上阵。

《教育信息化2.0行动计划》是推广"互联网+教育"的一个契机。"互联网+教育"让传统教育从封闭走向开放，使得优质教育资源得到极大程度的充实、丰富与分享；使得知识获取的效率大幅度提高、成本大幅度降低；增加了师生之间、生生之间的沟通渠道、沟通频率；增强了师生之间的情谊、学生之间的友谊。这无疑弥补了传统教学的缺陷，也为新高考背景下走班教师面临的教学困难提供了解决方法。"互联网+教育"正在改变传统教育的生态环境，逐步成为高二地理教学的有力助手。借助作业盒子App辅助教学是笔者利用"互联网+教育"的一种方式，是教育信息化从应用融合发展，向创新融合发展转变的一个体现。希望在今后的探索使用过程中越用越好，并能够尝试使用其他的教育信息化方式，以提高高二地理的教学效果，培养学生的地理核心素养和信息技术素养，提升学生的综合素质。

 参考文献

［1］上海市教育委员会.上海市普通高中学业水平考试实施办法（试行）［Z］.2015-4-27.

［2］中华人民共和国教育部.教育信息化2.0行动计划［Z］.2018-4-13.

［3］维克托·迈尔·舍恩伯格.与大数据同行——学习和教育的未来［M］.上海：华东师范大学出版社，2015.

［4］周义钦，徐晓敏.基于高中地理学业水平等级性考试的教学策略探究［J］.地理教育，2016（7）：4-6.

（课题组成员：王耀平、柴艳、浦勇峰。执笔：王耀平）

基于LAMS平台开展个性化学习与评价的探索

上海市青浦区金泽小学

一、变革之因

《上海市中长期教育改革和发展规划纲要（2010—2020年）》中提出："用现代信息技术改革教育教学内容和方法，推动课程教学与信息资源的有机整合，不断丰富教育教学资源，形成开放、互动、共享的信息化教育模式，促进学习方式的转变，满足学生多元化和个性化的学习需求。"

我校是青浦西部最偏远的一所农村小学，学生中外来务工人员子女占比较高，信息素养差异明显，大部分学生在课外较少有机会接触信息化设备，信息科技学科基础普遍较弱。信息科技学科课堂教学中经常遇到如下问题：

第一，学生具有不同层次的学习能力及个性化学习需求，统一的学习要求会出现"有的学生吃不饱，有的学生吃不完"的情况。

第二，学生的个性化学习离不开自主探究，在课堂实施时，学习活动难以有效组织，学习帮助材料和过程性资料不便收集整理。

第三，评价活动的结果不便及时汇总、分析及反馈，不利于学习活动的进一步开展。

在信息化席卷全球的今天，对于我校的大多数孩子来说，学校的信息科技课是学习信息技术的唯一途径，怎样充分发挥学科课堂教学的作用，引入先进的教学理念，为学生提供更为优质的学习平台，引起了笔者的思考：能否利用信息科技学科在机房学习的特点，借助一个在线学习平台，寻找解决问题的突破口？为此，笔者在课堂教学实践的基础上，归纳出面向小学信息科技学科一线教师，符合学生年龄特点、操作性强的个性化学习活动设计方法，并为将来进一步的研究做准备。

二、探索之路

（一）调查研究，了解学情

研究初始阶段，面向本校3~5年级的98名学生，笔者设计了一套调查问卷，旨在了解目前我校学生在课堂学习过程中的学习方式以及学习体验。学生调查问卷的结果显示，90%的学生喜欢上信息科技课，这一数据表明学生对于信息科技课有着浓厚的学习兴趣。因此，教师通过合理的引导与组织，在课堂教学中开展个性化学习活动是可行的。

从学生学习方式的调查结果看来：三分之一的学生习惯听完老师讲解或者看完老师的示范后，能跟着做；三分之一的学生与学生一起合作完成学习；还有部分学生独立完成或者需要教师进一步的指导才能完成。由此可见，学生中有不少人习惯于传统的教学方法，老师做一步，自己跟着做一步；同时也表现出学生对于合作学习的方式还是能够接受并习惯的。

近60%的学生倾向于老师提供一个可以自由发挥的任务，四成的学生觉得任务中需要有老师的引导和帮助。在这四成学生中，仍然有三成的学生希望在老师的引导后，还能有个人发挥的空间。因此，学生更倾向在任务中有可以自由发挥的空间。

关于学生对于与他人合作的态度，调查结果显示，90%左右的学生能够接受在与他人合作的环境中完成任务，说明在课堂教学中适时开展小组学习活动是可行的。大部分学生对于信息科技课都满意，约24.49%的学生认为学习内容枯燥，一半以上的学生希望在课堂上多一些小游戏和提问。

总体看来，学生希望在课堂上能够有更多生动活泼的学习内容，而不仅局限于教程中传授的计算机操作技术。在学习方法方面，不少学生还不能积极主动地进行自主探究学习，习惯于老师直接讲授的方式。

（二）搭建平台，调试使用

本成果研究使用的LAMS（学习活动管理系统）平台是由澳大利亚MacQuarie大学、LAMS国际有限公司和LAMS基金会联合开发的一个基于Java的新一代学习软件。教师可以使用平台在线制作学习活动序列，学生登录后可以使用教师设计的学习活动序列进行在线学习，教师能够在后台适时监控学生的学习情况。本成果全程使用LAMS平台进行实践研究，教师使用平台制作的学习活动序列和学生使用平台进行在线学习的资料都存贮在平台的服务器上。

（三）课例探索，有效融合

《表格的创建》是地图版小学信息科技学科的教学内容。以往的教学实践中，笔者遇到过以下一些问题：有关表格的概念性知识，学生都是通过教师讲授获得，缺乏自主学习体验，教师不能及时了解学生的掌握情况；学生差异较大，尤其在文字输入速度方面尤为明显，导致部分学生不能当堂完成作品；学生自评结果不便统计，教师也难以做到对学生一对一的个性化评价。基于LAMS平台，笔者做了新的尝试。

1. 合理安排　创建序列

为解决上述问题，在本次教学中，笔者借助学习活动管理平台进行学习活动序列设计，下文将节选其中部分内容并进行设计说明。具体学习活动序列，如图1所示。

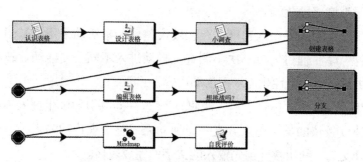

图1　《表格的创建》学习活动序列设计

基于我校三年级学生的学习水平和心理特点，本节课的活动序列主要由认识表格、设计表格、创建表格、编辑表格以及自我评价组成，其中还加入了思维导图与调查问卷评价环节。另外，还在创建表格和编辑表格环节插入了控制门，为教师提供集中讲解与点评的时间。

2. 自学概念　及时反馈

本课的概念性知识点较多，以往的课堂教学中多采用讲授法，教师很难了解学生是不是真的听懂了，而且学生对于概念性知识的讲授也很难提起兴趣。

本活动为学生提供表格的概念性知识图解，并附加关于表格标题、行、列以及单元格概念的小练习作为后测。学生在需要完成练习的任务驱动下进行自主学习，自学完毕后，完成后续的练习。

教师可以在监控页面即时看到学生的答题情况，通过表格发现，有关单元格的问题上，学生得分较低，随后教师便针对学生错误较多的知识点进行集中讲解。这样既能为学生提供自主学习的机会，也能确保概念性知识的教学目标的达成。

3. 提供支架　展开讨论

请学生下载《金泽古桥资料》到桌面。

阅读资料，小组讨论：应该如何设计这张表格？这张表格的名称是什么？可以从哪几个方面对金泽古桥进行说明？这是一张几行几列的表格？每个小组完成一份表格设计。请一个小组汇报交流，并进行点评。

设计表格的活动是本课的一个难点，学生需要从一段文字中找到需要的信息，并将信息归纳为一张表格。为了突破难点，采用小组讨论的形式。以往的小组讨论活动，学生往往难以把握重点，讨论结果难以令人满意。在本节课上，提供三个问题作为学生小组讨论的支架，学生围绕支架问题展开讨论，并将本小组讨论的结果与其他小组交流。

4. 基于难度　分层活动

考虑到学生在汉字输入速度上存在较大差异，本活动采用了基于工具输出的分支设计。学生通过完成一次小调查，自动进入不同分支活动。教师在分支活动中提供符合学生个性化需求的活动内容。

分支活动设计用"你打字输入快吗？"这一问题引导学生进入不同分支。汉字输入速度较快的学生进入分支一，独立完成整个表格的输入；速度较慢的学生进入分支二，利用教师预先输入的文字，完成表格。

选择进入分支二（难度较低）的学生，基本都完成了分支活动任务；而选择进入分支一（有一定难度）的学生，有两人进行到一半就没有继续下去。原因很可能是教师提供的引导问题欠妥当。部分学生因自尊心或者面子问题，选择"我打字很快"，进入了分支一。结果活动难度高于实际水平，导致中途放弃。

分支活动设计可以让不同层次的学生都能获得个性化学习体验，但是如何设计合理的分支引导问题，还需要在今后的教学实践中进一步研究。

不同于教师为主的讲授法，本课将操作步骤录制成微视频。学生可以通过观看微视频或者参考课本操作步骤图来进行自主学习，而且学生进入不同分支会看到不同的微视频。这样可以给予学生充分的自主学习的时间，真正做到少教多学。

5. 记录自评　个性师评

本节课的评价环节，采用学生调查问卷的形式。每位学生完成一份有关本节课学习内容的难度、小组讨论参与度以及作业完成情况的问卷。教师在后台可以看到根据全班学生的问卷完成情况生成的统计图。这有助于教师及时了解学生课堂学习的实际情况，并可以为进一步完善今后的教学提供参考资料。

教师评价也不仅仅局限于课堂上对学生作品进行点评，可以在课后结合学生课堂活动完成情况、自评情况以及作品等方面，对学生本次学习进行评价。每位学生都能得到教师个性化的评价。

三、研究获得

我们在使用LAMS（学习活动管理系统）进行教学实践的过程中，结合"逆向设计、评价先行"的理念，逐步总结出一套基于平台的小学生个性化学习活动流程以及学习活动序列设计方法。

基于平台的个性化学习活动流程主要分为活动准备、活动设计、活动实施和反馈及评价四个阶段，如图2所示。

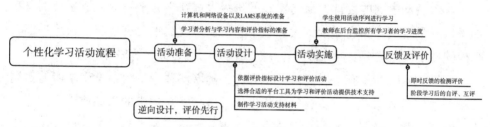

图2　基于平台的个性化学习活动流程

活动准备阶段：分为两个方面：一方面是计算机和网络设备以及LAMS系统的准备。另一方面是对学习者分析与学习内容和评价指标的准备。

活动设计阶段：本阶段的活动设计以"逆向设计，评价先行"为设计理念，按照以下顺序进行活动设计。①依据评价指标设计学习和评价活动。②选择合适的平台工具为学习和评价活动提供技术支持。③制作学习活动支持材料，如微视频、参考资料等。

活动实施阶段：学生在教师的引导下，使用活动序列进行学习。教师在后台监控所有学习者的学习进度，可以为学生提供必要的指导或进行集中讲解。学生在遇到困难的时候，也可以通过互动交流工具向小组内的成员寻求帮助。

反馈及评价：活动评价包括整个学习活动序列中每个评价活动的即时反馈，以及阶段学习后学生的自评、互评和师评，为教师当堂调整教学或者修改下一课时的教学设计提供帮助，也为形成一个阶段的学习情况反馈提供依据。

首先，当前的信息化学习平台很多，我们是在尝试了多种类型的平台后，综合考虑小学生的学习习惯和年龄特点以及一线教师工作实际情况，选取了操作简便易学、符合IMS学习设计规范（IMS LD）的免费平台——学习活动管理系统（LAMS）。在此基础上，我们还为这一平台的使用，制作了一份较为详细的使用说明手册。因此，对于一线教师来说，这一平台具有较强的可操作性。

其次，整个活动流程以及学习活动序列设计方法，都是从一线教师课堂教学中遇到的实际问题出发，有针对性地借助平台工具组织教学活动，进行问题突破的，实现了学生个别化学习和教师个性化评价，促进了学习方式的转变。

最后，本成果的实践应用形成了一些基于平台的学习活动序列。这些活动序列可以反复使用和修改更新，便于一线教师交流分享、合作设计优质教育资源。

四、几点思考

我们的探索，主要是在小学三年级信息科技学科课堂中进行实践，完成了17个学习活动序列的设计。参与实践的班级大都在学习平台上完成了15次左右的学习。学生调查问卷显示，大多数学生对使用在线平台进行学习很感兴趣，学生的自主探究意愿以及分析问题、解决问题的能力都有所提升。

成果的实践并没有告一段落。一方面，随着实践中平台上学生学习的数据累积，如何对数据进行分析，从中找出能够指导教育教学的规律成为我们进一步研究的问题。另一方面，平台的应用离不开大量学习资料，怎样设计出高质量的学习支持材料也是需要关注的问题。同时，随着移动学习的进一步推广，平台的使用可以不再受计算机房的限制，是不是可以扩大平台的应用范围，包括在其他学科教学中进行尝试，也是今后推广应用的方向。

参考文献

［1］赵呈领，贺李彬.基于LAMS的任务探究式教学设计［J］.中国电化教育，2008（12）：71–74.

［2］刘宝果.基于LAMS的探究性学习模式设计研究［D］.成都：西南交通大学，2012.

［3］杨慧玲，郑晶晶.基于LAMS的学习活动序列的设计［J］.中国教育技术装备，2011（36）：94–96.

［4］齐惠文.LAMS环境下小学信息科技学科的探究性学习研究［D］.上海：上海师范大学，2012.

（课题组成员：齐惠文、蔡沁怡。执笔：齐惠文）

幼儿园智慧教室创建与应用的实践

上海市青浦区忆华里幼儿园

21世纪是技术竞争的时代，信息技术在人们的生活中发挥着越来越重要的作用，未来需要能主动学习、能进行网络自学和具有创新思维的人。幼儿是未来社会的主人，他们的素养和能力决定了国家未来的发展。同时，从长远角度看，科学技术的发展必然要求未来每一个人都能熟练运用信息技术，为了让孩子更好地适应未来的工作、学习、生活，应该在幼儿时期就提升其信息素养。从眼前来看，2012年9月，国务委员刘延东提出："十二五"期间，要以建设好"三通两平台"为抓手，也就是"宽带网络校校通、优质资源班班通、网络学习空间人人通"，建设教育资源公共服务平台和教育管理公共服务平台。这是当前教育信息化建设的核心目标与标志工程。可见，实现教育现代化、创新教学模式、提高教育质量，迫切需要大力推进教育信息化。我园自2007年起开始致力于信息技术和教学融合研究，走过了信息技术和教学整合的初级阶段，教师运用信息技术开展教学的能力得到了显著的提升。随着研究的深入，传统讲授式的信息化教学模式已不符合以幼儿为学习主体的教学新理念需求，教学模式亟待改善。目前信息技术辅助教学种类繁多，选择适宜的技术支持手段，为学前儿童自主学习保驾护航，没有可参照的依据和成熟样本；信息技术和教学融合如何更好地促进幼儿自主学习，没有可借鉴的经验。由此，我园根据幼儿学习特点和学校多年信息化教学研究经验，创建多媒体互动教室，选择以智能交互平台为载体，利用多媒体互动技术的趣味性、游戏性和网络的开放性、交互性，创设多媒体互动性学习环境，探索"教"与"学"新模式，引导幼儿自我选择、自主学习、自我评价，培养幼儿自主学习的习惯和能力，让幼儿在游戏化的教学环境中自主探究、快乐学习，使幼儿的多种能力获得发展。

一、聚焦问题，寻找创建智慧教室的抓手

研究之初，我们看到了信息技术辅助教学在幼教领域的潜在优势：多媒体的多功能性和兼容性，能整合多种信息技术，满足教学多种需求；设备的交互性，能将教学资源即时分享给幼儿，给幼儿自主学习提供平台和支撑。但多媒体技术在教学中的切入，打破了原有课堂格局，让教师们一下找不到方向，使教学实践中出现诸多问题：

1. 教师的观念比较陈旧，为"教"而教的现象比较突出

课堂教学的方式，仍以教师讲授为主，教师"一个课件到底"，以"满堂灌"的方式将知识传授给幼儿。

2. 教学上缺乏章法，比较随意，技术和教学不能有效融合

多媒体课件局限了教师的教法，多媒体设备只发挥了播放演示的功能，课堂缺乏交互性，多媒体与幼儿间没有互动，只是辅助教学的工具，教师依然处于主导地位；多媒体技术运用没有真正改变传统的教学模式。

3. 缺乏让幼儿自主学习的意识和方法

教学过程中虽然运用多媒体技术辅助教学，但多数教师授课方式仍以讲授为主，孩子的学习以"传授—接受"的被动学习方式展开。教师在活动中占主导地位，幼儿时常因被动的接收，无法很好地将知识内化成自身的东西，学习的过程缺乏主动探究。

4. 核心任务把握不准

教师能将多媒体技术运用于教学中，但过于关注技术的使用，而忽略教学活动本身对于孩子能力的提升和促进，并没有发挥交互式技术在辅助教学中有别于与其他教学手段不可替代的作用。

5. 教师多媒体新技术运用能力置后

随着网络技术和平板触摸技术的发展，这些多媒体新技术在幼儿园的运用还很少，技术运用上缺乏有效的技术力量支撑。教师在多媒体教学中并没有充分利用因特网的交互功能，只倾向信息化固态资源的利用，用合成播放式的课件开展教学。

基于研究初期出现的问题，我们细致分析3~6岁幼儿的学习特点，找准理念，理清思路，找准方向，明确定位，将信息技术作为教学手段与工具，将培养幼儿的信息素养和应用信息技术解决问题的能力作为核心目标，不仅体现在教学内容的设计和信息媒体的运用上，而且体现在教与学方式的转变上，让多

媒体技术成为教学工具，同时也能成为幼儿学习的学具，让技术支撑起自主学习的平台。

二、理念扎根，促进智慧教室落地

作为"信息化课堂"，要让"课堂"有效运作，实现课堂的"智慧教"与"智慧学"。让"课堂"惠泽教学、惠泽教与学的双方，关键在人，包括教师专业能力的不断提升、课程研发的不断创新、课堂实践的不断推进等。

1. 抓实培训，提高运用能力

信息技术应用的成效关键取决于它的使用者——教师，教师对智能互动平台基本操作技能的掌握、对多媒体技术和教学软件的熟悉和灵活运用，以及教师基于幼儿、基于游戏化教学的活动设计能力，无一不影响着互动智慧课堂的教学效果。因此，我们借力各方资源，开展相关理论和专业技术培训，让教师与时俱进。

2. 优化技术运用

（1）系列化培训，深化运用深度。信息技术和教学有效融合的程度，取决于教师对于技术掌握的深度。通过滚雪球推进式培训，从简到难，从单一运用到实践案例，从简单功能融入，到互动技术巧妙切入，教师能灵活使用技术为幼儿自主学习教学所用。

（2）多样性培训，拓展运用广度。开展多类别相关技术培训，如希沃白板、极域互动软件、微课、活动课件实例等多样式的培训，为实践运用时教师选择相适宜的技术辅助教学和优化活动提供更多可选择的空间。

一系列培训，不间断学习，确保教师对新技术、新软件保持兴趣和敏感度，对智能技术与教学深度融合有更好的理解与体悟，切实提高教师的技术水平和专业能力，为"智能交互课堂"的深入研究打下良好的基础。

三、课程开发，推进智慧教室运行

"智能交互课堂"构建是一个长期的过程，其重点在实践探索的载体——课程，新课堂需要一个又一个创新的活动、鲜活的课例，以支撑新课堂的运作。因此，我们着力做强活动的研发，多方式、多途径地积累好课。

1. 方　式

课题引领、团队协作；头脑风暴、专人执笔；骨干先行，青年跟上。

2. 途 径

围绕智能技术应用，开展研讨课、展示课。分别借助教研组专题研究的成果，以及中青年教师课堂基本功磨砺这两类活动，积累好课。

开展智能互动平台活动设计比武，以比武激发教师出活动。

鼓励、支持教师参与区级及以上级别的信息化技能大赛，以赛事促课例成果。

优化搜集来的具有信息化特征的活动，用我们的技术优势和设备功能加以改变、优化。

多方式、多途径的课程研发，通过实践研课、磨课，积累起一堂一堂的好课，渐渐充实课程资源库，为教师实践活动的开展保驾护航。

四、模式探索，在交互中绽放精彩

交互式技术为新课程改革提供了一种新型的教学互动平台，它完全改变了传统灌输式教学模式，真正体现幼儿是课堂教学的主体，教师以更感性、更直接的方式授课，幼儿可以积极参与到教学过程中，大大提高了师生交互的机会，培养幼儿自主学习和创造性思维的能力。

1. 创设"身临其境"的情境，激情导趣

在教学过程中幼儿接触什么样的环境，就会获得什么样的学习效果。智能交互平台自带教学互动工具，如随意擦写、遮罩、拉幕、放大镜、聚光灯、屏写、涂色、图层叠加、拖动、克隆等功能，可以创设生动的形象、富有童趣的画面，创设教学情境，通过直观动态演示、便捷的操作方式，变抽象为具体，变枯燥为生动，调动幼儿的多种感官，产生一种愉快的学习氛围，让幼儿在活动中始终处于积极主动的状态，从而激发幼儿探索学习的兴趣，引发其主动学习和求知的愿望。在教学中，教师可以通过教学资源的精心设计，创设能激发幼儿兴趣和探究欲望的活动情境，使幼儿处于一种良好、积极的心理状态。利用交互式技术展示功能，可增强视觉效果和活动趣味，引发孩子的注意力，通过互动技术创设的真实情境，可将幼儿引入一个虚拟的世界与想象之中，激起幼儿的联想。

在实践中，我们从课堂的不同环节激趣入手，充分利用互动平台的特殊功能，创设情境，设计不同的激趣方式。

（1）导入巧设计，调动学习兴趣。一节活动课的成功，巧妙地导入环节至关重要。多媒体互动技术能够通过营造神秘的场景，利用擦除、音效、动态等特殊效果，在活动一开始就引起孩子的兴趣，引发其参与活动的积极性。如在"让谁先吃好呢"这个活动中，活动开始部分须引出故事的关键主角苹果，教师运用白板的擦除功能，擦一擦就出现苹果红红的局部，让孩子根据局部的特征，看看、猜猜、说说；从小局部到大局部，再到全部呈现，充分调动幼儿的好奇心，引发幼儿思考，激发幼儿进一步探索学习的兴趣。

（2）营造趣味情境，调动学习热情。心理学家弗洛伊德说："游戏是由愉快促动的，它是满足的源泉。"游戏是孩子们的本能与天性，寓教于乐，能够使孩子们在轻松愉快的氛围中充分发挥主观能动性，获得知识、技能、情感等方面的发展与提升。例如中班"谁藏起来"活动中，教师利用多媒体课件为孩子营造了一个灯光舞会的动态游戏场景，呈现生动、新颖、富有童趣的画面。画面中直观动态的演示，便捷的操作方法，为幼儿创造了一个活泼、生动的场景；根据孩子的年龄特点，选取绘本中可爱的动物形象，呈现于孩子面前，牢牢地吸引孩子的注意力；动物们随着音乐自由舞动，当背景灯光变换时，与背景颜色相同的小动物就会躲藏起来，引发孩子细致的观察，关注动物的特征和位置关系；多媒体的生动形象，将孩子们带到动物舞会的情境中，使幼儿在与动物玩游戏的过程中，快乐地、自然而然地习得知识。多媒体以其特有的感染力与形象性，能够迅速引起幼儿的注意，提升幼儿的学习兴趣，激发幼儿的主动学习和自主探究的愿望。

2. 创设"互动体验"的空间，激发自主探索

智能交互平台强大的支持系统与交互功能，可以让教师根据教学内容与教学重点创新设计教学体验环节，给孩子留有自己学习、探索的空间和时间，让幼儿在互动体验、操作实践中主动发现知识、建构经验。

（1）体验互动中促进幼儿主动学习。人机交互、操作体验、立即反馈是互动平台的显著特点，它能够实现学习内容的体验探究、集体学习经验的巩固，提升和小组、个体自主学习经验的分享。这种交互教学模式，通过前期教学设计时预留幼儿可自学、可探究的内容，满足幼儿亲身操作的需求，使幼儿在互动式的游戏体验中实现自我探究学习，让学习内容内化，知识掌握更加牢固。例如，中班"小脚来跳舞"中，平台为孩子提供了脚的三个不同部位供幼儿选择，幼儿可以自主地选择其中两个脚的部位，当幼儿选择后，随即进入排序模式。当幼儿排序成功后，这条模式排序会随着"小脚来跳舞"的音乐有节奏地动起来，使幼儿可以跟着音乐和跳动的小脚一起跳动，让孩子在有趣的探索脚印排列中，感知音乐节奏和脚印排序间的关系。

（2）生生互动中促进幼儿主动学习。交互平台为幼儿营造了轻松的心理氛围，以集体学习兼顾小组合作和个体学习的形式展开，使幼儿在学习过程中，时而集体共学，时而自由结伴、尽情讨论、相互学习，形成了良好的生生互动氛围，孩子成为学习的主体，教师成为学习的引导者。教师要对整个学习内容做好协调工作。需要经验共享的部分，采用集体学习；针对探究性的内容，则先放手让孩子分组合作或个体尝试，在让幼儿自主探索学习的基础上，将个体的经验进行集体分享。平台的监控、展示功能，为幼儿提供了更多展示和分享的机会，通过分享交流，拓展了幼儿更多的知识、经验，让幼儿感知体验也更加丰富，从而进一步激发孩子自主地学习。如在大班"谁藏起来了"活动中，每次操作完后，教师都会通过主机监控平台，展示孩子的学习情况，请幼儿说说自己是用什么方法记忆的，将自己的好方法介绍给大家，通过同伴间的分享，提升孩子观察记忆的方法和经验。孩子们从一种位置记忆的方法，拓展到根据颜色、排列等多样性的方法来记忆。通过同伴间的互动在经验共享中，使幼儿具有一定分析问题和解决问题的能力，也促使幼儿更愿意去学。

3. 创设"多样自学"的模式，形成学习习惯

美国著名学习专家爱德加·戴尔提出了学习金字塔理论，其研究证实探究式、参与式的学习方式使孩子对知识掌握效果最好。随着信息技术不断优化，信息化辅助学习产品推陈出新，学校根据实践的需要添置电子书包、点读笔等信息化产品。通过新设备、新技术的引入，互动平台和其他多媒体产品结合，为孩子创设小组学习、个体学习、课前（课后）独立学习的机会，让多媒体互动学习模式从单一走向多元，从课堂学习拓展到个别化学习，从教师指导走向幼儿自主学习。每种设备其功能不同，教师要根据教学内容，选择不同的媒体辅助手段，为孩子创设更自主的学习空间，将学习主动权更好地交还给孩子，助推幼儿自主学习。

白板与iPad结合运用。人手一台iPad能更好地实现个体的自主学习。幼儿可通过ipad完成自主学习内容，教师能通过平台及时了解每个孩子的学习情况。

白板与点读笔结合运用。课堂学习中需要孩子通过图书自主查阅，搜索信息的学习部分，通过投放点读笔，让孩子自己到书本中寻找答案，给予孩子更多自主学习的空间，形成自主学习的好习惯。

优化课堂外的衍生学习。通过在班级个别化学习中投放ipad，将集体学习的内容或需要后续拓展学习的内容放在ipad中，孩子在每天的个别化学习时间便可自主选择内容进行学习，自主学习不再受时间的限制，学习不再局限于课堂。

4. 创设"互动反馈"的机制，优化学习效果

及时有效地评价能提高幼儿学习的效能，使幼儿正确认识自己的学习情况。教师要充分利用互动平台的交互功能，对幼儿学习情况全面、及时地反馈。在设计活动和制作课件时，对互动体验可能出现的多种可能做出预判，在互动课件中，设计相应的结果反馈模式，如肯定性的手势、动作、图标、音效等，对幼儿的学习情况给出反馈和评价，让幼儿在第一时间了解自己的操作情况，及时获得肯定和鼓励，获得成功的体验。如中班游戏"表情翻翻乐"中，当每一次表情与图片内容配对成功后，交互平台就会给出肯定答案，会出现"你真棒"的字样。如活动"乱七八糟魔女之城"中，孩子们要根据提示发现模式排序规律，帮助公主救出王子，在最后一关，孩子需要找到错误排列的砖块才能进入城堡。当孩子通过细致的观察寻找规律后去点击课件中的砖块时，如果选择错误会出现一个"×"符号和错误音效；如果选择正确就会出现正确音效，同时砖块会被亮色圈画出来以强化突出效果。这样及时反馈，让孩子在第一时间了解自己的学习情况，互动的反馈方式也能激发其进一步学习的积极性。

五、实践收获：儿童、教师与幼儿园协同成长

1. 优化课程内容，丰富幼儿园课程资源

信息化课程内容是对基本课程的一种补充，所以在课题研究的同时，我们以学习活动主题为切入点，挖掘主题活动中适宜的内容来设计活动，通过研讨、摩课产生的优质方案充实课程资源库，使课程资源不断丰富。而这些资源也成为下一轮教学的借鉴，并在不断的实践中进行微调，使课程资源越来越优化。

2. 转变学习方式，促进自主学习能力提高

智能互动平台在幼儿园教学中的运用，可以创设比传统教学更富启发性的教学情境；能提供更具个性化的学习内容，让每个幼儿在游戏化的学习中亲身体验；能提供更具即时性和针对性的学习反馈，发挥互动式教学的灵动性。互动平台独有的游戏性、互动性、参与性、探究性学习模式，让孩子的学习方式发生了很大改变，使其形成积极主动的学习态度、学习习惯和自主学习的方法。幼儿在探索、体验的互动学习环境中，提高其自主学习的能力，聪明才智和各种潜能得到开发，创新精神得到培养，实践能力得到训练，各种能力得到有效提升。

3. 改变教学形式，助推教师专业发展

随着研究的推进，教师将教学活动与智能交互技术相融合，通过教师团队合作，不断地学习、摸索、碰撞、实践，提升了教师对幼儿和课程的理解力和执行力，从而使教师的专业能力得到不断的提升。同时，熟练掌握PPT、flash、seewoo、极域等软件应用，并能运用不同软件制作需要的课件，在各类信息化评比中成绩显著。目前我园大部分青年教师，在全国、市、区级的课件制作比赛中都获得过一、二、三等奖。

📁 参考文献

［1］张家全.利用现代信息技术促进教学过程的改善［J］.教育研究，2001（10）.

［2］郑少艾.国外计算机辅助教学发展及趋势初探［J］.外国教育资料，2002（1）.

［3］阮冬琴.多媒体教育在幼儿园中的运用［J］.中国信息技术教育，2008（8）.

（课题组成员：沈卓香、厉建芳、徐海莲、张培、杨洁、居蕙奕、陆秋红。执笔：沈卓香）

第五章

扎根学校实际，丰富课程体验

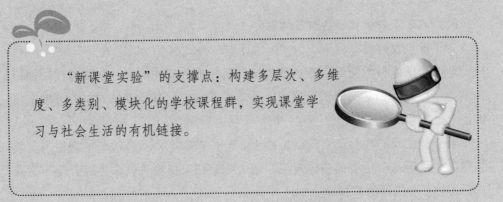

　　"新课堂实验"的支撑点：构建多层次、多维度、多类别、模块化的学校课程群，实现课堂学习与社会生活的有机链接。

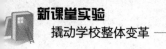
"活动—发展"课程教学的实践

上海市青浦区实验中学

一、问题的提出

1. "青浦实验"区域性教育改革"四条原理"等经验固化的需要

学校自20世纪80年代初期在顾泠沅老师的引领和指导下进行"尝试指导"和"效果回授"等教学改革经验的实践，逐步将"四条"教学原理（情意原理、序进原理、活动原理、反馈原理）运用到日常的教学之中。但各科各育的渗透和有效的实施需要顶层的设计，需要良好的课程架构。

2. 学生综合素养提高的现实需要

在教育质量大面积提高的过程中，我们发现农村学生学习上还隐含着问题：虽然学生的学科成绩提高很快，但综合学习素养面貌依旧，特别是与市中心城区相比还有很大的差距。为此，如何有效提高学生的综合学习素养，成为学校迫切需要解决的问题。

3. 国家对农村教育综合改革的需要

为了推进农村教育改革，为"燎原计划"提供示范，国家教委于1989年5月决定建立全国农村教育综合改革实验区，我校成为青浦实验区的实验校。如何探索与本地经济相适应的教育项目，让学生学好文化基础课的同时，开发丰富的适合他们个性需要的选修课程，我们必须进行探索。

基于此，我们在教改实验的基础上，充分吸收中外教育改革的理论与实践智慧，着眼于每个学生的主体发展，着力构架切实提高现代学生综合学习素养的课程体系和教师研修体系。

二、研究的方法

1. 实证与思辨相结合

首先，从早期"青浦实验"的经验筛选中寻找；其次，开展教育文献研究（例如杜威、赫尔巴特等教育理论），在研究中探求适合学生综合学习素养培养的内容与方法，确立课程结构的框架体系。

2. 行动研究

我们按照"计划—实验—反思—修整"的实践研究框架，先设计课程的框架和实施校本研修的模型，然后分层、分学科、分年级逐步推进，并根据需求辅以精细化的实验与调查研究。

3. 传播、整合与创新

利用组织、人际与媒体等渠道不断将阶段性成果，及时在本区传播分享，并在推介交流中不断"吐故纳新"，进行改进；1998年9月起与市二期课改理念进行融合，形成行之有效的课程框架；2010年，在基本课程框架的基础上，注重变化与创新，以更好地满足学生个性化发展的需求。

三、研究的过程与主要内容

1. "活动—发展"套筒式课程框架的建立（1987年9月—1990年6月）

我校前身是青浦中学初中部，于1987年易址独立建制。我们在顾泠沅老师的引领下，努力学习东西方教育理论，认识到两大教育理论流派（赫尔巴特高效率的"接受式"教育方式和杜威注重做中学的"活动式"教育方式）各具特色。于是，我们在学习、比较和消化理论成果的基础上，试图将两者的优势结合，探求适合学生主体发展的课程教学模式——"活动—发展"套筒式课程教学模式，如图1所示。

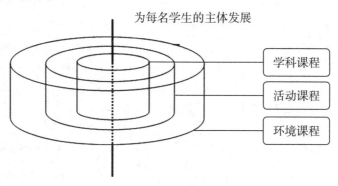

为每名学生的主体发展

学科课程

活动课程

环境课程

图1　套筒式的课程结构图

这个套筒的内核是学科课程，我们提倡优化"学科课程"。具体措施：一是调整结构，强调基础，适度要求；二是加强教学策略研究，重视观察、实验、推理、想象、表现及实际应用等学科活动，让学生通过内心体验和创造去学习。套筒的外围是环境课程，我们把这类课程划归为实践的范围，努力开发环境中的教育资源，让学生通过亲自设计、组织和开展丰富多彩的综合活动，走向生活、走向劳动、走向自然、走向社会。从内核到外围，套筒式中间层次是学生专题项目学习活动，即教师帮助的"自主学习活动"。第二层次跨度大，需要由教师帮助组织各项专题活动，从作用看，加强中间层次的活动是课程改革的突破口。1989年8月，学校制订并实施了套筒式架构的课程改革方案，见表1。

表1 青浦区实验中学三年制初中教学计划初步方案

课别 \ 课时		周课时 年级	一	二	三
学科课程	工具学科	语 文	4（+2）	4（+2）	4（+2）
		数 学	4（+1）	4（+2）	4（+2）
		外 语	4（+1）	4（+1）	4（+1）
	社会学科	思想政治	2	2	2
		历 史	3	2	
		地 理	3	2	
	自然学科	物 理		2	3
		化 学			3
		生 物	2	2	2
	周学科总课时		22（+4）	22（+5）	22（+5）
活动课程	考察和实践		全年三周		
	班团队会		1	1	1
	体育、健身		4	4	4
	音乐、美术		2	2	2
	劳动技术		2	2	2
	兴趣和技能活动		4	3	3
	周活动总课时		13	12	12
环境课程	利用课余或节假日，学生在教师预先布置的情况下，进行主题式的环境课程自主学习，学习成果以调查、记录报告等形式呈现				

注：4（+2），其中4为基本课时，（+2）为增加2节弹性课时。

其重点为：①注重学校课程与社会生活的联系；②加强课程结构的主干——基础知识学科；③学科知识和活动课有效结合；④注意因地、因人制宜，实施课程弹性化。

套筒式课程框架的建立，初步实现了"接受式"与"活动式"教育方式的有机融合，使得学生"听中学""做中学"相互贯通。在整个课程设计中，我们尽量做到"纵向成序、横向沟通"，特别是提高活动课的效度、挖掘活动课程的深度、丰富活动的方式。

2. "活动—发展"套筒式课程的实验（1990年9月—1997年6月）

"活动—发展"课程教学的核心理念是倡导学生自主进行学习活动。为了使课程有效与科学化实施，学校与教师进修学院组成了教育科研联合体，联手开展实作研究，探索全面提高学生素质的有效方法和途径。按照马克思主义的观点，人的发展的实现，一定要通过主体的活动，人只有在与环境相互作用的活动中才会显现其素质。同样，人也只有在与环境相互作用的活动中才能提高其素质。为此，在实作研究的过程中，我们把着眼点放在拓展学生的主体活动上，由三类活动课为纽带来实施"活动—发展"课程教学。三类活动课的安排，见表2。

表2 青浦区实验中学三类活动课安排表

	场域	形态	内容	方式	教师	学生	评价
第一类活动	课堂内	基本课	以学习系统的知识技能为主，同时培养获得知识的能力	以知识技能的系统传授为主，辅之指导探究、辅导自学、互相讨论等	传授者	提高自主性	以知识技能为主
第二类活动	课堂内外结合	专题活动课、弹性课	兼顾各类知识和能力	开设专题活动课程；学科知识课课时分段，腾出时间开展活动	指导者	基本自主	兼顾知识技能
第三类活动	课堂外走向社会	课外活动、其他生活时间	以培养综合的、因地制宜、因人而异的实际能力为主	组织丰富多彩的课外活动；开展与社会紧密联系的活动	促进者	自主	以能力评价为主

三类活动课程的实施，从起始年级开始，逐步向全年级拓展。其间对教师的校本研修实作加以机制保障，并形成特色的操作样例，如"我与自然""我与社会""我与自我"等系列特色课程。

3．"活动—发展"套筒式课程教学与市二期课改理念的"实践—融合"（1997.9—2010.6）

1997年9月，我校根据面向21世纪数学教学行动纲领尝试落实"以学生发展为本"的理念，1998年9月，我校成为上海市二期课改的先行学校。随着二期课程改革的推进，2002年，我校正式成为上海市二期课改的实验校。先进的理念和完整的课程架构引导我们进一步完善学校课程教学体系。在二期课改框架的基础上，我们凸显学生的学习实践活动，构建起基础型课程、拓展型课程、探究型课程的实施框架，见表3。

表3　青浦区实验中学三类课程的实施框架

			年　级			
			六	七	八	九
一	基础型课程	语　文	4+2	4+2	4+2	4+2
		数　学	4+2	4+2	4+2	4+2
		英　语	4+2	4+2	4+2	4+2
		政　治	1	1	1+1	1+1
		科　学	2	2		
		物　理			2+2	2+2
		化　学				2+2
		生命科学			2	
		社　会				2
		历　史		2	2	
		地　理	2	2		
		音乐（艺术）	1	1	1	1
		美术（艺术）	1	1	1	1
		体育与健身	2	2	2	2
		劳动技术	1	1	1	
		信息科技	1	1		
		心理健康教育	1			
二	拓展型课程	学科活动	2	2	2	2
		主题教育	1	1	1	1
		社会实践	1	1	1	1
三	探究型课程	课题研究	2	2	2	2

在以上的课程实施框架中，学校有基础型课程18门，其中包含工具类科目三门（语、数、外），自然类科目四门（物、化、生、科学），社会类科目四门（体育与保健、音乐、美术、艺术），心理类科目一门（心理辅导）。"4+2"学科中的（+2），语文为阅读、写作、书法课；数学为思维拓展练习指导课；英语为口语课。18门课程按课程标准要求分年段实施，为学生所必修，努力促进学生科学、人文、艺术、身心等素养的全方位提高。拓展型课程包含学科拓展、主题教育和社会实践等。其中，学科拓展活动为学生自选内容，可以班级授课的方式进行，也可以课外社团形式组织活动（学校先后成立了文学社、书法社、制作社等近十个课外社团）；而主题教育活动和社会实践活动为学生必须参与的活动。探究型课程采用课内外结合形式，四个年段围绕关注生活、生命、自然、社会四个系列专题在教师指导下学生自主探究，培养学生的探究和创新能力。

我们认为该课程实施框架重视了不同层次学生的学习需求，为推进"二期课改"的校本化实施提供了基础性保障。任何教学改革的成败关键在于教师。那么该如何提高教师课程教学改革的实施能力呢？2002年起，我们在顾泠沅老师的指导下，启动了促进教师专业发展的"行动教育"研究，以课例为载体，通过"三关注两反思"的实践加以推进。2003年12月，全国"以校为本教研制度建设研讨会"在我校设立专场，有力地推动了"新课程教学"的实施与教师的专业成长。

4."活动—发展"课程教学格局的完形（2010年9月—现在）

2010年9月，我们在新的起点上重新审视学校课程教学改革，进一步明晰教改目标，即为了促进所有学生全面而富有个性的发展。学校全力构建既为所有学生提供丰富的学习经历，又能满足所有学生自身发展需求的课程体系。着重将学生的课内外学习连贯一致，形成与培养学生综合素养相配套的学校课程教学方案，特别是拓展、探究课程的架构，见表4。

表4　青浦区实验中学拓展、探究型课程教学方案

课程科目			周　课　时				备　注
			六年级	七年级	八年级	九年级	
拓展型课程	学科类	限定	5	3	4	4	
	非限定	2	2				
	主题教育		1+1	1+1	1+1	1+1	1节为班团队主题教育活动，1节为学校或年级综合教育活动
	社会实践		每学年2周				

续 表

课程科目		周 课 时				备 注
		六年级	七年级	八年级	九年级	
探究型课程	课题或项目研究	1+1	1+1	1+1	1+1	1节为课内指导课，1节为学生小组课外探究学习活动
广播操、眼保健操、体育活动		每天45分钟				
周课时数		10	8	7	7	

该课程学校全年各安排一次体育节、艺术节、科技节、英语节、读书节等活动。学校规定学生必须参加限定性学科课程。对于非限定性学科课程，学生依据本人兴趣、个性特点可以自由选择。

每学期，都会开设如"乒乓""管乐""国画""机器人""小发明"等五十多种拓展型课程；同时根据不同学生、不同时期的需要，成立了"晨韵艺术团""墨香书画社""晨光摄影社""灵之窑陶艺社"等十多个学生社团。以拓展型课程为例，如图2所示。

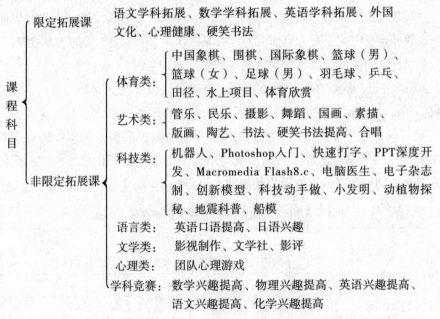

图2 青浦区实验中学2010学年度学科类拓展型课程

新的课程方案立足学校实际，丰富了课程体验，从课程的类型、活动方式、能力培养三个维度架构起学校立体化的课程教学改革实践体系；就基础型、拓展型、探究型课程全面实施构建多层次、多维度、多类别、模块化的学校课程群，实现课堂学习与社会生活的有机链接。同时，构建起以提升学生学养（六大核心素养：行为与品德、文化与技能、人文与科学、艺术与身心、创新与实践、兴趣与特长）为指向的学业质量的综合学分评价体系，以丰富的课程满足全体学生的成长需求，打造高品质的学校课程。

（1）我校基础型课程从两个层面进行校本化实施。

其一，将文化类的十门学科依据课标及考纲要求编写各科《学程手册》，以帮助教师实现更精准的教学，引导学生更好地自主学习。《学程手册》编有各单元的学习目标，每节课的课前、课中、课后的学习内容，单元的知识导图，单元综合练习及活动。

实施五年后对《学程手册》进一步升级，在厘清学科本质的基础上实施编写与使用上的统整，从结构式的知识系到启发式的问题链，再到进阶式的活动顺序统整设计，突出学习的主干与本质，提高学习的效率，通过学科统整减轻学科学习的负担。

其二，将部分技能类的学科在落实通识要求之下强化特色要求。如信息学科，我们分三年实施，六年级进行信息学科课程教学，七年级进行机器人课程教学，八年级进行IT课程教学。现代社会是信息社会，我们期望在初中阶段，就能为孩子们打好基础，提升学生的信息素养。

（2）强化拓展型课程的学校特色。

从四个层面积极推进拓展型课程的教学，分别是学科拓展活动、社团类拓展活动、专题（主题）类活动、社会实践类活动。学校结合自身的特色与优势，开设丰富多彩的各类拓展型课程。这两年，我们根据社会热点变化、学生需求、教师人才引进需求、学校设施设备完善需求等因素，又新增了如体育类的"马球机器人""水上项目"、艺术类的"音乐剧""茶艺""十字绣"、科技类的"土壤酸碱性与植物生长""3D打印""创客训练"等项目。

我们不仅满足学生的需求，也关注一些高端课程体系的建设，如就科技、艺术、体育学校在建和将建的30个高端课程体系（区级及以上水平），正在打造10个学校艺术团队+10个科技创新实验室+10体育特色项目。高端人才需要高端项目培育，希望我们的孩子不仅在区里是一流的，而且在市区、全国乃至国际，都是优秀的，如管乐队、摄影、北斗课程、低场核磁共振课程、乒乓球队、赛艇等。

（3）完善探究型课程的实施体系。

学校分年级推进探究型课程实施。六年级学生以关注生活为主题，主要培养学生对问题的发现能力；七年级学生以关注生命为主题，主要培养学生的创造力；八年级以关注自然为主题，主要培养学生对问题的处理能力；九年级学生以关注社会为主题，主要培养学生的社会责任感和社会适应能力。我们以学校德育品牌"爱·诚·美·志"系列为依据，架构学生社会实践课程，同时在社会实践课程中融入探究内容的学习和探究方法的应用，使两类课程间的关系更为紧密。

（4）我们积极研究、实践两个保障。

第一是《评价手册》。我们于2004年起制订并实施与新课程教学相配套的学分制评价方案，其目的是在基础型、拓展型、探究型课程中，给予学生思想品德方面相应的评定学分，作为学生在校四年学习所有课程的总学分，使其成为学生是否合格毕业、能否推优与评优等项目的重要依据，从而逐步打破社会上大多数人都认为不合理，但又无奈地以一次考试成绩定"终生"即决定学生升学、毕业与否的现状。该方案有效保障了学校课程教学改革。同时，学分制以量化的分值方式，通过不等的学分值来记录学生在相应课程领域的发展经历以及发展程度，有效改变了过去用"分数"划一的评价方式，真正达到及时发现每一个学生的天赋，挖掘每一个学生的潜力，促进每一个学生的身心健康发展。

第二是《学程手册》。我们感到《学程手册》一是为学生提供自主学习活动的轨道；二是为教师实现精准的教学给予引导和支撑。

我们的《学程手册》以单元或章节来组合编写，包含四个部分：第一部分包括单元或章节知识内容细目表和学习要求指导；第二部分包括每节课前预学体验、课中学习探究、课后拓展练习的全过程要求；第三部分提供了单元或章节的知识结构导图；第四部分提供了每单元或章节后的测试题及阶段综合思考题。这四部分内容从学习要求明确、学习过程完整、学习知识归纳、学习评价反馈等方面编写，体现了单元结构化整体性的教与学的设计优势，使课堂教学延伸为课外学习。

四、研究成效

1. 架构起了"活动—发展"课程教学体系

其核心是三类课程的设置。

第一类：基础型课程。关注课堂内的教与学活动，强化教师教法与学生学法的变革，注重学生基础性学力的提升。

第二类：拓展型课程。关注课内外结合的专题活动，以社团为抓手来提升学生科学、人文、艺术、体育的素养，着眼于学生发展性学力的提升。

第三类：探究型课程。关注校内外结合的综合活动，以课题或项目为载体，分年级段建立培养学生探究能力的校本课程体系，着力于学生创造性学力的提升，如图3所示。

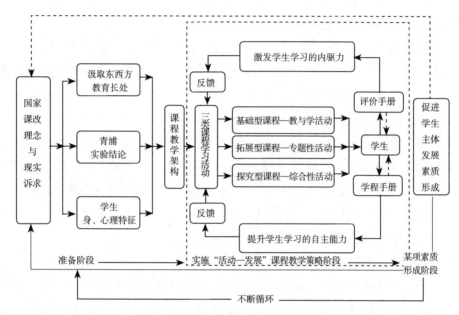

图3　"活动—发展"课程教学框架图

学校"活动—发展"课程教学成为"青浦实验"推介的窗口，获得专家和领导的好评。1988年11月，著名教育家吕型伟为我校题词，"用科学态度坚持改革"。1990年5月，我校被著名教育家刘佛年先生誉为"教育改革的楷模"。1992年4月，国家教委基础教育司原司长马立为我校题词："深化教学改革，进一步提高教学质量"。1996年11月，何东昌为我校题词，"发扬重视教育科研的传统，回答二十一世纪的挑战"。1996年11月，王明达为我校题词，"依靠教育科研，提高办学效益和教育质量"。2007年9月，著名教育家吕型伟再次为我校题词，"以实验的态度创建学校，以实验的方法发展学校"。2007年9月，时任市教委副主任的尹后庆为我校题词，"探索育人真谛，追求理想境界"。

2. 学生主体获得了充分发展，综合素养得到了有效提升

历年来，学生学业成绩在同类学校中始终名列前茅，科技、艺术、体育等领域成果斐然，获市级以上各项奖励的学生举不胜举。学校先后被评为上海市文明单位，全国现代教育技术实验校，上海市素质教育实验校，上海市课程教学改革基地学校，上海市行为规范示范校，上海市体育传统项目学校，上海市艺术特色学校，上海市科技特色示范学校，上海市德育先进集体，宋庆龄少年儿童科技发明上海市示范基地，华师大青少年数学创新人才培养基地等。近年来，学生获得国家专利28项，2009届曹子安同学研究发明的"汽车防超载装置"获得上海市第四届创新"市长奖"。

3. 促进了教师的专业成长

学校形成了一支爱岗敬业、专业能力强的教师队伍，有百余人次获市、区名优教师称号，还出了1名全国劳模、2名特级教师和10余名市级学科教学专家。学校共为全国提供示范课百余节，现场展示活动百余次，提供教学指导不计其数；教师讲学涉及全国30个省市（包括香港地区）。在2003年全国"以校为本教研制度建设研讨会"上，我校教师所呈现的专业精神得到了香港大学徐碧美教授的肯定与赞扬，她为我校全体教师写下了"你们的专业精神深深感动了我！"一行深情的话语。2013年，上海市教委对青浦区进行了教育改革巡访活动，我校代表青浦区进行了课堂教学的展示，教师所展现的精神面貌和专业水平，获得了专家、领导、媒体的高度赞扬。

4. 产生了良好的社会影响

学校成为区域教育改革实验示范校，办学成就为老百姓所称道，课程教学改革和校本研修的成果多次被《中国教育报》《光明日报》《解放日报》《文汇报》《人民教育》《上海教育》等主流媒体报道。2004年，我校成为全国校本研修实验示范校。2005年，我校成为市素质教育实验校与示范校。2002年5月16日，瑞士著名数学教育专家马腾博士来校访问，被我校的教学改革和学生良好的发展所感动，写下了："今天我们找到了适合将来好的教学经验和方法，如何使得56个学生生活在一起，通过他们自身获得伟大的想法；如何帮助他们变得更有才能和快乐，成为社会的一员，今天我们都找到了。"近年来，学校还与美国、英国、德国、日本、韩国、朝鲜、新加坡、中国香港等10余个国家和地区的教育机构建立了交流与合作机制。

五、后续思考

1. 课程设计如何真正满足学生日益增长的个性需求

随着社会的进步，学生对学校课程个性化的要求日益增长，学校如何构建多元化、个性化的课程体系，使课程更走向学生，教学更具有针对性，需要我们做进一步的研究。

2. 信息时代，课程如何与现代技术相结合，成为学生学习的资源

随着课程整合实验的深入，如何将网络、信息技术与课程教学整合，建立数字化的、适应每个学生自主学习的资源平台，需要我们进一步实践研究。

（课题组成员：刘明、项志红、班丽亚、金慧红。执笔：项志红）

"课内外阅读链接"课程的行动

上海市青浦区商榻小学

一、形成开展"课内外阅读链接"课程的基本理念

苏联教育家苏霍姆林斯基曾说过："让学生变聪明的方法，不是补课，不是增加作业量，而是阅读、阅读、再阅读。"《小学语文新课程标准》对课外阅读提出了具体要求："培养学生广泛的阅读兴趣，扩大阅读面，增加阅读量。提倡少做题，多读书，好读书，读好书，读整本书。"语文阅读是一个开放的系统，包括课内阅读、课外阅读。课内阅读是有限的，而课外阅读却是无限的。课外阅读为人的素养尤其是文化素养的培养提供了广阔的发展空间。但在实际的教学工作中，教师往往很容易忽视对学生课外阅读的合理引导，加之农村小学生由于种种原因，课外阅读时间偏少，课外阅读书源不足，课外阅读缺乏指导，课外阅读效果较差，因此，如何合理构建语文课堂阅读教学与课外阅读链接的桥梁，形成"课内外阅读链接"课程，指导学生开展课内和课外的良性阅读成为当务之急。

课内外阅读链接，是指教师以教材为依托，根据不同阶段学生的心理和智力的发展状况，充分开发和利用各种阅读课程资源，合理地设计阅读活动，实现课堂教学与课外阅读的有机衔接；同时，在活动过程中，对阅读材料和阅读方法进行有效指导，通过有效的反馈环节，强化学生的阅读体验，充分调动作为阅读主体的学生自身的主动性，从而让小学生形成良好的课外阅读习惯，促进孩子课外阅读能力的提高。

二、实施"课内外阅读链接"课程的有效策略

（一）确定阅读指导目标、内容，制订学期阅读计划

1. 明确各年级段阅读指导目标

研究过程中，我们一直在为寻找课内外阅读的"衔接点"进行深入思考和研讨。在思考和践行中，我们确定并逐步完善了阅读课程目标，见表1。

表1　课外阅读课程目标

年级段	指导目标
低年级段	以培养学生的课外阅读兴趣为载体，着力引导学生进行课外阅读活动的实践和探索。指导教师从阅读链接材料的推荐、阅读时间的安排、阅读方式的指导三个具体层面，对学生进行正确引领，使学生具有浓厚的阅读兴趣，并养成良好的阅读习惯
中年级段	以培养学生的阅读习惯和能力为先导，着力从以下四个方面展开研究：①运用迁移规律，由课内指导课外，把课内外阅读有机地结合起来；②教会学生选择课外读物的方法，让学生自由阅读；③精读、略读、快速阅读相结合，提高课外阅读的效率；④强化自主阅读意识，培养良好的阅读习惯
高年级段	以学生独立阅读的能力、情感的体验、丰富的积累、趣味的熏陶、个性的发展为培养目标，具体研究内容包括：①如何引领学生独立阅读，形成较强的阅读能力；②如何满足学生不断增长的个性化阅读需求；③如何进行主题性阅读，并书写阅读报告；④如何珍视学生的读书体验，通过实施多元化的阅读评价，促进学生阅读能力和良好阅读习惯的可持续性发展

2. 制订每学期阅读计划

根据所制定的目标和内容，课题组在学期初认真讨论并制订各年级课外阅读指导教学计划。计划中涵盖了新书交流、好书推荐、阅读方法指导、特色阅读活动、评估和考核几方面内容。每年度各学期计划的制订既有经典的传承，又能根据实情有所创新，以此循序渐进，不断提升课外阅读指导课的实效性。

（二）探索课内外阅读链接结合点，建立阅读链接渠道

1. 找准课内外阅读链接结合点

课内外要链接好，应以课文为基点辅以课外读物，最终形成以课文为中心向周围呈辐射式阅读的方式。这样既可以加深学生对课文内容的理解，又拓宽了学生视野，使课内外阅读有机链接起来。因此，找到课内教材与课外教材的联结点、切入点，是有效实施拓展性阅读教学的关键。

（1）释疑解惑，以教材疑难问题为切入点选择课外阅读材料。

在阅读教学过程中，学生往往会遇到难点、疑点，教师适时地出示相关材

料，学生就会不自觉地进行阅读、比较、分析、整合，并对情感、态度和价值观，进行由古及今、由物及我、由人及己的自诉性拓展，从而对该素材描述的事件所处的大背景，或者某个特定的视角形成自己的认识，进而加深对课本素材的理解，形成另一种认识、另一种思维。这样，不同角度的几个信息在教学中形成合力，有助于学生对阅读文本建构属于自己的意义理解。

以教材疑难问题为切入点选择课外阅读材料指导阅读，既有助于学生解决疑难问题，加深对文章的理解和情感的把握，又扩大了学生的阅读面。这种阅读一般在课堂内进行，教师根据教学的需要，准备相关的资料发给学生，或指定学生翻阅相关的书。学生通过阅读，联系教材的上下文，实现"无师自通"的目的。

教师在课内教学时，链接释疑解惑型的阅读材料，引进"活水"，利用教材以外的知识火花来引爆课文中出现的问题，引发学生思索，提高学生的思辨能力，能为陈旧的文本赋予新的含义，丰富课堂教学内容，提高学生的阅读能力。

（2）学法迁移，把课内所得之法运用于课外阅读中，化方法为能力。

语文能力的形成，不是靠大量的机械训练达成的，而是大量地存在着重构，即重新组织所学过的知识。这种"提取或建构""重新组织"实际上就是"迁移"。在课题的实践与研究中，我们充分发挥教材的范例作用，坚持以教材为本，让学生通过课文品读，了解掌握基本的阅读过程、阅读技能，并结合文本的特点，落实重点训练项目，使学生掌握方法，不断地从中汲取营养。在用足教材的基础上，课外我们链接与课内文体或内容、写作方法上比较相似的课外阅读材料，组织学生在课后用课内阅读的方法来阅读拓展性材料，并把课内所得之法，及时应用于课外阅读之中，以求化方法为能力，从广泛的课外阅读中学习知识，增长见闻。学生的课外阅读能力越来越强，达到了以课外促课内的目的。

（3）比较鉴赏，选择有一定联系的课外读物与课内教材进行比较阅读，培养学生的文学鉴赏能力。

乌申斯基说过："比较是一切理解和思维的基础，我们正是通过比较来了解世界的一切的。"教师要善于选取相关的教学资料，根据所学课文的内容、形式或作者选择与之相关的文章进行比较，同中求异，使学生由此及彼、组合积累，实现类化、迁移。选择该类阅读材料，意在与课内教材形成鲜明的对比，因为把两者放在一起，更能突出作品各自的特点，更能说明问题。同时，在比较阅读中，也可培养学生的鉴赏能力，提高阅读的效率，使学生认识到表达同一主题可以从不同的角度切入。这也是学习写作方法、提高语言表达能力的有效途径。

传统的语文教学往往局限于"这一篇课文"，通常是以"这一篇"为中心来学习它，反映的是"以文为本""教课文"的教学理念，教学方法的选择上也更多地体现"教师怎样教"。而比较鉴赏则超越了"这一篇"的局限，打破了"教课文"的现状，不再仅仅学"这一课、这一段、这一句、这一词"，而是由此及彼、举一反三，链接课内、课外，将它们的同类进行横向或纵向比较，引导学生在自主体验、分析、归纳的过程中，由表及里地准确把握它们的本质特征，加速对知识的消化、迁移、运用，真正体现"用教材教""用课文学语文"。久而久之，学生在阅读的过程中，就会习惯性地去体验、感受文章的思想感情，接受文章的情感熏陶，把握文章的内在意蕴，到高年级就能较好地理解作者的审美理想、创作意图，从而得到美的感悟。

（4）拓展延伸，由一及多，更深刻地理解课文，更广博地阅读精品名著。

语文有着广阔的天地，上下五千年，纵横几万里，天文地理，无所不包。教师要有强烈的课程资源意识。一篇课文学完后，当学生意犹未尽的时候，教师要有针对性、有计划地向他们推荐相关的课外读物，将语文的视域打开，不只是局限于语文书这一狭小的空间，而是对一些教学内容进行延伸，或者引导学生就某一学习内容生发开去，把语文学习从课堂延伸到课外，并及时地反馈、交流。这样，有利于最大限度地开发课程资源，促进课内外学习和运用的结合，调动学生学习运用语文的积极性。

教材中的文章篇幅短小，学生只读篇章，眼光往往受到局限，遇到篇幅较长的书，就不容易驾驭，无法做到钩玄提要、取其精华。何况在通常情况下，整本书的知识容量更大，思路的拓展更复杂。指导学生读整本书，不仅有利于培养学生良好的学习习惯，更有利于扩大他们的知识领域，提高其阅读能力，锻炼其思维能力。

2. 选择恰当的课外阅读链接材料

阅读链接与课外阅读的最大区别就在于阅读的出发点不一样。课外阅读在内容的选择上是非常自由的；而阅读链接在内容的选择上应以课本为出发点，所选择的内容可以是课文内容的补充和延伸，也可以是适宜比较阅读及学法迁移的材料。

（1）课内外阅读链接教学应该根据学生学情合理选择链接材料。

我们在进行课外阅读链接材料的选择时，应考虑学生的生活阅历、认知水平、现有知识、年龄特点等，选择的材料要切合学生实际，使学生感兴趣。

对于低年段的孩子，重在激趣；对于中年段的孩子，则可引导他们有目的地读整篇的故事；对高年级段的学生，除了围绕主题收集资料，开展阅读活动并交流外，还要引导学生对所阅读的材料进行深入思考，提出自己的观点，带领他们通过质疑、辩论、争论等形式开展探究性阅读和审美性、批判性阅读。

（2）课内外阅读链接教学应该根据文本合理选择链接材料。

进行课内外阅读链接行之有效的方法是合理选择阅读材料，即使文章再美，如果所选材料的阅读训练达不到教学目的或与教学内容不能有机统一，也要忍痛割爱。可从内容相关的拓展、作家角度的延伸、相同主题的拓展等方面选择链接。

3. 阅读教学中课外链接材料的运用

（1）把握时机。

课外阅读链接作为课内教材的补充、延伸，我们可以根据课文的内容、类型及教学的需要，把它安排在不同的时段。课前链接的主要目的是让学生了解课文的写作背景、与课文相关的知识，激发学生学习本课的兴趣，为学生学习本课储备能量。在阅读教学过程中，学生往往会遇到难点、疑点，这时利用拓展材料就能够很好地帮助学生自主学习，做到"无师自通"。课文学完之后，学生可能意犹未尽，教师可以向学生推荐与本文相关的课外读物，激发学生的阅读兴趣，既加深学生对课文的理解，又能够扩大学生视野。

（2）注意呈现方式。

根据学生不同的年龄及课文知识的特点，课外链接材料的呈现形式是多样的，可以一次呈现、多次呈现，也可书面式呈现、录音式呈现。还有更多的延伸方式，如让学生去了解校内外新近或从前发生的事；让他们欣赏各种名曲、名画，了解艺术名人；让他们就某一触点展开想象和联想的翅膀；让他们放开手脚对课本或课外名著进行表演。

总之，只要是对培养学生的语文能力和提高学生的语文素养有较大帮助的形式，我们都可以选择。这样不仅会大大提高学生学习语文的兴趣，更重要的是培养了学生的语文综合素质，使在课堂上获得的语文素养和人文素养在生活中得以拓展和延伸。

4. 建立课内外阅读衔接课堂指导新模式

根据制定的课外阅读指导目标和内容，研究过程中，我们将有效的、成功的教学实践通过概括、归纳、综合、提炼，努力探索课内外阅读衔接课堂指导的新模式，构建课内外阅读相互衔接、相互沟通、相辅相成的阅读体系，旨在通过多类型的阅读指导课，培养学生的阅读兴趣，提高学生的阅读能力。

（1）阅读指导课。在阅读方法指导课上，我们针对预定的阅读指导目标，对不同年级进行相应的阅读方法的指导和探讨。

（2）品读欣赏课。对一些文质都美的文学精品，教师先引导学生品读体味，重在通过朗读揣摩推敲作者运用语言文字的功力，感悟其表现方式，并积累优美词句，以培养学生的语感，提高其朗读能力和鉴赏能力。

（3）读写迁移课。在习作之前，教师根据习作要求，选一两篇在语言表达形式上可供学生模仿借鉴的文章，重在表达方法的指导；也可以由教师给出文题，学生自选同类课文进行"自学"，强化对此类表达方法的感悟。

（4）读物推荐课。推荐时，可根据学生的阅读能力和基础，用生动活泼的方式向学生推荐与课文有关的读物、原著、作者的其他作品或相同体裁的作品，激发学生的阅读兴趣，从而使学生产生阅读期待。

（5）读书汇报课。读书汇报课主要指学生在课前广泛阅读的基础上，汇报自己在课外阅读中的感受与收获。其一般程序为：①学生主持，内容明确。②学生展示，形式自定。③教师小结，课后拓展。

（6）阅读综合实践课。学生在教师的指导下，带着特定的问题，收集阅读材料，并进行分析和总结，通过动手、动脑、合作等方式形成个人的研究成果。

（三）开展读书活动，巩固学生的阅读能力

课堂小天地，天地大课堂。阅读育人场的营造，还须借助活动载体。苏霍姆林斯基说过："要让儿童始终能看到自己的进步，不要有任何一天使学生花费了力气而看不到成果。"为了巩固和加强小学生的语文阅读能力，我们必须开展丰富多彩的活动，利用多种途径，采取多种形式来促进学生阅读能力的提高，如诗歌朗诵会、读书节活动、好书漂流活动、课本剧表演活动、读书交流活动、共读一本书、诗词背诵达人等。

三、成效与思考

1. 实践成效

通过两年的实践与研究，我们再次对本校学生的课外阅读能力情况进行调查，然后对前后两次的调查情况进行统计对比。通过检测数据可以看出，在课题研究中，我们采取的策略和方式，有效地提高了农村小学生的课外阅读能力。学生们的分析理解能力有了很大程度的提高，基本具备了自主分析理解能力；学生们的欣赏评价能力也逐步增强，基本学会了用自己的思维方式去思考问题，用自己的观点看事物；学生们的课外阅读拓展能力也显著增强；学生的阅读兴趣有了明显的提高，大多数学生掌握了一定的阅读方法。

课外阅读培养了学生的语文能力，陶冶了学生的道德情操，激励学生形成坚强的意志，努力进取，营造出一个良好的阅读文化氛围，真正发挥出语文课堂的魅力，促进了学生的全面发展。

2. 思考展望

自从课题实施以来，通过实施"课内外阅读链接"课程的模式，学生的阅读能力（分析理解能力、欣赏评价能力、拓展延伸能力）有了明显的提高，大多数学生掌握了一定的阅读方法。我们以课内外阅读链接为载体，建立小学生课外阅读效果的评价指标及方式，营造出一个良好的阅读文化氛围，真正发挥出语文课堂的魅力，促进了学生的全面发展。实践证明，我们所探寻的"课内外阅读链接"课程模式，是行之有效的。

我们回顾整个研究过程，虽然取得了一定的研究成果，还有一些值得注意、有待于完善的地方。

让课外阅读植根于课本，固然能很好地帮助学生巩固所学的知识，扩展他们的知识面，但在实践过程中，该如何处理好学生课内学业和课外阅读时间上的矛盾、如何引导家长营造家庭阅读氛围等，还有待深入研究，学生积累的课外阅读知识如何合理、灵活地运用也尚须进一步实践。信息技术日新月异，现代教育技术具有强大的生命力与广阔的发展空间，如何充分利用和开发课外阅读课程资源，不断为学生建构更加良好的课外阅读环境，也是要进一步探讨的重要问题。总之，我们还要在今后的工作中继续深化研究与实践，使学生的阅读能力和语文素养得到进一步提高。

 参考文献

［1］莫雷.阅读与学习心理的认知研究［M］.北京：北京师范大学出版社，2006.

［2］叶圣陶.叶圣陶语文教育论集［M］.北京：北京教育科学出版社，1980.

［3］熊瑾.如何指导低年级学生课外阅读［J］.考试周刊，2007（41）.

（课题组成员：朱丹霞、薛峰、顾雪萍、陈艺婷。执笔：朱丹霞）

幼儿园沪剧启蒙课程的探索

上海市青浦区白鹤幼儿园

在教育部"戏曲进课堂"精神的倡导下，在外来幼儿大量入园、外来文化与当地文化发生冲突的现实背景下，在幼儿、教师、幼儿园三位发展的需求下，我们遵循《3～6岁儿童学习与发展指南》中"幼儿园内部资源挖掘、本土资源利用、幼儿生活经验尊重"的课程理念，将白鹤地区幼儿生活中喜闻乐见的"沪剧"纳入特色教学中，创编适合幼儿的沪剧启蒙教材，探究以幼儿为本的教学教法，创建"人无我有，人有我优"的特色课程，使沪剧文化从娃娃开始得以传承，使丰富的乡土资源得以开发利用，使经典的民族文化得以传承，使真挚的爱家乡情感得以感悟，使幼儿关系得以融合，使教师自主建构课程的意识得以巩固，使我园的艺术特色课程得以发展。

一、立足校本，形成沪剧启蒙教育的理念共识

幼儿园艺术教育是素质教育中的一个重要环节，也是用有组织的音乐、表演、舞蹈等载体来表达人们的思想感情，反映现实生活的一种艺术。幼儿园艺术教育通过美的形象和令人愉悦的形式，在潜移默化中陶冶幼儿的道德情操，丰富其情感世界，发展其想象力和创造思维，增强其自信心、成功感和合作能力，使他们得到美的熏陶。沪剧启蒙教育是通过沪谣、沪曲、沪剧来培养幼儿的审美素质、人格品质的。在沪剧启蒙教育活动中，以幼儿为主体，以适合幼儿的沪谣、沪曲、沪剧为客体，教师进行适宜的指导，使主客体相互作用，让幼儿充分感受和体验沪剧的美。

二、整合资源，开展沪剧启蒙教育的基础创建

依据幼儿园二期课改背景下主题式课程实施的要求，我们首先进行了课

程内容的创编——凸显与五大领域的有效衔接。我们从主题素材点出发，创编幼儿耳熟能详的沪谣、沪曲、沪剧，并贯穿语言、社会、艺术、健康、科学五大领域。创编"沪谣"，采用筛选和仿编法；创编"沪曲"，采用剪辑和填充法；创编"沪剧"，采用拓展和连接法。

1. 与语言领域的衔接——关注沪语的吐字、咬字、发音的练习

沪语发音甜美细腻，变化丰富，很注重技巧，要求舌头跳动频繁且灵巧。在普通话普及及以外来务工人员子女为主要生源的当下，已经很难寻觅沪语的踪迹，所以通过教材的创编学说沪语、学念沪语势在必行。

案例① 《抬轿子》

哎哟哎哟抬轿子，

新娘子，坐轿子，

新娘新娘啥样子？

皮肤雪白好样子。

创编：

（汪汪眼睛好样子，

樱桃小嘴俏样子。）

哎哟哎哟抬轿子，

新娘子，坐轿子，

新娘新娘啥样子？

毛手毛脚尖牙齿。

分析：采用筛选法，形成了这一朗朗上口、句句相似、字字相近的沪谣，幼儿要念好它需要关注吐字、咬字、发音及口部器官的配合，从而很好地提升幼儿的语言表达力。

2. 与社会领域的衔接——关注当地历史人文、民俗情感的渗透

在课程实施中，孩子们获得了一些经验，这有助于孩子们对知识进行有效的积累和拓展。当我们当地的民风民俗、历史建筑、节庆节日成为幼儿唱诵的沪曲时，幼儿的地域自信感、积极响应度也就格外明显了。

案例② 《上海小吃》

白鹤小吃花样多，大饼、油条、小笼包，豆浆、锅贴、肉馄饨，老虎脚爪、粢饭糕，生煎、炝饼、小馄饨，今朝吃好想明朝。

分析：采用仿编法创编的这一沪谣，方便幼儿在生活经验的基础上学习，幼儿乐于表达也乐于将其迁移至角色游戏中。

案例 3 《小刀会的故事》

> 白鹤有座塘湾桥，桥的名气响当当。
>
> 讲起小刀会，人人不会忘，
>
> 农民起义奋勇抵抗。
>
> 周立春啊，塘湾桥上立榜样！
>
> 周秀英啊，塘湾桥上成英豪！

分析：教材创编要遵从"从孩子的生活经验中来"这一原则，将选用和改编相结合，突出具体性、可操作性，这样既有利于教师组织，又有利于幼儿学习。

第一步：确定主题。以小刀会为背景，讲述了巾帼英雄周秀英在白鹤镇古桥——塘湾桥上英勇抗击清兵的故事。

第二步：句末押韵。句末选用了"桥""响""当""忘""抗"等"ang"的押韵词。

第三步：唱词简洁。句句、字字精练，用简单的话语把周秀英在塘湾桥上英勇抗清的故事讲述明白，时间、地点、人物、事件俱全。

第四步：浅显易记。按照幼儿的思维逻辑进行叙述，便于幼儿记忆、理解。字里行间让幼儿听得懂、想得清。

第五步：剪裁填充。在原曲的基础上，进行剪辑和填充、拓展和连接、删选和仿编。

3. 与艺术领域的衔接——关注多种艺术呈现方式

艺术的呈现方式多种多样，与沪剧匹配的说唱、轮唱、分角色唱等形式也被巧妙地运用到教材创编中。

案例 4 《唱世博园区》

> 上海召开世博会，海宝脸上喜洋洋。
>
> 南浦大桥到，卢浦大桥间，黄浦江边世博园区。
>
> 说唱：
>
> （中国馆，英国馆，世界气象馆；
>
> 美国馆，韩国馆，非洲联合馆；
>
> 日本馆，俄罗斯馆，沙特阿拉伯馆；）

世博会呀，城市让生活更美好。

世博会呀，城市让生活更美好。

分析：采用填充法创编的沪曲，用说唱形式念诵各国展示馆的名称，既押韵又有气势，配上快板效果极佳。

4. 与科学领域的衔接——关注探索品质的培养

基于幼儿好奇、好问、好探索的年龄特点，我们的教材创编给予幼儿充分的创编空间，将其探索所得的规律编入其中念诵，来源于幼儿服务于幼儿，并在一定程度上对幼儿"探索品质"进行了鼓励。

案例 5 《小动物走路》

啥么事走路跳啊跳？小白兔走路跳啊跳。

啥么事走路轻轻交？小猫咪走路轻轻交。

啥么事走路咚咚响？象鼻头走路咚咚响。

······ ······

分析：教师不是以从上至下"倾泻"或灌输的方式将沪语教材的创编全揽囊中，而是放手给幼儿探索，帮助其提炼汇总，这种教材的创编是一种哺育，是一种滋润。

5. 与健康领域的衔接——关注幼儿良好习惯的养成

习惯的培养需要日积月累的练习、方法诀窍的梳理，生活类教材的创编能帮助幼儿在愉快的念诵游戏中熟记方法，激发兴趣。

案例 6 《小肥皂》

小肥皂，香又香，

大家一道来汰手。

冲一冲，汰一汰，

搓一搓；冲一冲

洒一洒，揩一揩，

小手清爽吃饭咯。

分析：生活化的歌词，茶余饭后娓娓道来，说得溜，记得牢。

三、整体实施，摸索沪剧启蒙教育多元教法

我们的教材融入幼儿园艺术课程的实施方式有三种：一是集体教学；二是

表演游戏；三是沪剧专场，课程框架如下：

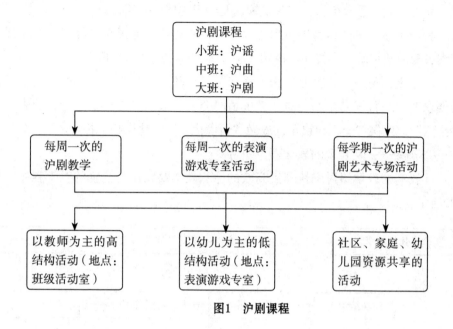

图1 沪剧课程

（一）教法学法的有效探究——凸显"快乐学习""快乐体验""快乐表达"

1. 沪剧集体教学——倡导"快乐学习"

快乐学习，是指在教师创设的物质、心理环境中，在语言、表情、肢体的师幼互动中，在巧妙适宜的教学方法引导下，幼儿获得情趣、顿悟新知，表达情感、实现创造的学习体验，获得乐学、好学、会学、活学的学习结果。根据课程安排，我们每周进行一次沪剧集体教学，每二周进行一次沪剧教学研讨。通过实践与研讨，我们发现，沪剧教学具有音乐教学的特点，也能个性地呈现戏曲教学的特性。于是，我们梳理了以下教学方法：

（1）树立"少教多学"的教学理念，提高沪剧教学效率。

沪剧学习是幼儿自主自愿的活动，当每天的集体教学时间只剩下30分钟时，老师再也不能"滥教"，"有效""高效"成为沪剧教学的关键词。

①改变——从教师自我做起。

教学设计——变"教什么"为"幼儿需要学什么"。基于幼儿的已有经验制定活动目标，淡化知识技能的传授，强调艺术与生活的联系，以幼儿愉悦感受为沪剧活动的出发点。

教学方式——变灌为导。摒弃"灌输式"教育法，以沪剧学习的问题点、核心内容点带动课堂，引导幼儿学习并激发其内驱力。

教学指导——变多为少。用最少的肢体语言指导孩子自由自主地去观察信息，思考变化，磨合练习，充分发挥幼儿学习主体的作用。

教学观察——变粗为细。耐心等待、精心观望。通过预设性观察和生成性观察，及时捕捉幼儿在技能、情感、态度等方面的问题或难题。

教学干预——变"鲁莽"为"适切"。当孩子遇到学习瓶颈时、当孩子主动要求时、当孩子发生纠纷时，教师适时介入，或做"榜样示范"，或做"隐性指点"，或做"个别纠错"，或做"情境化解"，化腐朽为神奇。

② 高效——从合理的教学程序开始。

从我们的教学探讨中梳理出高效的课堂教学要素作为合理的教学程序，如图2所示。

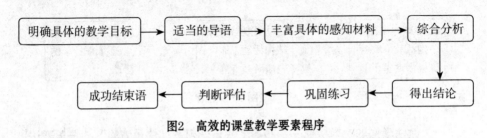

图2 高效的课堂教学要素程序

（2）形成"以学定教"的行动指南，促发"快乐学习"体验。

众所周知，抽象的沪剧语言、模糊的戏曲概念与具体形象直观的幼儿思维之间有着难以逾越的鸿沟。"以学定教"强调满足幼儿的学习兴趣，理解幼儿的学习需求，尊重幼儿的学习方式。所以，我们得出结论：唯有根据幼儿的年龄发展特点、心理发展特点、动作发展特点来开展沪剧教学，才能事半功倍。

① 创设情境——变"枯燥戏曲练习"为"趣味填词游戏"。

案例⑦ 《白鹤特产多》

白鹤特产多，跟我逛一逛。

东边看来，西边望。红澄澄，大草莓；

长幺幺，香丝瓜；香喷喷，糯玉米；

看呀看呀看呀，菌菇营养好又好。

包侬是吃不尽来看不够，

马上跷起大拇指，白鹤呱呱叫。

分析：教学过程围绕设计旅游景点特产的"宣传口号"展开，用归纳、填词的教学方法提升，设计宣传海报，并在图谱中出示相应的文字与图形，使幼儿学得轻松、学得快乐。

②预留空间——做到"幼儿在前，教师在后"。

沪剧教学要让幼儿用自己喜欢的方式有创造性地表现艺术，教师须为幼儿提供自主探索、想象创作的机会，即预留空间，让幼儿行前思、行后思，设想与众不同者，予以鼓励。

案例⑧《爱心圆》

世界是一个爱心圆，

围绕在你我身边。

献出关爱呀，献出温暖。

互帮互助，情意融融。

分析： 在教学中，先请幼儿根据歌词编成直观、具体、形象的小故事进行表演，教师再用语言拓展关键情节，并增加道具，让幼儿体验成功感。

③多媒体手段——助推幼儿"快乐轻松学习"。

与传统的教学手段相比，多媒体教学手段具有图文并茂，直观形象，感染力强，表现手段多样，可打破时空与地域限制的特点，教师可根据教学要求，灵活调整画面的独特性。

案例⑨《白鹤人家》

白鹤夏天到，到处好风光。

河浜里看，田里望。

蝈蝈蝈，蟋蟀唱；呱呱呱，田鸡叫；

织织织，纺织娘；

听呀听呀听呀，树上知了声声叫，

家家是剥龙虾来嗦螺丝。

叫声、歌声、笑声飘，白鹤多美好。

分析： 动态的电子课件，可以帮助幼儿理解农田里各种"冷僻"昆虫的叫声，使幼儿的创编变得简单、有趣。

2. 表演游戏——倡导"快乐体验"

爱唱、爱跳、爱表现是幼儿的天性，提供沪剧表演的舞台，让每个幼儿的特长与沪剧表演相结合，才能凸显幼儿的主体价值。我们专门设立了"沪剧表演专室"，内有道具制作间、服装配置间、电脑间、排练厅、表演小舞台。幼儿可自主选择游戏内容，享受游戏的快乐。

（1）道具制作：发放订货单，根据各班表演内容要求确定自制表演道具的名称、材料、步骤、数量，完工后送达所需班级，丰富表演情境。

例如：《白鹤草莓节》中的纸编小篮，《小刀会的故事》中的纸板大刀，来源于幼儿又服务于幼儿的道具制作使幼儿体验到了成功感，为表演添砖加瓦。

（2）服装配置：根据表演内容确定服装，或对服装进行局部调整，使表演更贴近剧情。

（3）海报宣传：用画笔、颜料等美工材料手绘自己班级表演的剧情及创新之处。

（4）舞台布置：将道具制作间送来的或购买的道具进行布置，呈现艺术化的舞台效果。

（5）协商排练：自主设计队形、动作，分配角色，进行排练。

（6）舞台表演：小观众观看，演员登台表演，展示综合效果。

3. 沪剧艺术专场——倡导"快乐表现"

每学期一次的沪剧专场演出内容呈现多元化，有戏迷家长的传统折子戏演出，有白鹤镇文广中心的乡情沪剧表演，有我园幼儿的原创沪剧节目……我园以幼儿为舞台的主角，节目的编排、海报的制作、演员的邀请、主持稿的设计、舞台的设计、节目的排练，都以幼儿为主体，积极创导"我的舞台我做主"的行动准则。沪剧艺术专场活动有以下特点：

（1）体现浓浓沪语特色。幼儿用沪语主持，家长志愿者、幼儿志愿者用沪语接待、维护秩序，用沪语作为宣传标语，用沪语表演节目。

（2）呈现亲亲多元沟通。幼儿、家长、戏迷———一些热衷于沪剧表演的爱好者，用委婉的唱腔、经典的招式、魅力的扮相进行感知与体验，交流与沟通。

（3）展示累累教育成果。沪剧艺术专场属我园"小白鹤艺术节"中的一个专场，它极大地提高了幼儿表现表达的能力，增强其自信心、竞争力及对艺术的兴趣；锻炼了教师的组织能力，并向社区、家庭宣传"小白鹤艺术节"。

（二）教具制作的潜心研究——倡导"幼儿主体"

幼儿园历来十分注重教具的自制，自制教具在提高幼儿园办学水平、教学质量、促进幼儿发展方面起到了重要的作用。在开展课题实践期间，我们对教具的制作也进行了潜心研究。

（1）视频教具——视听效果好，便于幼儿队形、动作的观察、学习。

（2）图谱教具——直观形象，易操作，便于幼儿学习记忆、创编改编。

（3）电子（PPT、Flash）教具——动态呈现隔空间的环境事物，便于幼儿理解教学内容。

（4）音频教具——根据幼儿的音律调制，赴上海沪剧院专门录制，便于幼儿在个别学习时哼唱、创编。

（5）自制操作类教具——个别学习区域中幼儿根据需要自行制作，成品道具辅助幼儿的表演，使幼儿对教学内容的表现表达更流畅、更积极。

我们的教具不是摆设，不是教师"能工巧匠"的选拔，而是辅助幼儿进行沪语学习的实实在在的教学用具。

四、成效与反思

（一）助推幼儿园、幼儿、教师协同发展

1. 建构了沪剧启蒙教育特色课程

教育特色应是幼儿园发展过程中累积与生长、自然与传承形成的。我们在幼儿园园本化特色课程开发过程中不仅要关注课程的标新立异，还要由内而外地以幼儿发展为本去开发、研制集园本和特色于一体的课程。我们共创编了沪谣12首、沪曲8首、小型沪剧2个，并在市、区各类活动、各个层面中有了一定的影响力。

2. 促进了幼儿的多元发展

开展沪剧启蒙教育，促进幼儿园特色发展的行动研究，能够调动幼儿的思维和想象，创造性表现沪谣、沪曲、沪剧内容，从而进一步塑造幼儿的性格，激发幼儿爱家乡的情感，形成自控、自主、独创、灵活等创造性人格特征。

3. 提升了教师的课程开发和实践能力

三年来，我园教师的沪剧启蒙教育活动在县级以上活动中展示4次，5篇专题论文获区级奖项。由此看出：

（1）沪语启蒙教育活动的开展为教师提供了广泛而积极地参与空间，使教师摆脱传统的教书匠形象和思维，成为课程开发、课程实施、课程评价的主人。

（2）新教材的实施给教师提供了有所作为的平台，激励教师更有创意地进行课程设计和实施。

（3）实践的过程充分调动了教师的积极性，激发了教师的自主意识与合作能力，从而使教师成为真正的课程参与者和设计者。

4. 生成了和谐包容的内外关系

沪剧启蒙教育使外来孩子在学说沪语、学唱沪曲、学演沪剧的过程中，突

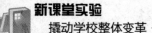

破了语言障碍、地域障碍及文化障碍，和本地孩子一起快乐而融洽地生活、学习、游戏，同时也扫除了外来家长的戒备心理和自卑心理，使家园关系、内外关系得以和谐构建。

（二）幼儿教学的核心理念

把"对文化、对课程园本化、对传承的深度理解"转化为教师可操作、幼儿显发展的具体行为。

（三）对传承的进一步理解

传承是一种美，传承沪剧艺术更是一种美！白鹤幼儿园"沪剧启蒙之花"已经悄然绽放，搭建何种平台能让沪剧教学之花在白幼更好地传承？"沪剧品牌之花"需要开花结果，借助何人的羽翼能让沪语传习之果在白幼得以创新？我们下阶段思考的是：

将沪语研究的内容更深入化。沪剧是沪语文化的一朵奇葩，上海说唱、沪语歌曲、滑稽戏、沪语清口秀等亦是沪剧的姐妹花。建立沪语传习机制，将沪语的多种表现形式纳入其中，可使沪语研究更加系统全面。

使沪语研究的形式更多元化。幼儿园不再单枪匹马蛮干，而是融入家庭、社区各方资源进行多方联动，旨在助推当地的沪语文化传习实现区域性、高质量提升。

使沪语研究的内涵更具体化。将"让沪语赋予孩子大胸襟、大理想、大自信"的办园理念细化为《指南》中的课程目标，具化为新教材中课程内容，通过一个个主题鲜明的传习系列活动得以落实。

📖 参考文献

［1］邓琪瑛."戏曲进课堂"活动的综合考察研究［J］.原生态民族文化学刊，2012（3）.

［2］刘环.让京剧走进我们的课堂［J］.教育文学摘，2012（9）.

［3］车小妍.借乡土文化之力，建特色园本课程［J］.教育教学论坛杂志，2012（7）.

［4］桂署钦.大学生民族文化认同现状及对策研究［J］.教育探索，2009（10）.

（课题组成员：郁小红、林红、吴叶菲、陆婷。执笔：郁小红）

幼儿园趣美教育文化课程的实践

上海市青浦区朵朵幼儿园

一、问题的提出

1. 美育的重要性

美育即审美教育，是一种情感教育，是提高人感受美、发现美和创造性地表现美的能力，能引导人们去追求高尚的审美理想，树立正确的审美观念和健康的审美情趣，塑造完美的人格。随着社会的发展、教育理念的更新，"美育"受到越来越广泛的重视和关注，同时，越来越多的教育实践也证明，美育通过自身的诱发作用和感染力，能够培养孩子正确的人生观、世界观和价值观，有助于提高幼儿的综合素质。因此，幼儿时期普及美育有着长远的意义，探索普及幼儿美育实施途径成为幼儿教育者的重要课题之一。

2. 政策法规的引领

2016年1月1日，《青浦区教育综合改革方案（2015—2020年）》指出，完善适合学生发展的课程格局和实施形态。加强学校课程领导力，积极探索国家课程校本化实施途径，建设指向学生核心素养培育和实践体验的"活动—发展"课程格局。

2016年1月5日，《幼儿园工作规程》第二十五条指出，德、智、体、美等方面的教育应当互相渗透，有机结合；引导幼儿个性健康发展。

2017年1月10日，《国家教育事业发展"十三五"规划》指出，创新育人模式，培育和践行社会主义核心价值观，不断提高学生思想水平、政治觉悟、道德品质、文化素养，让学生成为德才兼备、全面发展的人才。

一系列政策法规的出台，为构建和实施促进幼儿全面发展的园本化课程提供了政策法规层面的保障。同时，也引领学校依法办园，开展美育特色课程的实践与探索。

3. 学校发展的需要

开园以来，我园一直秉持着"以美育人，全面发展"的办园理念，开展"美育"特色课程的实践研究。从最初的"儿童音乐剧"，到后来的"创美活动""美育范式"，再到现在的"趣美活动"，整个过程中，不断明晰研究方向、梳理园所经验；不断努力补充和完善基于幼儿个性发展的幼儿园美育特色课程，着力形成我园的美育教育内容框架和实践范式，从而进一步提升园所办学品质发展，办"家门口的好幼儿园"。

4. 幼儿全面发展的需要

随着二期课改的不断推进、学生核心素养的提出，尊重幼儿的主体地位，促进幼儿全面、可持续发展的育人目标愈发清晰。"真正的美育是将美学原则渗透于各科教学后形成的教育。"片面地将美育活动等同于艺术教育，单一地追求艺术活动中幼儿审美素养的培养，已无法满足幼儿感受美育活动带来的趣味和诗意的需要。幼儿美育也应该从狭义的"形式美育"走向"实质美育"。

综上所述，我们有必要重新思考、审度如何基于幼儿的兴趣需要，站在幼儿的角度设计更加符合幼儿年龄特点、兴趣需要的，真正有趣的美育特色活动。激发幼儿玩的兴趣，激发幼儿持续玩的动力，激发幼儿钻研玩的精神；我们有必要以审美观、欣赏美、创造美的能力为手段，让幼儿体验美学趣味，追求美育的精神实质，成为有一定审美情趣，能自主发展，有良好个性品质和综合艺术能力的幼儿，促进幼儿的全面发展。

5. 教师实施美育教育的困惑

对幼儿实施美育的关键在于教师，教师对美育内涵的认识、对美育活动的把握，都直接影响着幼儿美育工作的开展和实施。在问卷和访谈中，我们了解到教师在实施美育教育活动的时候主要存在这样一些困惑：

（1）教师的设计与幼儿的兴趣之间存在矛盾。现有的美育活动中多为教师主导活动的创意和设计，往往抓不住幼儿的兴趣。

（2）教师的参与与幼儿的参与之间存在失衡。教师在活动中完成前期准备、中期制作、后期反思，而幼儿只是作为活动的体验者出现，主体地位出现失衡。

（3）教师的追求与幼儿的体验之间存在差距；教师心中有美育的目标与追求，但是由于设计、参与等诸多的问题使得幼儿未能体验到"美"和"趣"。

基于此，我们认识到基于儿童个性发展的幼儿园美育特色课程构建与实施的重要性。需要思考的是：如何基于儿童个性发展更好地引导和促进学习方式和育人模式的根本转型，实质性推动和深化园本化美育课程改革？如何尊重幼儿的主体地位，从教师"为幼儿设计"走向"基于幼儿设计"，从家长"参加"美育活动走向家长"参与"美育活动？

二、趣美的探索行动

重幼儿之趣，美幼儿之性，为进一步提升幼儿美育活动的趣味，推动幼儿的全面发展，我园不断地完善"幼儿美育"特色课程体系；丰盈"幼儿美育"内涵建设；打造"趣美朵朵"幼儿美育特色品牌。

（一）明晰"趣·美"特色课程的价值内涵

"趣·美特色活动"，是指使幼儿感到愉快，有兴趣的美育活动。围绕一日活动生活、运动、游戏、学习四大板块，以"趣·美——五节活动"为载体渗透开展，立足各年龄段幼儿的兴趣、需要和个体差异，探寻兴趣形成的内在机制，创设趣美环境，设计趣·美——五节活动，促进幼儿全面、和谐发展。

（二）厘清美育特色课程研究路径

在美育特色课程的实践探索中，依托"趣美"课题的研究，初步厘清了趣美特色课程的架构与实践的技术路线图。从问题入手明确研究的内容，寻找适宜的方法途径达成预期的研究结果，明确课题研修需要优化的方向和成效。这对基层幼儿园特色课程的实践研究具有普适性的参考价值，如图1所示。

（三）成熟架构"趣·美——五节活动"

进一步理清了特色课程顶层设计的思路，依托"活动——发展"的思想，分析当前幼儿参与美育活动的兴趣现状，顺应幼儿对美的兴趣和需要，力求为幼儿打造使其感到愉快，有兴趣的美育活动，进一步努力培养感受美、欣赏美、表现美，有一定审美情趣，能自主发展，有良好个性品质和综合艺术能力的幼儿。

1."趣·美——五节活动"

（1）真美尚德节——以"美德周活动""经典诵读活动"为载体，开展以培养幼儿美好品德为目的的趣美节活动。

（2）乐趣智慧节——以"智力大冲浪""交换日"为载体，开展以培养幼儿良好思维品质、自主学习能力为目的的趣美节活动。

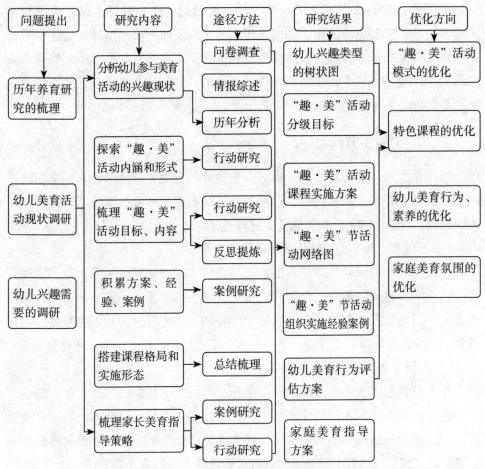

图1 开展"趣·美"特色活动,构建课程格局的实践研究技术路线图

(3)乐活生活节——以"生活小达人""美味自助餐"为载体,开展以培养幼儿自我服务能力、促进幼儿健康生活为目的的趣美节活动。

(4)悦动健身节——以"亲子形体操""运动嘉年华"为载体,开展以培养幼儿良好形体、健康身体、运动精神为目的的趣美节活动。

(5)小荷艺术节——以"儿童音乐剧""魔法天裁秀"为载体,开展以培养幼儿审美情趣品味、创美表现能力为目的的趣美节活动,如图2所示。

(四)突破"趣·美"特色课程的组织实施

秉持顺应幼儿自我发展规律的教育理念,我们尝试转变视角,改变主体——从教师"为幼儿设计"走向"基于幼儿设计",甚至是"幼儿自主设计"。真正尊重幼儿的主体地位,梳理出"趣·美"特色课程组织实施"四阶段法",使幼儿真正成为"趣·美"的主人。

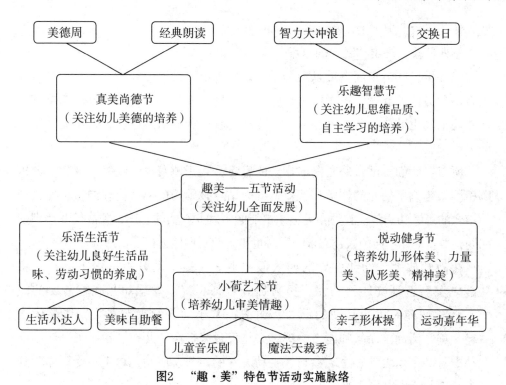

图2 "趣·美"特色节活动实施脉络

第一阶段：说出"我"的兴趣

在"趣·美"活动开展的最初，需要确立活动的主题。我们改变以往由教师选择确定的思路，把自主权交还给幼儿，让幼儿充分表达自己的兴趣，教师帮助幼儿梳理、汇总、删选、凝结，最后形成"趣·美"活动的主题。教师可以通过"谈话活动""家庭调查问卷""游戏试玩""投票"等活动，帮助幼儿明确活动主题。教师的放手和支持，让幼儿有机会表达出他们最真实的兴趣。

第二阶段：做好"我"的准备

（1）带上有准备的大脑——找准幼儿的兴趣点，确定"趣·美"活动的主题后，教师应支持幼儿做好开展活动的准备，首先是做好知识经验上的准备。

以"集体活动、个别化学习、谈话活动"为媒介，以"学习主题的融合推进"或"生成新的小主题活动"为途径，帮助幼儿做好知识经验上的准备。

（2）做好充分的物质准备——在帮助幼儿建立对超市的知识储备后，引导幼儿根据自己的兴趣需要做好充分的物质准备。

第三阶段：投入"我"的热情

在充分的准备后，应鼓励幼儿全情投入到"趣·美"活动中去，让幼儿成为方案的设计者、活动的组织者、活动的参与者。让幼儿自己去探索、去实践，使其成为"趣·美"活动的主人。

第四阶段：提出"我"的思考

以往从教师的角度去反思整个活动，梳理值得借鉴的经验和不足，只得到了教师单方面的反馈，更多考虑教师工作开展的便利性，而忽视怎样调整完善才能使活动更贴合幼儿的兴趣需求，让幼儿获得美的情感体验，真正促进幼儿的全面发展。

所以，我们尝试让幼儿提出自己的思考，真正地发现、收集、判断、分析哪些因素影响了幼儿的体验和感受，继而结合教师的反思去梳理调整。通过师幼结合的思考和调整，教师在无形中更能倾听幼儿真实的心声，关注幼儿遇到的问题，尊重幼儿不同的兴趣需求，同时也更有针对性地进行活动的调整和完善。

在教师放手、幼儿主导的四阶段"趣·美"活动开展过程中，我们将"趣·美"逐渐交还给幼儿，努力提升教师观察、发现幼儿兴趣需要的能力；优化"趣·美"活动的设计、组织；基于幼儿的兴趣需要，调整优化"趣·美"活动。而教师能力的提高必将反过来提高幼儿在"趣·美"活动中主动准备、主动设计、主动参与、主动思考的能力，使幼儿真正感受和体验到"趣·美"活动中的"趣"与"美"。

三、效果与反思

（一）重新思考"趣·美"的价值

课程是教师的课程，更是幼儿的课程，我们应该充分尊重幼儿，以幼儿为主来进行课程的设计与实施。在"趣·美"特色课程中，我们应重幼儿之趣，美幼儿之性。

1. 重幼儿之趣

"好看的皮囊千篇一律，有趣的灵魂万里挑一。""趣·美"让我们足够尊重幼儿的内心需求，呵护幼儿童趣的天性，并努力帮助幼儿在兴趣发生发展的过程中走好兴趣的三阶段——有趣阶段、乐趣阶段、志趣阶段。

（1）有趣阶段：在有趣阶段，幼儿的兴趣处于感官兴趣阶段，也称直观兴趣。该阶段幼儿可能仅仅被一些外在的形式所吸引，兴趣停留在表层，并不稳定和持久。所以，我们首先要做的是更新和维持。适当地变换创新"趣·美"活动的形式，在形式、材料、环境等多个方面提高活动的吸引力，给予幼儿足够的正面刺激，保持其参与活动的兴趣。

（2）乐趣阶段：在乐趣阶段，幼儿的兴趣处于中间兴趣阶段，也称自觉兴趣，它是在情绪参与下，把兴趣从感官推向了思维，也由此产生了更加持久的兴趣。这一阶段教师应巩固和转移，尝试设计更有趣的活动形式、投入更多的情感，促使幼儿的兴趣更加稳定、持久和投入，逐步转化到更高阶层的兴趣。

（3）志趣阶段：在志趣阶段，幼儿的兴趣处于内在兴趣阶段，也称为潜在兴趣，幼儿能够得到个体真正的满足。志趣是一种更加强大而持久的兴趣，但凡能持续一生的兴趣都属于志趣。而志趣的激发和形成不仅在于有感官和认知能力，更多的是一种深层次的内在动机。所以在这个阶段，教师要做到放手和激发。教师应真正地尊重幼儿，大胆放手，支持幼儿自主地提出、设计、组织、参与、反思"趣·美"活动。在这个阶段，"趣·美"活动就真正成了幼儿自己的活动。

2. 美幼儿之性

"美育可以陶冶幼儿的情操，启迪幼儿的审美感，发展幼儿的欣赏力，培养幼儿的创造力。""趣·美"正是追求这样一种美育育人的价值，尊重幼儿的童心，滋养幼儿的心性。培养幼儿善于发现美，乐于感受美，勇于表达美，敢于创造美，有爱美的心性、知美的情趣、趣美的人生品位。

（1）爱美的心性。在"趣·美"活动的第一层次，我们力求给幼儿发现美、感受美、体验美的机会，设计充满童趣、充满美感的活动，激发启迪幼儿爱美的心性，为其打开一扇发现美丽新世界的大门。如"趣·美"的五节活动，涉及德、智、体、美、劳等五个方面，教师应打开幼儿的视野和通道，鼓励幼儿充分地发现美、感受美、热爱美。

（2）知美的情趣。在充分的感受美、热爱美的基础上，放手让幼儿大胆地表达美、表现美甚至创造美。设计策划、组织开展、反思调整"趣·美"活动的过程，就是幼儿对美的反馈、表现的过程。教师应充分放手、适时支持、积极肯定，让幼儿能够充分表达，逐步成为一个有知美情趣的人。

（3）趣美的人生品位。"趣·美"活动并不只针对一个活动中美的传递、熏陶和创造，更重要的是对幼儿的一个长远、深远美的影响和感召。让幼儿在一系列"趣·美"活动中，不断地感受、享受思维美、文化美、艺术美、道德美、形体美，从而影响并培养幼儿逐渐拥有趣美的人生品位，拥有趣美的一生。

（二）培养全面发展的"趣·美"幼儿

"趣·美"就是要打破传统的美育形式，发现学龄前幼儿真正的兴趣和乐趣所在，探索一条适合学龄前幼儿的美育路径，挖掘适合学龄前幼儿的美育形式，打造几个适合学龄前幼儿的经典美育活动，培养有生活情趣、懂生活乐趣、有创美能力的幼儿。

通过特色课程的实施，我们在问卷调查中发现，100%的幼儿对美育活动感兴趣，90%以上的幼儿懂得欣赏、接纳他人的创作与表现，90%以上的孩子乐于参加美育活动，70%的孩子能够创造性地表现美。较之前各方面都有很大程度的提升，幼儿在"趣·美"活动中的主动性更强，关于美和趣的情感体验更深。幼儿在自主、充分的选择与探索、交流与分享中形成良好的个性品质和行为习惯，形成"活泼的性情、大方的举止、尚美的习惯"的幼儿群体形象，为其终身学习和发展奠定良好的品质和基础。

（三）思考如何进一步打造"趣美朵朵"品牌

我园"十三五"规划中提出的重点项目之一便是"幼儿美育"特色构建：完善"幼儿美育"特色课程体系，丰盈"幼儿美育"内涵建设，打造"幼儿美育"特色品牌。

在实践的过程中，我们日益完善构建了"趣美"特色课程体系，同时也设计了"趣美"五节活动，丰富了"趣美"的价值内涵，但在"趣美朵朵"的特色美育品牌的打造上仍须努力。如何立足幼儿年龄特点以及个体差异，构建更适宜、有趣的幼儿美育活动内容，促进不同年龄段、不同性别、不同发展水平的幼儿表现创造美？如何立足孩子的年龄特点实现简单、有趣、快乐的美育的追求？这些都需要我们进一步实践探索。

📖 参考文献

［1］王旭晓.梁启超"趣味教育"思想对当代美育的启示［J］.杭州师范大学学报（社会科学版），2008（5）：97–100.

［2］梁启超.教育家的自家园地［M］.北京：中华书局（饮冰室合集：第5册），1989.

［3］严碧芳.陈鹤琴的幼儿美育思想述略及其启示［J］.成都大学学报（教育科学版），2007（2）：32–35.

［4］周美英.学前幼儿美育策略研究［J］.教育导刊（下半月），2011（8）：12–14.

［5］席勒.美育书简［M］.北京：中国文联出版公司，1984.

（课题组成员：顾丽霞、沈金燕、顾爱丽、朱丽叶、薛夏珍、徐佳时、潘玉婷、杨莉娜、俞婧婧、施丽春。执笔：顾丽霞）

幼儿园信息素养生活环境文化课程的实践

上海市青浦区商榻幼儿园

一、起步：始于初心

信息素养，如同听说读写能力一样，是信息时代人们必备的能力。

"信息素养本质上就是学会如何学习"，它对于个体终身发展是有益的，是最有价值的能力之一，是我们需要着力之处。在幼儿园的日常教育活动中培育幼儿信息素养，是我们的初心。

童年只有一次，探索不可盲目，研究始于初心。

初心1：《上海市学前教育课程指南》提出，"尝试多途径收集信息、物品与材料，乐意交流和分享"。

初心2：陶行知先生提出"生活即教育"，陈鹤琴先生主张"做中教，做中学，做中求进步"的"活教育"。

初心3：新课堂实验提倡"鼓励学生自己学，教会学生如何学，今后不教也能学"。

初心4：通过对教师、家委会、幼儿等对象的访谈，了解各方对于幼儿信息素养培育的诉求。

在此基础上，我们将幼儿信息素养定位为：蕴含在幼儿园"一日活动"中，蕴含在幼儿园课程中，蕴含在孩子每日经历的生活事件中，借助幼儿感兴趣的、亲身体验的、喜闻乐见的生活事件，通过在各类活动中的探索、体验，让幼儿对生活环境中的信息具有敏感性和兴趣，提高幼儿信息收集、整理、表达与分享的能力，引导幼儿学会自主学习，从而为其终身发展奠定基础。

二、探索：依托生活事件

（一）主要概念界定

1. "生活"内涵

"生活"内涵包含两大关系（人与人，人与物）；三大领域（人与自我、人与自然、人与社会）。

2. 生活事件

生活事件，即幼儿日常生活和一日活动中发生的各类感兴趣的、能够引发共同关注、具有典型性的活动及内容。这里主要指三个方面的内容：我与自己（如穿衣、餐饮、生病、换牙、长高、长大等），我与自然（如动物、植物、天气变化、自然情境等），我与社会（如过生日、喝喜酒、旅游等）。

3. 信息素养

广义的"信息素养"是指一种对信息社会的适应能力。本研究下是指培养幼儿较强的信息意识及主动收集信息的兴趣，使幼儿能多途径收集所需要的信息并对信息进行分类、筛选、统计等简单处理，乐意交流、表达表现信息；使幼儿能运用已有的信息和经验解决一些生活和学习中的问题，在提高信息素养的基础上，逐步学会独立生活与自主学习。

基于对信息素养概念的理解以及依据幼儿学习的特点与需要，明确在我园信息素养培育的核心要素——"幼儿学会如何学习"，即对信息收集、信息整理、信息表达、信息分享能力的培养。

（二）研究以生活事件为载体的幼儿信息收集、整理、表达、分享等基本信息素养的培育

1. 制定幼儿收集、整理、表达、分享等信息素养培育的目标体系，见表1

表1　商榻幼儿园"培育幼儿信息素养"目标体系

总目标：
通过生活事件中的基本信息素养的培育，让幼儿获得终身学习的能力，促进其可持续发展。 （1）乐意探求与个人兴趣、需求相关的信息，并能够多途径、高效地获取信息。 （2）能够运用多种方式（符号、图画、文字等）熟练地筛选、记录信息。 （3）能够准确地、创造性地运用信息解决问题、满足需求，并乐意通过多种方式与周边的人分享信息

年段具体目标：	
小班	对自己的身体构造和周围人、事、物有强烈的好奇心，愿意关注自身的、周围的信息，有初步与人交流的意愿与能力。 （1）热爱生活，喜欢观察周围环境中的不同物品，喜欢问"是什么""为什么"，具有探究世界的好奇心和初步探索行动。 （2）能听懂和会说普通话。 （3）学会倾听他人言语，双目直视对方。 （4）愿意接受成人的指令或要求，大体知道可获得相关信息的来源。 （5）能尝试用多种材料和工具，运用画、折、搭、剪、贴等方法自由地表现熟悉物体的粗略特征
中班	能初步运用图像、符号、数字、绘画、语言等多元方式记录和表达自己获取的信息，乐意与同伴分享自己获取的信息与见解。 （1）亲近自然，对周围世界有强烈好奇心，愿意有目的地观察、收集、记录周围的自然物和自然现象。 （2）乐意并能使用普通话以较完整的语句与周围的人分享自己的所见所闻所想。 （3）知道倾听他人的话也是尊重他人、有礼貌的表现，在群体中能有意识地听与自己有关的信息，初步养成良好的倾听习惯。 （4）能够接受成人包含两步及以上的指令或要求，知道超过一个获得相关信息的来源。 （5）了解图书的作用，能根据连续的画面提供的信息，大致说出故事的情节，能通过阅读获取信息的乐趣。 （6）能通过倾听、观察、主动询问等方法获得自己感兴趣的信息。 （7）能运用绘画、书写、语言等方式，大胆地表达自己的想法。 （8）活动完成后尝试进行回顾和自评
大班	面对生活和学习中遇到的问题或挑战，能先形成简单的假设，通过查阅、实验、调查、讨论、参观等多种方法获取所需要的信息，并对收集的信息进行选择、归类、排序、统计等简单的整理后，对照自己的假设发表自己的观点，尝试解决。 （1）对周围世界有强烈的好奇心，面对任务或挑战，能先形成简单的假设，后开展信息的选择、查询、吸收与表达来验证自己的猜测。 （2）尝试使用收集、处理的信息和已有的生活经验解决一些生活和学习中的问题。 （3）乐于与人交流，能运用普通话大胆地、连续地进行表达，能讲述事件的过程。 （4）能对他人的表达给予积极的反馈或评价。 （5）仔细倾听他人的表达，并与自己的想法、做法进行比较，发现其中的异同。 （6）对于需要解决的问题，在收集信息前进行简单、较为现实的计划。 （7）能看懂图片和图书，并能想象画面以外的情节和内容。 （8）知道网络在搜寻信息方面的强大作用，在成人的帮助下尝试使用。 （9）能运用查阅、探究、操作、调查、参观、实验等方法获取自己需要的信息，积极尝试用新信息解决生活中的问题

续表

大班	（10）进行小组合作，学习小组内的任务分配以获得更多的信息。 （11）能在较长的一段时间内，坚持通过测量、记录等方式，获得一系列信息。 （12）尝试使用图标等方式对数据进行表征。 （13）尝试创造性地使用信息，能将信息用剪报、画报、自制图书等方式创造性地进行组合。 （14）完成信息收集、整理、表达与分享后，尝试进行反思、自评与他评

说明：小班侧重于三大领域中"我与自己"，以观察事物、关注信息、收集信息为主。中班侧重于三大领域中"我与自然"，以整理信息为主，巩固收集信息，配合表达和分享信息。大班侧重于三大领域中"我与社会"，以表达与分享信息为主，提高收集、整理信息的水平。

2. 以生活事件为载体，构建各年龄段生活主题，和相应的信息素养培育的内容与方法

我园"幼儿信息素养培育"的总体框架，主要从"幼儿园一日生活""幼儿日常生活"以及"专项特色活动"三个着力点突破。

（1）"幼儿园一日生活"指幼儿园"一日活动"中的生活活动，主要是指来园、餐饮、睡眠、卫生、离园等。"幼儿日常生活"主要指衣食住行、家庭生活和社会活动等。

这两个活动内容我们均以"生活主题系列"形式展开，通过"我与自己""我与社会""我与自然"三个领域实施研究。

根据幼儿园实际情况，在实施"生活事件"的主题活动过程中，既要创造性地运用新教材，又要力图将发展幼儿信息收集、整理、表达与分享能力的培养融入其中，从而培养幼儿自主学习的能力。

（2）"专项特色活动"指综合运用信息素养的专题性、特色性活动。

通过实践，目前，我们已经开创实践了特色6个"一"活动，开启了新闻坊活动、阿婆茶里嘎三湖活动、小记者社团活动、"瞳言无际"小眼看世界特色活动，创建了幼儿信息资源室、幼儿信息资源库；等等。我们将这些特色项目以"十三五"综改项目及课题研究的方式推进，取得了较好的成效。

现以我园信息素养培育专项特色活动之一"瞳言无际"小眼看世界特色活动项目为例，分享我们的实践做法。

"瞳言无际"小眼看世界特色活动项目是区"十三五"的综改项目，取了"童言无忌"的谐音。这里的"瞳"的含义是"看见"，借指"目光"。我们赋予它的新含义是"上天赐予的第三只眼睛"。即在尊重儿童主体性的同时，给孩子另外一只眼睛，在成人的帮助下，让他们看见生活中更多美好的事物。"际"：字典中的含义是交界、靠边的地方，我们特指没有边界，无限广阔。

我们以"瞳言无际"项目为载体，创设更多的机会与平台，鼓励孩子大胆地想、大胆地说、大胆地做，成为"奇思妙想""能说会道""敢做有为"的社会小公民。

为激发孩子们用一双慧眼看五彩斑斓的世界，我们带着孩子走出校园，借助问题式的小任务，以个人、团队或亲子的方式鼓励他们通过看、拍、画、记、问、说、做等方式进行探索、体验，引导他们运用信息解决问题、完成任务，并鼓励他们大胆地表达、分享对朋友、家人、家乡、热点事件的认识与想法。

截止到目前，"瞳言无际"小眼看世界特色活动共开展了五场："探秘古镇朱家角""我爱家乡蔡浜行""阳光徒步，携爱同行""红星闪闪，乐行绿舟""品玩乡味"。

3. 幼儿园培育幼儿信息素养的实施策略

（1）活动开始阶段。

① 扩展活动的开放性。开放性的活动具有一种不确定性，可为幼儿提供自由选择的机会。因为有了更多的选择机会，幼儿往往会表现出更多自主性，更从容地使用信息的采集和分析来拓展自己认知活动的可能空间，获得选择和调节策略的机会，并能对学习效果进行检查和反馈。

② 鼓励幼儿提出问题。在活动前，教师应对活动内容进行提问并鼓励幼儿自我提问、相互提问，让幼儿充分感受有关活动知识内容的"知的体验"与"不知的体验"，聚焦信息收集的方向。对于大年段的孩子，还可鼓励他们提出自己的猜测或假设。

③ 精心设计任务难度。如果为幼儿提供的活动任务过于简单，幼儿常常不需要经过计划和思考就能完成，也就不会有发展认知策略的机会；而如果为幼儿提供的活动任务难度过大，会造成对幼儿心理加工容量和资源的透支，更谈不上认知策略的发展。难度适中意味着当前的活动任务落在幼儿的"最近发展区"内，需要幼儿反复审视任务、现有资源与所需信息，经思考计划、选择策略和适当调节才能完成。在这样的活动中，幼儿的认知兴趣较为浓厚，认知负担不是很大，便于他们有较大的空间进行认知策略的发展。

（2）活动开展阶段。

① 引导幼儿根据任务性质和自己的认知特点展开讨论，制订计划。小年龄

段的孩子，教师可引导其展开讨论，使大家的想法相互补充，达成有效开展信息收集活动的作用；大年龄段的孩子，教师应首先引导其认识任务的性质和特点，再引导他们了解自己的认知特点和与活动任务相关的知识经验。这其实就是帮助幼儿丰富元认知知识，在此基础上制订的计划才是适合每个幼儿自身的计划。这也有助于教师根据自身的条件设置认知目标，选择认知策略，安排认知时间，监控认知进程。

②拓宽空间，延长时间，拓展平台，多方位查找资料。通过参观、调查、采访、家长帮助等办法，为孩子们提供广阔的空间，支持他们用各种方法查找资料，解决问题。如鼓励幼儿用自己的生活经验去探索，通过多种途径去查找图书、照片、VCD、图片等。跟家长交流新主题的内容，取得家长的支持，使家长与幼儿一起收集材料。

③鼓励幼儿边活动，边讨论，边改进。教师可适时提出"活动进展如何""遇到什么困难""有什么解决方法"等，让幼儿进一步聚焦遇到的问题与可能的解决办法，这是对他们信息收集活动的支持，更是对他们主动学习、主动思考的情感支持。

④提示幼儿用各种方式记录自己的活动过程。可让幼儿在活动的过程中边做边记录，记录的方式可以是文字、符号、图画或其他任何幼儿感兴趣的方式。这有助于幼儿在活动过程中始终将注意力集中在当前的活动任务上。同时，及时记录也可为幼儿在与同伴、教师的交流讨论以及自我评价时提供依据。

（3）活动结束与反思阶段。

①回顾—反思。

帮助孩子反思："自己是否干得不错""有没有更好的方法""别人是怎么干的"等问题，让幼儿有效果、效率地体验。

教师自主反思"是否达到了预期目标？""幼儿学到了什么知识？所学到的知识是不是终身受益？""家长的评价如何？""幼儿能否保持对主题探索的兴趣？主题能否继续延伸？"等问题，为今后的改进提供方向。

②分类—展示。

引导幼儿对所收集的信息进行分类和整理。大年龄段的孩子，可让他们学着用简单的表格、图画储存信息，进一步提高他们对信息的处理能力。

另外，我园信息技术较强，可凭借制作微视频方面积累的经验，将过程中每个阶段的成果、幼儿作品、相片、家长的参与等内容制作成微视频，作为今后学习、总结、评估的依据，也为家长了解孩子的学习发展提供窗口！

③ 记录—成长。

完善《幼儿个人成长档案》。仔细观察孩子的"寻常时刻"，了解孩子的兴趣、需要、已有经验，做好观察记录，分析孩子的个性特点，以便更好地实施教育。与此同时也起到了家园互动作用，让家长更加了解幼儿的点滴进步！

三、收获：信息素养萌发绽放

1. 幼儿具有初步的信息意识和能力，呈现出"现代中国人"的气息

三年多的课题实践和研究促进了幼儿信息意识的萌发，使幼儿对信息收集、整理、表达与分享产生兴趣并内化为基本素养，使幼儿的思维方式、主动学习的态度有了明显的进步。幼儿集体展现的主体精神、科学的思维方式、处理信息的意识与能力、人际交往的互助与分享等，成为"现代中国人"的雏形，为孩子的可持续发展奠定基础。

2. 教师的信息素质有所提高，并在指导幼儿的信息活动中发挥作用

（1）教师在课题研究中，教育观念、专业能力特别是教师相应信息素养能力不断提升，积累了培育幼儿基本信息素养的经验与方法策略，牢固地树立了促进幼儿长远发展的教育观念。

（2）在课题研究过程中，课题组教师的教科研水平不断提高。课题活动设计"了不起的交通警"获2016年国家级精品课程；"瞳言无际"小眼看世界特色实践活动被列为区"十三五"综改项目；本课题所属的三个子课题都获区级课题立项并已顺利结题；10余篇文章在区级以上征文中获奖。教师的整体素质从传统化向现代信息化方向发展。

3. 家长的信息意识与能力在配合课题的研究中得到不同程度的增强

家长的教育理念和方法逐渐发生改变，认识到让孩子自主学习、学会学习对孩子终身发展的巨大作用，能积极关注、配合学校相关活动的开展。

4. 幼儿园办学水平不断提升，形成"幼儿信息素养培育"的办学特色

本课题成为区级重点课题之后，在课题组成员的积极行动下，开创了一条富有特色的研究、实践之路，把课题研究融入基础课程实施中，使得基础课程的实践更丰满、扎实，在此基础上不断开创特色专题活动，在孩子、教师受益与发展的同时，也获家长、社会的一致好评，丰富了学校教育内涵，提升了学校的办学质量，并初步形成"幼儿信息素养培育"的办学特色。

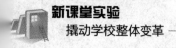

四、反思与展望

虽然我们在学龄前儿童信息素养启蒙培育方面有了一些经验与方法，但是如何进行有效评价学习资源库的家园共享网络平台建设，限于时间、实践研究尚未成熟，有待今后继续探索。

幼儿园、家庭双方合力，培育幼儿基本信息素养是一项长期而艰巨的任务，针对农村幼儿家庭教育现状，需要在研究成果的持续作用上进一步地做推广研究和家教指导。

在培育幼儿信息素养上，将深入衣、食、住、行、（环）境生活事件中，通过看、听、闻、摸、尝等方式去搜集、整理、表达与分享信息，使其更具实际的操作应用价值。

在课题研究的道路上，我们初步凝练出本园的办学特色，并将秉承新课堂"不仅让学生学得好，还要让其人生走得远"的理想信念，不断丰富幼儿信息素养培育的内涵，在改革路上实践探索，砥砺前行。

参考文献

［1］中华人民共和国教育部.3～6岁儿童学习与发展指南［S］.北京：中华人民共和国教育部，2013.

［2］教育部基础教育司.幼儿园教育指导纲要解读［S］.南京：江苏教育出版社，2002.

［3］张红岩，张军辉，张新明.幼儿信息素养教育现状分析及对策研究［J］.软件导刊，2006，（8）.

（课题组成员：姚春玲、黄开宇、徐春霞、蒋至欢、陈军艳、王英、叶晓恩、陆雅英、沈玉婷。执笔：姚春玲）

第六章

坚守学生立场，促进个性发展

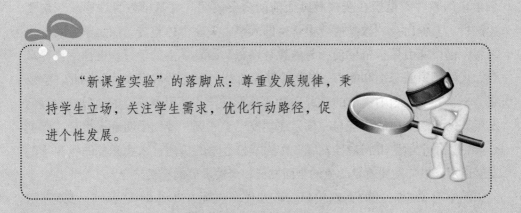

　　"新课堂实验"的落脚点：尊重发展规律，秉持学生立场，关注学生需求，优化行动路径，促进个性发展。

基于学生个体差异的新课堂实验探索

上海市青浦区东湖中学

一、问题促发思考：尊重差异，让每一名学生得到最佳发展

传统的课堂教学中，教师是知识的传授者，学生只是被动地遵从、模仿和记忆，学生独立学习能力差，体验性学习活动少，造成学生学习兴趣缺乏。青浦区"新课堂实验"中"为学而教"直指课堂教学的核心，是教与学的"黄金平衡点"。教从"学"始，依"学"展开，为"学"而教。要实现"为学而教，少教多学，鼓励挑战性学习"的课堂教学目标，教师须精准地把握学科逻辑知识主干和核心概念，以学生的学习性来定教，以学生的学习基础来施教，给予情意和认知双关怀，从而激发学生的智慧潜能，促进学生最优化发展。

青浦区东湖中学是一所普通高中，学生之间差异较大，学生偏科现象严重，每一名学生都有某一方面的优势，但也不乏薄弱之处。如何创造适合每一名学生的教育，是摆在全校教师面前的重要问题。《基础教育课程改革纲要（试行）》提出："教师应尊重学生的人格，关注个体差异，满足学生的学习需要，创设能引导学生主动参与的教育环境，激发学生的学习积极性，培养掌握和运用知识的态度和能力，使每个学生都能得到充分的发展。"因此，学校在"十二五"规划中提出的教育理念"尊重差异、享用差异，推动学校的特色发展"的基础上加以丰富与深化，在学校"十三五"规划中明确提出将"尊重差异，让每个学生得到最佳发展"作为学校办学的价值追求和学校的教育特色发展追求。最佳发展就是学生的全面发展和个性发展的有机结合。

教学对象中出现的客观差异，该如何解决呢？布鲁姆认为，针对差异问题，关键不在于是否承认差异的存在，而在于怎样看待这些差异。为了切实解决教学要求的整齐划一性与学生实际学习差异性之间的矛盾，使每一名学生得

到最佳发展，东湖中学开展了"基于学生个体差异的新课堂实验探索"。

差异教学"以学为中心"，关注"教如何更好地为学服务"。这一"教与学"的过程中，教师与学生是平等的，教师以"服务于学生"作为教学的出发点，既看到学生的共性，也看到学生的差异，既立足于学生的差异，又不消极地适应学生差异，而谋求创造种种条件，让每个学生的潜能都得到充分的发展。这一新课堂实验探索使教师加深对学生个体差异的理解，增强教师对学生个别化教学策略的思考，从而有效地提高教学效果。同时，这一探索也在不断地改变学生的学习方式，使学生逐渐变得善学、会学，从而使学生的学习能力和综合素质得到提高。

二、优化行动路径：善用差异，让每一个学生都出彩

基于学生个体差异的新课堂实验探索旨在将"为学而教，少教多学，鼓励挑战性学习"取向的新课堂实验融入教育教学实践，教学中将共性与个性辩证地统一起来，将学生差异看作教学资源，并将其列入教学组成部分，尊重差异，理解差异，在差异的基础上寻求沟通与合作，最终形成差异发展。

东湖中学围绕"为学而教，在改进课堂教学中实施差异教学"，以"导学案""校本作业""特色课程"为载体，驱动学生主动学习、探究学习、深度学习。

（一）导学案

导学案是指以导学为方式，以学案为抓手，引导师生共同合作完成教学目标。导学案强调以学生为中心，以导促学、以学定教，先学后教、当堂训练，强调学生的"学"和教师的"导"，有助于引导学生自主学习、合作探究、展示交流、梳理知识。导学案使学生能根据自己的学习能力进行主干知识整理、"以问拓思，因问造势"的问题探究、阅读思考及复习巩固。

东湖中学各学科教研组在设计导学案时，积极贯彻"差异教学"，在设计学生共同的学习目标、内容、活动时，立足群体中的个体，尊重学生的差异，针对学生的个体差异进行选择和调整，将教学中的共性与个性辩证统一，让不同层次的学生都能获得成功的体验，促进全体学生的发展。具体的做法如下：

1. 自习设计先导

教师在学生自习前提供自习提纲，设计一些问题，让学生互帮互学。同时，教师加以检验，了解学生的学习情况，根据学生学习基础和能力的差异，进行有针对性的指导和开展有针对性的互帮互学活动。理科预习主要强调复习

与本节课相关的旧知识来解决学生的课前准备。文科的预习则强调对文本的阅读和与文本相关的资料的查阅。《导学单》中提出两个问题：一是预习后还不理解的知识点是什么；二是对本课知识提出的问题是什么。通过这两个问题了解学生的预习情况。同时，在课堂教学中根据学生对知识认识的差异来设计课堂活动中的问题，即通过预习这个环节组织学生把不同的想法都提出来，促进教学过程的优化。

2. 课堂质疑

师生互动根据不同层次学生的知识基础和理解水平的差异进行设疑，这样可以启发学生的思维，提高学生思维的层次。物理组教师在"牛顿第三定律"的教学中，为了研究两个物体撞击时，物体间相互作用力的关系，拍摄了一段鸡蛋碰石头的视频作为情境。在提出"鸡蛋与石头间的相互作用力大小是否相等"的问题时，学生的思维被充分调动起来，学生的差异让课堂充满了疑问和争论。最后，让学生利用数字化信息系统做实验来验证观点。

3. 讨论交流

讨论交流是把课堂还给学生的一种方式，可以碰撞思维，增进友谊，促进学习。如数学课的作业讨论在课前5分钟进行，讨论对象为中等及中等以下难度的题，学生可以采取兵帮兵，形成一教一、一教多、多教一的讨论形式。这样，不但节省了时间，提升了兴趣，小老师们还更深地理解了知识点。例题讨论则针对中等以上难度的题目，学生需要跳一跳才可以解决，讨论时某个同学不经意的一个提示就可能引出思路，解决问题，极大地刺激了学生的学习兴趣和自豪感。同时，不同的学生可以展示不同的看法，差异在这里得以充分展现。

4. 复习学案的设计

学校化学教研组在高三复习时尝试学案复习，根据学生不同的知识水平、能力水平和心理特征等进行设计编排，其中包含知识板块、复习要求、问题探究或例题解析、规律总结、课堂练习和课后巩固练习等主要内容。学案复习深受学生的欢迎，这种方法省去了学生课堂狂记笔记的时间，增加了学生的思维容量，有效地提高复习效率和质量。

导学案帮助学生课前有目的地进行预习，有准备地听课。学生积极参加教学活动，真正变成了课堂的主人。导学案上课前预习、课中互动的学习要求，既有要求共同完成的部分，也有凸显学生差异的要求，学生通过质疑、释疑来激发其思维。在教师的指导下，学生自主地学习，这是提升学习效率的关键。

（二）校本作业

加强教学有效性，减负增效，已成为现代教育高度关注的问题。为了更好地解决这个问题，近年来，我区在"青浦实验"的基础上又提出"学科建设"，其落脚点是有效课堂和有效作业。作业是教学五环节中的一个重要环节，既是对备课、上课有效性的检验，也是辅导和检测的依据。作业的设置是对教师对教材和学生把握以及教师专业化水平的考量，作业的有效性又是对备课和上课有效性的检测。作为教师，重视作业的精选，布置适量、适合的作业不仅可以检查学生的认知水平，还可以提高学生的学习兴趣，真正做到减负增效。普通高中的学生偏科现象严重，学习习惯问题较大，因此如何改善和优化作业设计，真正提高作业的效能，是我们近年来一直思考和实践的问题。

1. 清晰地认识课堂教学的核心，明确校本作业的设计标向

教师要明确，教师的教要紧紧围绕学生的"学"，要在"为学而教"这个主线的引领下，找到教与学的"黄金平衡点"，给予每一个学生真正的关怀和帮助，激发出学生的智慧潜能，促进学生最优化发展。连贯一致的《导学单》和校本作业就是用来帮助教师基于内容、学情、情境进行有层次、有类别的学习支架设计，加强教学的连贯性、一致性、针对性和对学生独立学习能力的培养的。

2. 分步实施，凸显学科特点

（1）明确学校对作业设计的基本要求。没有作业，再好的课堂学习，随着时间的推移，知识也会淡忘、能力也会落空，而作业过多、过滥又会增加学生的负担，削弱学生的学习兴趣。学校教研组、备课组依据学校实际并在组内教师们的共同探讨下，达成作业设计的三要素。

一是针对性。教师设计的作业要切合教学目标，使学生通过做作业，有效地巩固和深化课堂教学成果。同时，各科的作业量要适中，教师在布置单科作业时要考虑学生的负担，不宜用"题海战术"。

二是层次性。同样的年级、同样的班级，不同学生的学习能力存在差异。作业要尊重学生的个性差异，建立多层次的作业结构，把握好难易度，增加作业的弹性，凸显人文关怀。针对学生学习能力和基础的差异，我们坚持分层作业：把作业主要分成基础题和拓展题两种难度的作业，基础题是每个学生必须掌握的，拓展题学生可根据实际水平有选择地去做。当然，对成绩较差的学生，也应适当降低难度，让他们也尝到完成作业的乐趣，在体验成功中激发学习动力。同时，同样内容的作业对学生要有不同的要求，如计算题和实验设计题中要求一般学生一题一解，优秀学生一题多解、一题多变，中等学生尽力解法多样。这样，既照顾了学生的个体差异，又有利于不同类型学生的发展。

三是多样性。传统作业形式较单一，学生对学习缺乏兴趣。实践表明，我们完全可以根据学科特点和学生的认知规律来设计作业，如设计一些软性作业、思考性作业、动手实验和动手制作作业等。

（2）学科作业设计要凸显学科特点，并在实践中逐步完善和提高。我校各教研组根据学科的特点来设计作业，譬如语文学科注重课前预习、课中思辨和课后拓展作业，以培养学生良好的阅读习惯和语言表达能力；生物学科注重《课前预习单》设计、课中思辨和探究、课后面对面活动，实践表明，效果良好；英语学科根据课标和考纲确定单元目标，根据单元目标设计学生作业；数理化学科注重课中探究和课后巩固练习，以培养学生的探究、归纳和应用能力；等等。

3. 整体推进，完善制度保障

（1）通过问卷调查，反馈教师作业布置的质和量。为了更有效地开展学生作业情况的日常诊断，将作业的主体——学生，作为调查分析对象，设计包括"作业布置、作业量、作业批改和反馈、作业有效性"等问题，教导处每学期组织调查、统计，并及时与教师反馈相关情况，从而构建基于学生对作业布置和批阅评价的质量管理机制。

（2）通过教研组考核评优制度，保证教师参与面和参与力度。根据课标和教学目标组编题目，教学评价围绕教学目标展开。组编校本作业的过程本身就是一个再学习、再提高的过程，因此每个教师都要参与其中。通过组编校本作业，教师可以更好地理解课标，能真正明白编题的目的并正确使用。对教研组的考核，可以唤起教研组每位教师的职责之心，激发他们的才能，从而保证教师的参与面和参与力度。

（3）通过绩效导向，激励教师有创新、有活力地去做。组编作业也是一项创新工作，需要把关教师有认真和负责的工作态度。学校对这些教师的奖励也是对他们认真工作的肯定，以激励他们更有活力、有创新地去做，同时引导其他教师投入到这项工作之中。因为这项工作需要集体的智慧，需要大家在课堂实践中逐步完善和优化。

优化作业设计最终的受益者是学生，在让学生体验成功，调动学生学习的积极性和主动性，激发学生学习自主性的同时，可以使我们的课堂更精彩，使我们的教学更有效。

（三）特色课程

学校在"尊重差异，让每一个学生得到最佳发展"的办学理念指导下，完善并实施重基础、多样化、有层次、互补性强的学校课程方案。以特色课程为抓手，注重学生的个体差异，着眼于学生的未来和终身发展，让每个学生得到最佳发展。

1. 美术特色课程

高一开设美术兴趣班，发现有美术兴趣与艺术潜力的学生并加以专业指导，在高二进行针对性的专业训练，到高三单独成立美术班。美术学习进行强化训练，文化课则进行分层与分类指导。

2. 体育特色课程

对体育运动有特长的学生进行专业训练，满足有运动潜质学生的需求。我校是青浦区唯一一所进行田径项目经常性训练的高中，为高三学生的自主选择奠定基础，为这部分学生的个性需求提供必要的支持。

3. 创新实验科技特色课程

创新实验科技特色课程为学生提供了新的平台。由"九星达人"吕善荣老师带领的团队在创新实验中屡获全国奖励；学生参与的创新实验科技项目更是令学生的技能得到了锻炼。学校通过邀请中科院有机所研究员、创新实验方面的市级专家来校开办讲座，让学生与科学家、市级专家近距离接触，面对面地交流，使学生创新能力、创新思维、创新实践体验的能力得到培养和发展。我校"生活中的化学实验社团"的课题"紫甘蓝花青素的提取及在酸碱滴定中的应用初探"通过上海市第四批明日科技之星——科技拓展培育基地项目验收。该社团两位成员获2016年上海市第31届上海市青少年科技创新大赛三等奖。三位学生共同申请的"鱼鳞中胶原蛋白的提取及性质研究"课题成功入围2016年上海市青少年科学研究院科技创新项目，顺利通过B类（高校导师指导类）项目面试。两位同学共同申请的"DNA粗提取改良方法的探究"课题通过C类项目（自主探究类项目）的面试。

4. 法治教育特色课程

法治教育是我校的传统优势项目。我校被评为上海市中小学法治教育特色项目学校。学校法治社成员自2002年起在十三次青浦区的中学生法律知识竞赛中挺进决赛，并获得好成绩。自2009年起每年代表青浦区参加市级比赛，5次挺进市总决赛。2014年，青浦区为表彰学校在法治教育方面的成绩，将青浦区中学生法律知识竞赛命名为"东湖杯"。

5. 舞龙特色课程

学校龙腾社参加了每年校运会开幕式表演、历届高一素质教育活动文艺演出、社区活动表演以及区阳光体育展示活动。在此基础上，我校把舞龙引入校园，引进课堂，编写成校本教材，并在全校推广普及。近两年，学校获得了"第五届全国中小学体育教学观摩展示活动"上海市一等奖、全国三等奖；参加了全国中小学学科德育精品课程，并获得优秀精品课程称号；学校的"龙腾社"也被评为青浦区"青青校园·社团文化节"优秀社团。

三、效果与反思：坚守学生立场，促进个性发展

1. 效果

在对学生个体差异做调查、研究的基础上，东湖中学开展了一系列相关的教育教学活动，均取得了很大的成功。学校编辑出版了《关注学生差异，实现教学相长——青年教师教案集》；举办了"尊重差异、享用差异，推动学校特色发展"——第六届青浦教育论坛东湖中学分会场的现场会；与区教师进修学院教研室联手举办了立足我校教学周基础上的"用好差异、优化过程、合作互动、提升学力"——青浦区中学"有效课堂"现场研讨活动；编辑出版了《营造良好育人环境，推动学校特色发展》；举行了青浦区"法律进学校"现场会，充分展示了我校法治教育活动的特色与成果；举行了"尊重差异，优化设计，提升学力"教学研讨活动；举行了"目标引领教学方向，评价促进学习增效"的青浦区高中学科建设主题研讨活动现场会；连续举办了四届东湖中学教育教学论坛，围绕学校"尊重差异，享用差异"的特色，深入贯彻青浦新课堂实验"以学定教，少教多学，鼓励挑战性学习"的理念，主要针对提高课堂教学有效性和班主任如何有效教育学生等方面进行交流和探讨，推动"激发学生学习自主性"研究，促进教师们在反思中历练，在历练中成长。

学校办学理念不断更新完善。近年来，学校立足师生之本，积极探索差异教育，在尊重与善待学生差异的基础上，对学生实施有差异的教育，促进学生有差异地发展。同时，重视教师的发展，在对教师的培养中力求"凸显差异，激发教师个性发展的动力；求同存异，实现教师个性的和谐发展"。2010年，在"尊重差异、享用差异，推动学校特色发展"区级层面的研讨会后，教师的认识发生了根本变化，现在学校教师把差异作为资源来利用，学生有差异，教育才有挑战，课堂才有活力。同样，教师的差异也是一种宝贵的教育资源，"尊重差异，让每个学生得到最佳发展"，成为我校提升办学质量的核心理念。

2. 反思

这几年，虽然学校在基于学生个体差异的新课堂实验探索方面取得了一些成绩，导学案的设计与应用、校本作业的设计与使用、特色课程的开发与应用在校园内全面铺开，但还有许多地方有待提升与改进。如何更好地运用课堂中的差异教学策略，如开放与可选择的学习内容、分层与分类学习活动、多样化教学方法与手段、教师协作与学生合作等，来针对学生差异实施教学。此外，在差异教学中，差异教学的多元评价也是一大重要因素。如如何做好差异评估，以何种方式测查学生的准备情况、学习兴趣、学习风格，同时兼顾学生的思考能力、分析和解决问题的能力、动手能力，如何评价学生的探索精神、创新能力，等等。

正是在不断地思考、应用、总结、反思中，我们逐渐认识到关注差异、多元发展，让每一个学生都获得成功是我们的选择。学校在已有特色的基础上，继续立足师生，沿着"关注学生差异"这一条主线，积极实践与探索，深入挖掘师生的潜力，不断激发师生的积极性、主动性和创造性，逐步形成着眼于学生、教师和学校可持续发展的教育教学特色，努力提高教育教学品质，真正做到"以人为本"，促进学生、教师和学校更好更快地发展。

参考文献

［1］杨雄.上海中小学生学业负担现状［J］.青年研究，1996（12）.

［2］郑逸农.高中生的学业负担与教育对策［J］.上海教育科研，1998（7）.

［3］曾继耘.学生个体差异：研究方法与基本结构［J］.课程·教材·教法，2006（3）.

［4］张海晨，李炳亭.高效课堂导学案设计［M］.济南：山东文艺出版社，2010.

（课题组成员：周引根、阮黎萍、李爱华、陈忠林、顾驰聘、刘莉。执笔：阮黎萍）

运用"学习故事"支持幼儿个别化学习的实践

上海市青浦区华新幼儿园

一、聚焦核心问题：个别化学习

"学习故事"由新西兰学前教育学者卡尔提出，这是一种用来记录、评价和支持儿童学习的方式。"学习故事"既是一种评价儿童的方法，也是一种研究方法。"学习故事"作为一种叙事性评价方式，为教师提供了一种观察与解读幼儿学习行为的方法。

个别化学习活动是教师根据主题目标和幼儿的发展水平，有目的地创设环境、投放材料，让幼儿与环境、材料以及幼儿与幼儿之间进行有效互动的学习方式。多年来，我们教研组一直致力于个别化学习活动的实践与研究，围绕个别化学习"环境、材料的创设"和"幼儿与环境互动中的行为解读与跟进策略"等内容分阶段开展专题教研。

随着研究的不断深入，我们认识到，个别化学习的主体是孩子，顺应孩子的学习兴趣、学习方式才能更好地推动幼儿的发展。而我们一贯的实践方式，多是设定好目标，创设环境与材料，在观察、分析中了解孩子与目标之间的差距从而进行优化调整。这种实践方式是顺应目标而非顺应孩子，指向的是活动的结果而非孩子自主探究的过程。因而，我们必须从源头上，从教师的视角上进行改变。

"学习故事"所关注的是儿童能做什么，而不是他们不能做什么，它将教师的视角从聚焦幼儿的薄弱环节转变为关注幼儿的兴趣点和优势，指向幼儿自主探索的过程。"学习故事"能帮助教师更有效地观察与支持幼儿的个别化学习。

二、展开核心实践：运用学习故事

（一）调查问题现状，以多样化培训为依托积淀理论基础

"学习故事"是一种叙事性评价，需要教师关注幼儿的学习过程并进行"注意—识别—回应"。在教研过程中，教师要尝试以图文的方式记录幼儿的学习过程，形成学习故事，但由于对为什么要写"学习故事"、如何撰写不明确，学习故事的质量欠缺，教研缺乏一定的深度。

为此，我们邀请园内外专家开展"运用'学习故事'有效观察与支持幼儿个别化学习——幼儿学习故事怎么写"系列研训活动。通过对教育理念、核心要素的梳理解读，对"学习故事"的学习与分析，我们帮助教师理解与把握"学习故事"的"注意—识别—回应"，使教师对"学习故事"进一步了解，为教研组后续深入实践研究，推进教研实效奠定了基础。

（二）明确实践任务，以教研话题为引领开展阶段性研究

在实践的过程中，我们以"区教研室个别化学习观察路径"为指引，引领教师围绕观察要素有目的地观察、记录、撰写学习故事，梳理提供解读幼儿的要点以及研讨话题，使教研富有实效。同时，引领教师对学习行为进行分析、评价、反思，基于幼儿的学习兴趣、能力和经验，改善环境材料。

每个主题下开展三次实践研讨活动，对重点材料进行观察记录、改善调整。每次研讨围绕重点解决推进。每位教师要结合本班幼儿的活动情况，拍摄好活动视频，撰写"学习故事"。重点班级要开展现场的重点观察和记录，便于开展共同的观察解读。

每一次教研活动都精心设计研讨话题，聚焦问题开展研讨与分析，结合"学习故事"的分享，进一步识别幼儿的行为表现，以提升教研实效，见表1。

表1　分享"学习故事"，提升教研实效

进程	解决问题	研讨话题
第一次教研	聚焦核心经验，研讨、完善环境材料	1. 这一素材点的核心经验有哪些？幼儿现有能力水平如何？期望通过环境材料达成什么？（价值） 2. 提供哪些多元化材料支持孩子达成目标？（目标与材料的关系） 3. 用怎样的方式呈现环境，才能让孩子游戏起来？（年龄特点）

续 表

进程	解决问题	研讨话题
第二次教研	观察、记录"学习故事",集体研讨完善	1. 注意: 幼儿是如何与材料、同伴、教师进行互动的? 2. 识别: 幼儿的行为表现是怎样的?行为背后反映的幼儿的核心经验是怎样的?(具体围绕"分析解读幼儿要素"展开) 3. 回应: 基于幼儿的学习兴趣、能力和经验,为支持幼儿学习,下一步该怎么做? (1)如何使材料丰富适宜、可玩多元,满足每位幼儿的自主选择,让幼儿真正地游戏起来? (2)如何让材料与幼儿的学习经历和生活经验相联系,与幼儿的发展水平和学习特点相符? (3)存在什么问题?如何调整,促使幼儿核心经验更好地达成,使幼儿的学习更有效?
第三次教研	观察、记录"学习故事",集体研讨完善	1. 注意: "学习故事"分享:幼儿是如何与材料、与教师进行互动的? 2. 识别: 经过上一轮的改善,幼儿的行为发生了哪些变化? (1)幼儿的行为表现是怎样的? (2)幼儿已解决哪些问题?是怎么解决的?幼儿是否进一步获得经验提升? (3)还遇到了什么困难?可能的原因是什么? 3. 回应: 目前还存在什么问题?基于幼儿的学习兴趣、能力和经验,后续如何调整、支持、推进幼儿进一步的学习和发展?

随着个别化研讨的不断实践与积累,教师在"学习故事"的梳理以及对幼儿的观察与支持上有了逐步的改善。

1. 注意先行,明确重点,捕捉发现有价值的行为

在材料设计优质的基础上,我们围绕重点观察的环境材料,观察实录幼儿的学习过程、状态与结果,进行客观、详细的记录。仔细观察幼儿在某一时间段内与材料、与同伴互动的过程,详细地记录和描述幼儿行为、语言、表情等细节。以平白直叙的方式记录具体的时间节点、行为方式、新的方法、新的发现等关键点。

在观察记录的过程中,教师的观察重点是明确的,记录是客观的,应抛开个人的主观臆断,捕捉发现有价值的行为。

比如，在"熊猫百货商店"这个素材点下，我们创设了为动物朋友设计、制作适合的服饰（帽子、围巾等）的活动情境与材料。教师重点对幼儿材料的选择以及制作表现进行了观察记录。

案例 1 给小兔找腰带

一个孩子选择了绿色的腰带，一手拿一头，放在小兔的腰部，从前面往后面一围，又绕到小兔的背后看了看，说："太短了，不是小兔的腰带。"于是，她又换了一根玫红色的腰带，拿住腰带的一头，从小兔的前面绕到其后面，又很快发现："太长了。"最后，她选了粉红色的腰带，从前往后一量，高兴地说："这条正好。"

分析：这段观察清晰地再现了幼儿活动的过程，从幼儿选择材料的顺序到测量的方法都进行了详细的描述。

案例 2 装扮长颈鹿

依依对着长颈鹿看了一下，在装有不同长度底板的篮子里选了一条橙色的卡纸，在长颈鹿的脖子上比画起来。由于卡纸比较长，她在长颈鹿的脖子上绕了两圈，并且拉着多出来的两端碰了碰，确认能够碰上之后，解了下来，把底板放在桌子上开始装饰。

分析：同样是选择材料，这段描述给我们展现了另一个有性格特质的孩子与材料互动时的行为表现，行为背后隐藏的含义值得我们进一步分析思考：提供的半成品材料到底如何能够顺应幼儿的学习方式、推进核心经验的建构？是固定不同长度让幼儿比对、选择，还是提供整段长度的材料让幼儿按需剪裁？教师对有价值行为的捕捉，为我们的研讨提供了良好的基础保障。

2. 识别到位，分析解读，了解幼儿的内在需求

对于个别化材料的分析离不开对幼儿行为的有效识别，我们只有读懂幼儿、了解幼儿，才能更好地通过进一步优化材料与环境来推动幼儿。因此，基于对幼儿行为的观察，我们要进一步分析解读，了解幼儿内在的需求。

结合问题的引领，教师对幼儿行为的识别有了方向和重点：

（1）幼儿是否积极主动、自主选择、乐于探究，有想象力，有创造性？（兴趣）

（2）幼儿是否专注投入，有一定的计划性和坚持性？（计划）

（3）幼儿对材料操作和使用的行为水平是怎样的？获得了哪些核心经验？

（能力和经验）

（4）幼儿遇到了什么困难？可能的原因是什么？（内在需求）

在这些问题的引领下，我们对于幼儿行为背后的分析有了更深入的思考。

比如，在个别化"装修工人"的活动过程中，教师提供了纸箱房子、颜料、刷子、手工纸砖块（1~6等分，6种不同的长度）、线描图片、房子图片等材料，引导孩子选择自己喜欢的方式进行制作和装扮。教师结合幼儿的行为进行识别：

（1）幼儿对装扮房子有很大的兴趣，装扮前有一定的目的，能够选择自己喜欢的方式进行模仿（幼儿在选择之前先看了一下教师提供的图片）。

（2）幼儿喜欢使用线描的方法进行装扮。对于线描的画法有一定的经验，关注图形的变化多于关注线条粗细的变化。幼儿对于中班幼儿而言，精心化的表现还未能引起幼儿更多的关注。这与幼儿的年龄段发展水平有关。幼儿选择了一块粉色的"墙砖"，把它用线条分成了四格，又在每一个格子里分小格子，最后在每个小格子里画上爱心、圆圈等图形。从始至终孩子都是用粗的线条来进行描绘，对环境中暗示的粗细交替的表现方式并不理会。

（3）幼儿贴墙砖时能发现砖块有大小，并且有一定的规律。教师提供的墙砖虽然是等比的，但是上面并没有标有相应的数字，幼儿选择大小不一的墙砖贴到墙面上，是以目测大小来判断的，而非根据6的等分有目的地选择。幼儿贴得十分仔细。贴了一块小的砖块，又拿起了一块长一点儿的砖块贴在剩下的部分里。发现还缺一块，又选了一块差不多大小的贴了上去，正好贴满一条。用这样的方法，幼儿很快就贴好了一面。

通过识别，我们对幼儿行为背后所呈现的特质、幼儿的学习方式和内在需求有了比较清晰的了解，这也为后续的优化调整明确了方向。

3. 回应准确，优化调整，促进幼儿经验的提升

在个别化实践的过程中，我们悉心观察，识别幼儿行为并进行分析反思，基于幼儿不断完善环境与材料，促进幼儿核心经验的提升，满足每位幼儿的自主选择、自主探索。

比如，个别化材料"双手真有用"，为了让幼儿体验手的灵巧，我们在原来提供手影材料的基础上增加故事情境的手影表演视频，结合直观的手影故事表演激发幼儿自主表演。同时，为了进一步支持幼儿，我们提供适合中班幼儿表现的表演图解，投影舞台环境，便于幼儿尝试表现，感受手的灵巧与有趣。

再比如，"熊猫百货商店"在原先提供不同尺寸的帽子、围巾、皮带底板的基础上，为幼儿提供不同宽度的整卷原材料，让幼儿根据需要来剪裁长度，凸显了幼儿的自主性。同时，增加可变的低结构材料，让幼儿能够变一变、用一用，满足幼儿个性化表现的需要，增加挑战性。

三、实践成效与反思

（一）研究中的效果

1. 转变观察视角，提升了教师支持、回应幼儿的能力

在支持、回应幼儿学习的过程中，教师必须先了解幼儿的发展、学习和需求，对幼儿的观察判断必须是客观、正确的。这对教师提出了更高、更专业的要求。通过撰写"学习故事"，教师开始从"教师立场"转向"儿童立场"，从以往设定目标注重观察幼儿不能做什么，转变为关注活动中的幼儿能做些什么。这样，尊重幼儿、相信幼儿、走近幼儿、认识幼儿，从而为幼儿的学习与发展提供更适宜有效的支持。

2. 迸发思维火花，提升了教研组实践研究的实效

在整个实践的过程中，我们教研组通过同一个素材点以年级组横向铺开、滚动推进的方式进行研究。教师不仅在自己班级内开展个别化的观察，还在重点班进行集中式观察。同一素材点每次教研均有10个以上的"学习故事"以及10个现场的观察记录作为研讨依据。通过话题的引领，不同"学习故事"之间的分享，引发学生思维的碰撞；通过对幼儿行为的分析与识别，在横向和纵向的比较中，产生了有价值的实践认识与经验，大大增强教研实效。

3. 顺应学习方式，促进了幼儿核心经验的自主发展

让幼儿在游戏中自主探索、自主学习，使其在轻松的环境下成长，是每位幼师都追求的目标。而"学习故事"是对幼儿自主学习的记录，属于一种积极的幼儿行为。幼儿不必担心是否达成教师的要求，只须积极尝试自己的想法。在活动中，幼儿能够获得被尊重感，被认同感，能够自主计划、自主开展活动。这种顺应幼儿学习的评价方式，更好地促进了幼儿核心经验的发展。

（二）实践中的反思

"学习故事"作为一种叙事性的评价方式，对教师的观察、识别和回应都提出了很高的要求。通过实践，教师对幼儿的观察视角有了明显的转变，然而，对于幼儿行为背后原因的分析、识别，仍会受到教学经验、固有思维方式等影响，往往无法基于观察进行客观有效的评价、识别，从而导致回应策略差异较大。如何缩短差异，在教师群体中形成互补，是我们今后要进一步努力的方向。

参考文献

［1］林静."学习故事"的教育价值对促进师幼共同成长的探析［J］.南昌
　　　教育学院学报，2018，33（2）：4-6.

［2］周欣.学前儿童数学学习的观察和评价：学习故事评价方法的应用［J］.
　　　幼儿教育，2012（6）：12-14.

［3］玛格丽特·卡尔.另一种评价：学习故事［M］.周菁，译.北京：教育科
　　　学出版社，2016.

［4］越红梅.运用"学习故事"促进幼儿教师观察能力提升的研究［C］.教
　　　师教学能力发展研究科研成果集（第十一卷），2017.

（课题组成员：钱春妹、吴亚芳、龚海红、吴雅萍、吴芸。执笔：钱春妹）

基于幼儿个性发展的美术活动探索

上海市青浦佳佳幼儿园

一、个性发展，凸显品质

学习品质是儿童入学准备的重要内容，学习品质的培养对一个人一生的发展都有着至关重要的作用。《3~6岁儿童学习与发展指南》（以下简称《指南》）指出："忽视幼儿学习品质培养，单纯追求知识技能学习的做法是短视而有害的。"在学前教育阶段培养幼儿良好的学习品质，对幼儿一生的发展有重大意义。学习品质不是孤立存在的，它是通过健康、语言、社会、科学、艺术等各领域的具体学习活动培养出来的。美术活动就是养成幼儿良好学习品质的有效途径之一。

在日常美术项目组教研中我们发现，教师在美术集体教学活动的组织过程中不能很好地将培养幼儿良好学习品质的做法有效融入，在设计、实施美术活动时没有凸显幼儿学习品质的培养，并且在进一步贯彻落实《指南》理念下的美术集体活动设计与实施的过程中还存在着许多的困惑。所以，本研究与我园的美术项目组研究可以有机结合，在研究的过程中可以互相融合，达成双赢。

二、诊断现状，把脉需求

（一）幼儿园美术活动中幼儿学习品质培养的现状及成因

1. 幼儿园美术活动中幼儿学习品质培养的现状调查

课题组共同设计了一份关于《幼儿园美术活动中幼儿学习品质培养现状》的访谈问卷，对我园美术项目组教师在实施美术集体活动，培养幼儿学习品质过程中的困惑与问题开展调查。问卷内容主要涉及学习品质的内涵、美术活动与学习品质培养的关系、培养途径等方面。信息统计如下：教师对学习品质概念认知不清、对培养途径缺失以及在设计与实施的过程中缺乏对幼儿学习品质的思考与关注，是导致幼儿园美术活动中幼儿学习品质培养缺失的重要原因。

2. 幼儿园美术活动中幼儿学习品质培养缺失的原因

在对教师和幼儿的观察、访谈、分析中我们发现，除了教师方面存在问题，幼儿自身的年龄特点、学习方法等也是造成幼儿学习品质培养缺失的原因之一。

（1）幼儿在幼儿园美术活动过程中缺少观察的方法，出现"观察与表现之间存在着明显差异"的现象，这是因为幼儿的年龄特点导致的。幼儿的观察都是较为笼统的，在没有特别的引导下都是粗浅的，其观察的深度和广度、归纳总结能力等都不足。

（2）幼儿在幼儿园美术活动创造表达中缺失对材料的创造性运用。有部分幼儿，他们在进行美术创作的时候，对材料的运用形成了定势，如形成工具材料选择的定势、形成工具材料使用方法的定势、形成创作表达的定势等，因而不能根据创作的需要和对象有选择、创造性地使用材料。

（3）幼儿在幼儿园美术活动过程中缺乏坚持性。在以往的幼儿园美术活动中，不管是哪种类型的活动，总会有那么几个幼儿嚷嚷着：老师，我不会画；老师，帮帮我；老师，我不想画了；老师，我完成不了了……

有时，老师也会因为这样那样的插曲而感受到活动带来的挫败感，但是却没有深思背后的原因、没有就这样的问题去寻找解决的方法。

其实，这样那样的状况代表的可能是幼儿缺乏坚持性，可能是内容不够吸引幼儿，可能是要求过高，可能是幼儿个体的差异性，可能是幼儿注意力不够集中。但归根结底，或多或少都与幼儿的坚持性有关，这也是导致幼儿园美术活动中幼儿品质培养缺失的原因。

三、维度拓展，策略探求

基于前期调查的分析，教师对于学习品质内涵的理解较为模糊，对幼儿园美术活动在培养幼儿学习品质的着力点尚不清楚，不知如何着手培养。为此，我们从概念清晰化入手，以问题的逐个攻破为路径开启行动研究之旅。

（一）学习品质概念清晰化，让幼儿园美术活动设计与实施有章可循

课题组对前期教师的访谈问卷再一次进行了梳理，并且将教师们的困惑集中起来，进行了团队内的多次研讨。除了汇总问题与困惑，课题组成员们还查阅各种参考资料，再一次对"学习品质"进行了集中解读，逐一弄清学习品质涵盖的内容与指向，并讨论确定本研究中美术活动所涵盖的学习品质内涵的表

现性行为，见表1。

表1 幼儿学习品质内涵

学习品质	内容标准	操作性界定
观察品质	细致观察 多角度观察	（1）儿童能够持续一段时间对观察对象进行观察，并且能够发现事物的明显特征。 （2）儿童能够通过观察、运用对比、比较的方法，发现事物的细节特征。 （3）儿童能够变换角度进行观察，并发现角度不同，观察所得不同
创造品质	创造力 想象力	（1）儿童能够基于自身对生活中的观察，进行大胆地想象与创造。 （2）儿童能够使用多样的美术材料、美术表现方式去表现、表达生活中发现的美。 （3）儿童乐意用各种方式来解释或表达自己的美术创造
坚持品质	坚持力 注意力	（1）儿童能对活动保持兴趣与注意力，直到活动结束。 （2）儿童即便遇到困难，也能坚持完成任务。 （3）儿童在被打扰后，还能重新回到自己的活动中，集中注意力

学习品质概念的细化使美术组在活动设计与实施中有了一定的方向，并且让学习品质的培养浸润到全体美术组教师的心中。但是，在具体的设计实施中，教师又再次回归到常态。如何让教师真正践行？课题组成员再次与教师对话、与专家对话，发现理念的转变需要可视化的支架。

（二）活动设计思路明确化，让教师对幼儿学习品质的培养有路可走

分析美术组教师的活动教案，课题组成员发现，教案框架完整，但是内在逻辑的一致性存在偏差。设计思路中的分析并未成为教师方案设计的真正原点。这就意味着教师在观念上关注了幼儿学习品质，但却未真正践行。为此，我们将《以学定教，提升集体活动设计—实施—反思能力实践研究》中达成并落实为教师集体活动方案设计参考范本的思考路径进行优化，见表2。

表2 美术集体活动撰写实施要点

设计思路	（1）对内容的分析：是否符合我园"师幼共生"的理念，是否是当前幼儿的兴趣热点。 （2）对幼儿的分析：从幼儿经验以及需求入手，分析幼儿与内容、目标、表现形式之间的关系，也就是活动的价值判断；从学习品质的培养入手，分析学习品质的缺失与培养目标之间的关系。 （3）活动中使用的策略：思考为了达成目标所使用的策略

续　表

活动目标	基于美术领域目标，包含认知经验、方式方法、情感态度以及学习品质的培养四个维度
活动准备	包括经验准备和物质准备，也就是活动开展的时机
活动环节	（1）写清楚环节之间的逻辑联系和意图，以及环节与目标的关系。 （2）写清楚关键提问和关键小结语。 （3）写清楚解决活动重难点所采用的策略等
可供借鉴 的经验	（1）过程中是否关注幼儿的学习品质。 （2）可供借鉴使用的有效的策略、方法

这样的"格式"，不仅给予教师设计的思路，更让美术活动的设计与实施有章可循，也使我们的研究更高效；不仅使教师获得了活动设计的思考方法，更成为教师进行自我检验、反思的依据。

（三）幼儿园美术活动中幼儿学习品质的培养

1. 幼儿园美术活动中幼儿观察品质的培养

观察品质，就是指善于组织知觉活动使其指向预想的观察结果的能力。观察是有目的的知觉活动过程，这种"目的"可使观察者主动地把自己的知觉活动组织起来，使它自始至终服从于所提出的观察目的，使观察具有高度的选择性。我们在引导幼儿进行观察的时候，不仅要提出总的观察目的，而且还要把这一目的具体化。观察的目的愈明确、具体，观察的效果就愈好，过程中对于观察品质的培养也就愈有效。

（1）提供实物，引导幼儿深度观察，拓展幼儿的观察方法。

① 真实的事物可以打破幼儿的刻板印象，在真实赏析中调动幼儿观察的积极性。

以往，当教师在组织幼儿进行美术写生活动时，提供的观察对象大多是照片，实际上幼儿仍然是对着照片进行模仿。所以，幼儿对于"苹果是什么颜色的"这类问题，总是凭着固有印象回答是"红的、黄的、绿的"。

但在基于幼儿学习品质培养的写生活动"秋天的水果"的组织过程中，教师提供了真实的实物苹果在孩子面前供他们进行观察。当教师同样提问"苹果是什么颜色的"并追问"除了红色还有什么颜色，都是红色的吗"时，基于对实物的细致观察，幼儿的回答是，"苹果是红色的，不过上面还有一丝丝白色""苹果的颜色会从红的慢慢变成白的"。这样的语言表达，正是基于对观察对象的细致观察，在比较中发现细微的差别，提高了幼儿的观察细致度。

提供真实事物的策略运用，打破了幼儿之前"苹果是红色的"的刻板印象，苹果一下子变得生动鲜活起来。

② 对比观察丰富了幼儿的观察方法，在细致观察中激发幼儿观察的主动性。

在写生活动"秋天的水果"的实施过程中，教师还引导幼儿运用对比观察的方法进行细致观察。如在幼儿表述"我看到苹果身上有一丝丝的白色的纹路"时，教师适时地建议："那请你把白色的炫彩棒找出来，比一比，是这样的白色吗？"结果，幼儿在进行比较后发现，纹路并不是白色的，而是更接近浅黄色，随后又自主选出浅黄色的炫彩棒进行比较，发现其更符合苹果的颜色。

有了对比观察的方法后，对于观察对象的细节特征，幼儿便更容易发现了；相应地，在创作表现时也更具信心。在创作时，他们会仔细观察，不放过任何一个细节，也会自主地运用对比的方法挑选更符合实物的颜色。

（2）走近自然，引导幼儿全面观察，开阔幼儿的观察视野。

① 尊重需求，让幼儿在多次感知中发现不同事物的美。

在活动设计框架中，我们提出要尊重幼儿的情感需求、丰富幼儿的经验准备，基于我园"师幼共生"理念的落实，在每次写生活动实施之前，从活动内容的选择开始就要从幼儿的兴趣热点出发。

课题组通过近两年时间的研究与尝试，将校园中不同季节下适合写生的内容进行了梳理，以供教师参考。

② 自由欣赏，让幼儿在多元感知中发现不同角度的美。

在每一次户外写生中，都有让幼儿自主自由欣赏感受的环节，这是为了让幼儿从多元感官的感受中去进一步地感受、观察对象的美。

如写生活动"开满紫藤的长廊"实施前，教师创造了多次与紫藤花接触的机会。在和紫藤花亲密接触的过程中，幼儿会用各种方式感受紫藤花的特征，通过看一看、摸一摸、闻一闻、踩一踩、洒一洒等，幼儿亲身体验各种感官的刺激。

另外，教师更是为每个幼儿准备了一个取景框，让幼儿发现，原来从不同的角度进行观察，所观察到的画面也是不同的。取景框的使用能够帮助幼儿进行画面的构建与概括，使观察更具目的性。

从幼儿的作品可以看出，幼儿观察角度不同，呈现作品也不尽相同。丰富多样的作品使幼儿感受到了不同角度观察下的多元化美感。

2. 幼儿园美术活动中幼儿创造品质的培养

创造品质，即儿童用独特的表达方式来描述世界的能力，是指儿童能够利用想象拓展知识，探索愿望强烈；能够通过思考，有目的地利用材料，快速地解决问题，方法有创意。

（1）打破固有的涂色模式。

以往，孩子在表现苹果时，总是机械地选择记号笔画出圆形，然后在圆形中涂上红色，并且不留小白点。所有的作品都是千篇一律的，孩子只是机械的操作工，作品中没有创作的影子。

而在以写生的方式组织进行"秋天的水果"活动时，孩子们创作的苹果却没有一个是重样的，孩子们的创造力得到了体现、创造品质得到了激发。

（2）打破单一的表现形式。

在对紫藤长廊进行写生前，教师也组织孩子们创作过紫藤花。但是因教师提供的工具单一，使得幼儿创作的紫藤模式同一、没有特点，也体现不出幼儿自己的感受。

之后，教师又组织幼儿进行对紫藤花的写生，并提供了多元的材料和工具，这次的效果大不相同。幼儿的表现更多元：有的是成串的紫藤、有的是成片的紫藤；有的更关注整体，有的更关注花藤与花架的关系、紫藤花与架子的关系；有的是头顶上的紫藤，有的是眼前的紫藤……

幼儿在表现的形式上也有所突破，中班的孩子选择炫彩棒、大班的孩子选择水粉颜料。当孩子们挥动各自手中的画笔描绘眼中美丽的紫藤时，跃然纸上的是不一样的、灵动美丽的、千变万化的紫藤。

在这样的写生活动中，孩子们的感知经验化为更丰富的创造表达，画面更生动了，像有了灵魂，孩子的创造品质也得到了激发。

3. 幼儿园美术写生活动中幼儿坚持品质的培养

坚持品质是指在参与任务时能够持续地进行，遇到困难的时候也能够坚持不懈。要提高幼儿学习的坚持性，使其具有较强的意志力克服学习中的困难，就要培养他们做事有始有终的好习惯，同时鼓励他们坚持完成任务。

（1）在兴趣中培养坚持。

以往单纯的涂色活动激发不了孩子的兴趣，枯燥的过程也丝毫体现不出美术活动应有的美感体验。而在写生"秋天的水果"的活动现场，你能看到孩子们专注的神情、投入的背影。孩子们对此兴趣浓厚、乐此不疲，主动展示自己的作品，成功、自信，神采奕奕。这让孩子们也更加投入活动，而坚持品质的培养就在浓厚的兴趣中建立起来。

（2）在美景中沉醉。

户外写生对于中班的孩子来说，挑战性不可谓不大，对幼儿的各项品质都提出了更高的要求。但是同样，在户外进行写生时，孩子们投入、专注的时间也更长，作品的表现形式也更多样，因为在整个美的氛围中，孩子们会沉醉其中，始终投入！当然，过程中少不了教师的欣赏和鼓励。欣赏和鼓励最为重要的作用是让孩子感受到成功和快乐。成功和快乐是培养孩子学习坚持性的最大动力。幼儿在美的环境中投入创作，得到了成功与肯定，也就不再觉得枯燥和沮丧，那么坚持品质也就自然地得到了培养。

四、效果与反思

（一）幼儿更专注投入，会观察、肯坚持、乐创造

幼儿的学习发生了明显的变化：对周围的事物更敏感了；有了一双会观察、会发现美的眼睛；在美的环境中，通过多元的感知去尝试表现美、创造美；学习品质得到了提升，变得越来越自信、越来越快乐，越来越喜欢美术活动，越来越喜欢老师，越来越为身处佳佳幼儿园而感到自豪！

在经过两年的实践研究之后，孩子进入了小学阶段进行学习，课题组对实践班的孩子、家长们再次进行了问卷调查，希望从孩子们的身上能够总结出一些好的做法和经验。

调查结果显示，在幼儿阶段借助美术活动确实能够促进幼儿良好学习品质的养成，与其他同龄孩子相比优势明显。

1. 观察品质方面

中班阶段，孩子注意力集中的时间在15分钟以下的占了36%，而经过了两年的研究之后仅为4%，这其中当然有一部分原因是生理发展的趋势（随着年龄的增长注意力集中的时间自然比较长）。但其中有40%的孩子注意力集中的时间能够达到40分钟及以上，在适应小学课堂模式方面占有明显优势。

原来仅有20%的孩子"能够发现事物的细微特征"，而两年之后，该选项的孩子达到了28%，"能够发现事物的明显特征"的孩子达到了56%，两项相加超过了80%，与同龄的孩子相比，观察品质的优势也很明显。

2. 创造品质方面

在美术活动中，孩子的"创意表现"也让我们感到惊喜。有32%的孩子家长选择了"能够运用多种材料进行创意表现"。而选择"能够运用材料表达自己的想法"的家长高达52%。孩子们在材料运用上有创意，不再墨守成规是课题

组最大的收获。

另外，有多项外缘数据也从侧面反映了孩子们的创造品质，如在各种社团（机器人、创意制作）中成为活跃分子，在美术创意比赛中获奖，在小学担任宣传委员或美术课代表，在各类活动中进行策划、制作宣传海报，等等。

3. 坚持品质方面

在坚持品质中"面对困难的态度"这一指标的四个选项，在两年前后的数据统计中也有一定程度的提高。"遇到困难想办法解决并坚持完成"的孩子，从24%上升到了32%；"遇到困难直接放弃"的孩子，从8%下降到4%。几组数据都说明，孩子们在坚持力方面都有了不同程度的提高，为今后的学习、生活打下了良好的心理基础。

（二）教师更关注幼儿个性，多元策略提升学习品质

（1）教师更尊重幼儿的需求，并且尽可能地创造条件让幼儿对写生对象进行充分的观察与感受，多感官、多渠道地进行观察，全方位地进行感知，丰富幼儿经验。

（2）教师能够准确分析幼儿已有经验（包括感知经验和表现经验），分析内容、价值与幼儿发展的关系，分析方法策略与幼儿特点（包括年龄特点和学习特点）之间的关系。

（3）教师能够判断所用的促进幼儿良好学习品质培养的策略、方法是否有效，积累了相关的课例案例。

（4）教师乐于对活动的设计与实施进行反思，聚焦研讨话题，解决活动中出现的问题，进一步优化活动方案，找出"幼儿学习品质培养"的最佳策略。

（三）反思与展望

学习品质的培养并不是一朝一夕、一蹴而就的，而是在日常生活中不断积累的。通过一段时间美术写生活动的研究发现，虽然从孩子的创造表现等方面我们看到了品质培养产生了一定作用，但其还存在着很多的不足。

在关于坚持品质的"遇到困难能尝试想办法完成"选项的对比中，我们发现经过两年的研究后，数据从40%下降到了32%，这让我们不禁反思，是否因为在美术活动中，教师虽然为孩子们准备好了各种材料，但是也在一定程度上限制了孩子自己发现、思考的过程，所以在以后的研究中，在"工具和材料"的准备上，也应放手给孩子，从而进一步培养幼儿自己解决问题的能力。

在研究过程中，很多教师也反思，"对幼儿良好学习品质培养的一些策略方法的运用"方面也还有待进一步的实践验证。比如，既能怎样应用多媒体手段帮助幼儿进行观察，又不受制于天气等客观因素；怎样才能将美术活动中培养幼儿良好学习品质的做法迁移运用到幼儿园的一日活动中……

虽然，《基于幼儿学习品质培养，改进幼儿园美术活动的行动研究》的课题研究已经结束，但是我们会继续结合我园"师幼共生"课程理念以及美术项目组的专题研究，对幼儿良好学习品质的培养做更深入的研究。

参考文献

［1］中华人民共和国教育部.3～6岁儿童学习与发展指南［M］.北京：首都师范大学出版社，2012.

［2］庄甜甜，郭力平.对美国早期儿童学习标准中"学习品质"领域的分析研究［J］.早期教育，2011（3）.

［3］王和琴.幼儿园个性化美术教学活动的行动研究［D］.南京师范大学硕士学位论文，2012.

（课题组成员：郑思璐、王雨虹、杜婧怡、诸晓燕、徐贞。执笔：郑思璐）

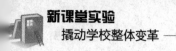

田园体验活动中个性化培养幼儿科学素养的行动

上海市青浦区大盈幼儿园

教育部制定的《3～6岁儿童学习与发展指南》明确指出，幼儿科学学习的核心是激发探究兴趣，体验探究过程，发展初步的探究能力。作为一所以"田园教育"为特色的幼儿园，如何进一步挖掘田园（乡土）资源，探索田园活动的开展形式、不同年龄段幼儿科学素养启蒙教育目标、指导策略，从而真正培养幼儿科学素养，给幼儿创造一片接近自然的乐土，是我们行动的初衷。

一、合理分析资源，有效开发和运用

（一）确保主要的人力资源和田园资源

1. 人力资源保障

（1）参与团队由区教师进修学院专家、本园行政领导、科研骨干、一线教师11人组成，分别涉及理论指导、信息收集、种植养护、实践研究、课题管理，以确保课题顺利进行。

（2）在探索过程中，充分发挥农村幼儿家长爱种植、会种植的优势，引领他们明确课题研究的意义，参与实践，同时发挥家长的指导作用。

2. 田园资源保障

我园班内有自然角，园内有草地、饲养区，园外有田野、树林和一亩多的种植实践基地等，这些丰富的田园资源蕴含着很多科学教育的内容、方式与契机。充分利用这些资源组织孩子开展科学探究活动，可以解放幼儿的双眼，使他们观察到周围的各种现象；可以解放幼儿的双手，使他们进行探索操作；可以解放他们的小嘴，使他们有问题敢于大胆提问，多角度地去了解自然，探究自然的奥秘。

（二）有效优化资源，营造探究氛围

虽然我园有丰富的田园资源，但是这些资源在利用与开发的过程中还存在着一定的随意性，并没有充分有效地服务幼儿科学素养的培养。因此，在项目推进的过程中，我们进一步优化了现有的田园资源和环境，营造活动探究氛围。

1. 遵循幼儿的身心与学习特点，构建全面的资源网络

好的环境必定隐含着一定的教育价值。因此我园围绕"乐玩田园，亲享自然"的课程理念，为适应幼儿的身心特点与学习要求，凸显自然和野趣的特性，构建了里和外（室内的自然角、室外的种植园地）、小和大（班内小实验、户外大实验）、动物和植物（饲养区和蔬菜区）、正式和非正式（教师有目的创设的区域和沙土、泥坑等自然运动区域）等相对立体、丰满的资源网络，保证幼儿无论走到幼儿园内外的哪一个区域或角落都能有所发现，有所感受和体验，引发他们的探究兴趣，积累各种经验。

2. 投放丰富的探究材料，便于幼儿使用与探究

放大镜、捕虫网、昆虫盒、尺、水培器皿、动植物标本、纸、笔等工具和材料，都是孩子们在日常体验活动中经常用到的，可以满足他们观察比较、发现记录的需求。因此我们在校园里投放了大量的科学百宝箱，百宝箱里就有这些丰富的材料和工具。

二、开展专题研修，有效提升教师的支持作用

在课题开展的过程中，我们依托教研组的校本研修工作，以全园大教研重方向引领，班组小教研重实践梳理的方式，确立各自的专题，开展行动研究。

大教研组由教学助理老师负责，确立以"立足幼儿科学素养的培养，有效发挥教师在'田园体验'活动中的支持作用"为专题，组织理论学习，了解各年龄段幼儿在科学教育中的主要培养目标；围绕来源于田园体验活动中幼儿的问题和价值点进行集体、科学的活动设计，开展实践观摩研讨，积累典型案例，梳理有效的评价策略；定期组织各教研组进行分享和交流，及时分析教师在"田园体验"活动组织中的收获和问题，并针对问题寻找对策。

（一）加强理论学习，转变教师观念

在课题开展的过程中，我园教师围绕《幼儿园教育指导纲要（试行）》《3~6岁幼儿学习与发展指南》、教育部等五部委颁布的《2001—2005年中国青少年科学技术普及活动指导纲要》A段、《幼儿与科学素养》《科学领域的目标与内容》等纲要、文件和书籍进行理论学习，交流学习感受和心得，逐步

转变教师的观念，引导教师学会依据幼儿的年龄特点和探究兴趣来组织田园活动，并注重幼儿经验和兴趣的持续性获得和合理建构。

（二）鼓励生成活动，提升解读能力

借助专题研讨，我们鼓励教师大胆分享"田园小故事"，要求教师关注幼儿的兴趣点，根据幼儿的年龄特点进行解读和分析，把握田园体验活动中生成性的主题教育契机。

例如，中2班教师，在一次雨后与幼儿散步时，发现田园里有许多一粒粒的泥土，并有蚯蚓爬出地面的情况。教师关注到孩子们对这一现象非常感兴趣，且孩子们讨论最热烈的便是蚯蚓爬行的动作和外形，但散步时间又太短了，一条偶尔出现的蚯蚓根本不能满足所有幼儿的好奇心和观察的需求。于是教师及时生成了一次集体教学活动"有趣的蚯蚓"，从网上购买了许多蚯蚓，引导幼儿细致、充分地观察蚯蚓的外形特征和生长习性。孩子们通过观察，发现蚯蚓的头和尾巴粗细不同，蚯蚓身上有一个个环节，蚯蚓爬行时靠环节蠕动前进，蚯蚓更喜欢湿润的泥土，从而了解蚯蚓会翻松土壤，了解了蚯蚓与植物生长的关系，见表1。

表1 "田园体验"活动方案——有趣的蚯蚓

活动内容：有趣的蚯蚓	执教者：朱玥	班级：中2班
活动目标： （1）通过细致观察，进一步了解蚯蚓的特征与生活习性。 （2）在探索过程中，萌发对蚯蚓的喜爱之情		设计思路： 每次下雨过后，我带着孩子来到操场上时，总会发现一些蚯蚓。当孩子们发现这些蚯蚓的时候，他们完全没有丝毫的害怕，反而对蚯蚓充满了好奇，提出了各种各样的问题：蚯蚓吃什么？蚯蚓为什么没有脚呀？……追随着孩子的兴趣，我从网上购买了很多的蚯蚓投放在自然角里供幼儿自主观察，并在时机成熟后设计了本次教学活动，引导幼儿进一步了解蚯蚓的特征和生活习性，以及蚯蚓与植物生长之间的关系，同时使幼儿萌发对蚯蚓的喜爱之情！
活动准备： PPT课件、蚯蚓、花盆、放大镜		
活动重点： 进一步了解蚯蚓的外形特征与生活习性		
活动难点： 了解蚯蚓的生活习性与植物生长的关系		

续 表

活动内容：有趣的蚯蚓	执教者：朱玥	班级：中2班
1. 出示蚯蚓，激发幼儿的兴趣 （1）引导语：看看，今天朱老师带来了什么？ （2）关键提问：①你在哪里也见过蚯蚓？②蚯蚓长什么样子呢？ （3）小结：我们在很多地方都见过蚯蚓，蚯蚓长长的、红红的、爬起来是一扭一扭的		价值分析： 幼儿回顾已有经验，交流对蚯蚓的已有认识；通过生生交流，分享各自的经验
2. 细致观察蚯蚓的特征 （1）提问：蚯蚓还有哪些秘密呢？ 出示幼儿的问题卡进行解读（教师梳理主要的观察重点：蚯蚓有眼睛吗？它的头在哪里？没有脚它是怎么移动的？） （2）幼儿用放大镜细致观察蚯蚓的外形特征，并交流自己的发现。 （3）小结：蚯蚓是环节动物，长得细细长长的，没有眼睛、鼻子和耳朵；身上有许多水分，摸上去湿湿的；头部有环带，环带的颜色和蚯蚓身体的颜色是不同的。蚯蚓的头是尖尖的，蚯蚓的尾巴是粗粗的。蚯蚓的身体下面还有刚毛。它是通过刚毛来爬行的		通过放大镜仔细观察蚯蚓的身体特征，丰富对蚯蚓外形特征的认识
3. 蚯蚓的生活习性 （1）引导语：咦，你们是在哪里发现蚯蚓的？它喜欢住在什么地方呢？ 出示区角中投放的三个实验箱（干泥土中的蚯蚓、湿烂泥土中的蚯蚓、潮湿松软泥土中的蚯蚓）。 幼儿交流自己的发现。 （2）小结：原来蚯蚓不喜欢干巴巴的泥土，也不喜欢湿得像面团一样的泥土。我们的小蚯蚓呀，喜欢湿润而松软的泥土。 插入录音，介绍科普知识。 录音：大家好，我们是植物宝宝，我们和蚯蚓一样哦，都喜欢湿润而松软的泥土。蚯蚓和我们是好朋友。蚯蚓会帮我们松土，让我们的茎能够吸收泥土更多的养分，蚯蚓拉出来的粪便还能让我们长得更旺盛哦		幼儿通过实验比较，发现蚯蚓的生活环境，教师进一步梳理蚯蚓的生活环境和植物生长的关系
4. 延伸活动 （1）引导语：我们的自然角有许多的植物，我们试试让小蚯蚓来帮我们松松土，看看我们的植物是不是会长得更好呢？ 出示两盆一模一样的蔬菜，教师在其中一盆里放置一些蚯蚓。 （2）引起幼儿后续观察的兴趣		引发幼儿后续实验、观察、跟踪的兴趣

（三）建构思考路径，厘清活动重点

为了提高"田园体验"活动组织的质量，我们通过现场观摩、碰撞交流、研讨梳理等形式引领教师建构"田园体验"活动的思考路径，帮助教师厘清每次活动应该把握的重点，提高教师组织活动的能力。例如，中班教师在组织"在秋天里"主题下的自然角体验活动时，学会了用思维导图的方式规划布局自然角的区域创设和活动组织的思考路径，活动的效果明显增强。

（四）关注活动评价，注重有效策略

1. 活动评价应基于对活动进程的把握

通过专题学习与实践体验活动，教师了解到科学活动的评价应贯穿幼儿的整个科学探究过程中。当大多数幼儿在探究过程中遇到问题时，教师应该及时与他们商讨、解决问题。当幼儿的探索方向偏离预定目标时，教师应适当引导。当幼儿探究的欲望高涨，探究的兴趣正浓时，教师不能为了评价而阻止他们探究，以免造成干扰，破坏幼儿的探究欲望。应选择适当的评价时机，在坚持标准的前提下灵活地对幼儿的科学探究进行评价。

2. 活动评价应凸显幼儿的主体地位

在以往的田园体验活动中，评价的主体大多是教师，而新课程十分强调幼儿的主体地位。通过专题研修学习，教师逐渐转变观念；活动中更多地引导幼儿参与自评、他评和师幼互评，鼓励幼儿相互交流、补充自己的发现，互相学习，增强幼儿参与评价的积极性。

3. 活动评价应注重幼儿的科学态度和情感

在以往的科学活动中，大部分教师侧重对知识技能的评价。如今，教师的观念在转变，认识到科学态度和情感的重要性。如在大2班李云老师组织的"植物变胖了"的集体教学活动中，幼儿在探索海带、紫菜、木耳、茶叶等这些物体放到水里后，体积慢慢变大的现象时，教师把幼儿在小组实验中如何专注、认真地进行探究，某组小朋友如何很好地进行合作共同完成任务等行为以及其发生的好奇心、求知欲、兴趣感等情感表达，都作为评价的内容。

三、依托课程实施，保障课题研究质量

"初步构建幼儿'田园体验'系列教材、活动方案，为形成园本课程、办园特色打下基础"是本课题主要研究的内容之一，因此在课题开展的过程中，我们紧紧围绕为课程服务的原则，调整了课程结构图，如图1所示。

（1）调整作息时间，制定《"田园体验"活动安排表》。每个年龄段每班都有相对固定的田园体验活动时间，确保活动正常推进。

（2）根据田园体验活动的形式，自然地融入共同性课程中的生活、学习等板块。如生活环节中，组织幼儿进行晨间谈话"田园微发现"，引导幼儿记录、交流自己观察、比较、实验等活动中的发现；散步活动的时候，组织幼儿进行观察、浇水、拔草等体验活动；午睡活动前由教师和幼儿为全园进行10分钟的"田园小广播"，和幼儿分享科学小故事和田园新发现等；学习环节的时候把课堂搬到田园中，鼓励幼儿在田园中学习、探索、体验，从而丰富了幼儿的一日活动内容。

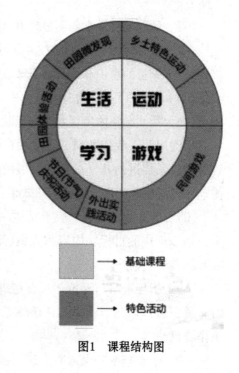

图1　课程结构图

（3）结合特色节气活动"田园播种节"，开展为期一周的全园上下共同参与的"田园体验"活动，梳理积累活动方案和内容，使幼儿、教师、家长都能了解春分时节的民俗、感受季节变化与田园的关系，从而乐于亲近田园、积累简单的种植经验、体验田园活动的快乐。

（4）开展丰富的家长活动，转变家长的意识和行为。在课题开展的过程中，我们始终把家长也作为研究的主要参与者，开展了丰富多彩的家长活动，转变家长的指导意识，提升家长在培养幼儿科学素养过程中的指导力。

① 提供大量科学书籍。

② 召开家长知识讲座。

③ 组织家长助教活动。

④ 开展亲子"田园体验"比赛。

四、效果与反思

经过不懈的努力，我园通过调查分析、观摩研讨、实践梳理等方式，推进课题研究，积累了很多有效的经验，提高了工作效率，并在区域内进行了不同形式的多次经验的分享和辐射活动。

（1）幼儿的科学素养明显提升。

（2）教师的课程实施能力逐步提高。

（3）家长的意识和行为显著改变。

（4）园本课程雏形初步构建。

（5）幼儿园整体发展水平显著提高。

实践表明，我们的研究是成功的，幼儿科学素养培养的研究具有较强的实践价值，是促进幼儿全面和谐发展的重要途径。研究成果是十分显著的，但要使本项目深化并产生长远的推广效果，我们还需要进一步研究。

（1）方式方法的科学性有待进一步提升。我们深深感到本项目研究的时间短；初步形成的目标、内容和方案等，还需要更多专家的科学指导，还有待再实践、验证、调整。

（2）指导策略与评价体系有待进一步完善。"田园体验"活动中的指导策略、"田园体验"活动中的评价体系还有待进一步的研究、实践，以彰显本园操作特色。

（3）信息技术的融入有待进一步增加。在项目研究中，须进一步加强"田园体验"活动中多媒体的提供与使用。我们的很多研究大多停留在自然物质的实践研究，对于当今现代信息、多媒体的提供、运用、操作还须进一步整合、利用，拓展研究材料、研究途径、研究方式的使用。如在自然角投放点读笔供幼儿生生间互动，多投放一些照相机和摄像机丰富幼儿的记录方式；建立二维码科普素材资源库供幼儿、教师、家长扫描二维码识别植物，增长科普知识；等等。

参考文献

［1］李季湄，冯晓霞.3～6岁儿童学习与发展指南［M］.北京：人民教育出版社，2013.

［2］2001—2005年中国青少年科学技术普及活动指导纲要［S］.北京：北京师范大学出版社：2001.

［3］梁志燊.学前教育学［M］.北京：北京师范大学出版社，1994.

（课题组成员：高华、朱惠、吴琼、朱丽琼、许晓雯、李云、周弋婷。执笔：朱惠）

第七章

沉入教学现场，激发实践智慧

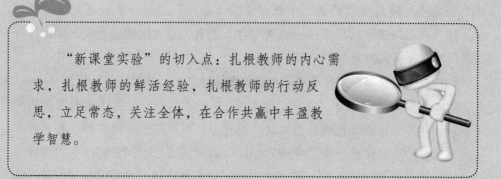

　　"新课堂实验"的切入点：扎根教师的内心需求，扎根教师的鲜活经验，扎根教师的行动反思，立足常态，关注全体，在合作共赢中丰盈教学智慧。

强师长其善，提升教师专业素养的实践

上海市青浦区毓秀学校

立校师为本，教师队伍建设是办学的头等大事；"扬长发展"就是强教师之善。我校青年教师众多，其主要特点是：有学历缺能力、有文凭缺水平、有热情缺经验、有活力缺智慧、有干劲缺魅力。"扬长发展"，对新教师、青年教师是一种激励与鞭策；对经验教师是引导其积极应对职业生涯的高原期。随着教师队伍日渐壮大，面对教师发展需求，学校明确了以"扬长发展"的理念为教师创造面对未来职业生涯的无限可能性，让每位教师都以其独特的教育教学方法去培育学生，以不同的兴趣特长去引导学生，以自身的个性性格和人格魅力去影响学生。提倡"扬长发展"，是对教师专业成长的一种人文关怀，呼唤与培育了教师的职业幸福感。

一、师资队伍建设的基本思路：固本培元

"扬长发展"是学校引导与推进教师专业成长的基本理念，而如何"扬长"则需要具体的实现路径。中医有"固本培元"之说，学校借此概念的意蕴，注入自己的理解与思考——固教书育人之本、培思想理念之元，用以诠释促进教师专业成长的理念。

1. 扎根关键素养，提升教学基本功与育德能力

学科教学发展与班主任发展，是教师的关键素养，也是"固本"所指的"本"。教学上，熟练把握课堂常规；德育上，有效开展学科育德。在"固本培元"上，学校要常抓不懈，在规章制度、资源保障、时间安排、竞赛考评等方面，加紧筹划与加强落实。同时，不断积累实施经验，提高引领与服务教师专业发展的工作水平。

2. 扎根理想信念，丰蕴教育思想、教学理念

现代教师要用现代教育思想指导自己的行为，就是"培元"所指的"元"。它包括素质教育的思想观点，课程改革的基本理念。学校应积极创造条件，向教师提供为他们所需要、所欢迎的培训课程，提供高位高品质的专业引领。

3. 扎根校本情境，构建适于教师成长的生态环境

固本，是夯实教师得以终身从教的专业基础，能牢牢掌握教书育人的本领，拼搏于课堂的。培元，是用现代教育思想武装教师的头脑，使教师能牢牢把握先进理念的实质，适应新课改要求。为此，学校要加快建设适合教师发展的生态化校园，为教师专业成长提供清新的空气——管理文化，提供肥沃的土壤——培训课程，提供充足的阳光——专业引领。

二、教师素养提升的基本做法："固本培元，扬长发展"

理念变成现实，需要实际行动。学校以立项的市级课题为引领，积极推进课题方案的实施，并在此过程中不断完善与丰富研究方案。

（一）"固本培元"两头抓

我校将"固本培元"作为加快教师专业发展的基础工程，"固本培元"既是理念，又是行动。"培元"，重在"学"；"固本"，则需"做"。"学"与"做"，齐头并进。

1. 好好学习：引导教师做硬专业"骨头"

作为教育者，教师首先是学习者，要向书本学习、向同伴学习、向其他学校学习，做硬专业的"骨头"。

（1）读书，汲取专业滋养。读书，埋下文化的基石，在"本"与"元"里播下学校文化的种子。每学期初，学校都会向全体教师赠书，为他们提供"心灵鸡汤"，从博采教育理论到坚定专业思想，让大家与书为伴，做"书香"教师，从书中汲取智慧和力量。

（2）读人，开采他山之石。"读人"是他山攻错。学校先后组织教师考察外省市名校，去实地领悟名校成功的真谛。学校还以此为校本研修资源，在各教研组研讨的基础上，组织全校交流，引导教师学他人之长、思自己之短、扬个人之长。通过"读人"，促进教师思想上的反省更主动、更自觉，行为上的改进更有力、更及时。

（3）读己，进行自我观照。"读懂自己"，才能使个人专业发展保持不竭动力。学校向教师发放《课堂教学自查修正表》，促进教师自我观照。教师可通过认真审视自己的日常教学，查找缺失；借助他人的经验与智慧，促进反思；及时修正教学行为，提升质效。

2. 天天向上：激励教师提升专业素养

向上、创造，是教育的本真内涵。教师需在实践中不断探索，同学生一起"天天向上"。在促进教师专业发展方面，"固本"是要做出来的，"做"这一头照样要紧抓不放。

（1）问计于民，从师生调查中把握教师专业素养提升的真实需求。对每个教师来说，"固本"之"本"，各有不同。要有针对性地为教师专业素养的提升给力，就应切实了解他们的需求。而教师的需求，既可直接向其了解，也可通过学生渠道，间接获取信息。

（2）推门观课，通过制度化促进教师在课堂拼搏中提升实践智慧。专业发展实质是教师实践智慧的积累与提升，而教师的智慧来自课堂。听课，不能仅被当成检查教师工作质量的手段，更应看成关注教师职业生涯、课堂上课状态的重要内容和有效途径。因此，学校坚持听课制度化，引导教师在推门观课、互动对话中各展其智、各扬其长。

（3）加强自培，在创新校本研修形式的实践中提升教师的综合素养。教师专业发展需要培训，近几年来，学校致力于在正规课程培训之外开展多种形式的校本研修活动，如"谁来一起茶叙"和"智慧共享十分钟"等，收效颇丰。

（4）变革理念，让教师在阅读感悟、实践反思中发现自己的教育灵性。"学习是毓秀的'骨头'，实践创新是毓秀的魂魄"，"领导要举起旗子走在教师前面，而不应拿着鞭子走在教师后面"，学校就是在这样的理念引领下，为教师开辟学与做的渠道，实实在在地帮助教师快速成长。如在校报《毓秀教师》上设《智教一方》专栏，以便教师结合本人教学实践对新课堂教学发表见解。

（二）"扬长发展"纵横线

"扬长发展"为每位教师开辟了个人成长之路。学校在"秀外慧中"的教师形象理念下，坚持规范性与丰富性的统一，鼓励教师张扬个性，提倡和而不同理念。

1. "扬长发展"三部曲

学校要求每位教师以讲台为成长平台，实现"扬长发展"，并对处于不同发展阶段的教师分别提出不同的"三站"要求。

（1）站稳讲台，让新教师从这里走进规范的课堂。坚持从课堂规范着手，要求与帮助新教师通过掌握教学常规，站稳讲台，并将此作为业务培训的首要任务，又将青年教师教学大比武作为新教师在岗培训的重要环节。青年教师教学比赛围绕课堂教学，项目包括教学设计、情境对话、评课、粉笔字等，每学期根据实际情况选择其中几项进行比赛。为保证比赛公平公正，鼓励青年教师脱颖而出，学校统一安排比赛的时间、内容、场所，向教师提供统一的材料，提出统一的要求。

（2）站好讲台，让经验教师从这里走向反思课堂。经验教师的共同问题是课堂上讲得太多，生动性不够，学生常常被牵着走，主体性被压抑。为此，学校实施"全员研课，重构课堂"的改进行动，让经验教师先行先试，着眼于学生主动性的发挥，走向反思课堂。在推动课堂转型的行动中，经验教师需要不断思变、刻苦求变，使自己由反思课堂登临教育的新境界。

（3）站高讲台，让骨干教师从这里走上高效课堂。"扬长发展"首先是帮助骨干教师通过走出去交流经验，站高讲台，使他们的课堂成为高效课堂。为此，学校要为这部分教师创造条件，如提供高层次磨炼的机会，带着具体任务外出学习，促使他们站在更高的台阶上引领全校教师。

2. "扬长发展"实施之路

由"扬长"达到发展，教师这条专业成长之路起于成功——让每位教师都拥有属于自己的一份成功，继于成熟——教书育人趋于成熟，再于成才——争做研究型教师；臻于成就——通过成功、成熟、成才，创造个人与事业的成就。

（1）帮助教师在潜能开发中成功。

"扬长发展"先要发现每位教师之长，后要挖掘其潜能。用好教师之专长，使每位教师在开发自身潜能中得到有效发展。不拘一格地发挥教师的潜能，既能影响与激发更多的教师积极进行自我开发，扬己所长，又满足了学生多样化发展的需求，教师与学校实现双赢。

（2）引导教师在班级育人中成熟。

为提升班主任的专业素养，我校通过打造团队发展的模式，满足不同层次班主任的专业成长需求。

首先，搭建平台、营造氛围，建设学习型团队。通过读书交流会、后备班主任培养、发挥校优秀班主任作用等途径，努力将班主任队伍建成一个思想稳定、通力合作的学习共同体。

其次，校本研修、实践探索，促进智慧共享。通过聚焦问题、剖析问题、解决问题，形成经验，促进了智慧共享。以"同课异构"的形式，探索主题教育课（活动）如何有效实施。新班主任、经验班主任、骨干班主任共同设计、分别实施，互相观摩、集中研讨，由此提高青年班主任的主题教育活动设计能力和实施能力。以创建"温馨教室"等任务为抓手，组织班主任开展专题式研修，并对阶段性成果进行分类总结，形成系统经验在全校范围内推广、共享。

最后，区校协作、优势互补，创造团队智慧。我校与区德育室共建青年班主任专项培训实践基地，在协作中实现优势互补。通过案例分析、现场对话、问题探讨、主题班会实践与观摩等活动，促进"工作学习化，学习工作化"，使青年班主任走上专业成长的快速通道。

（3）促进教师在校本教研中成才。

课堂上"固本"促使教师成长，教研中"培元"促使教师成才。这几年，学校通过创新建制、精细管理的方式，努力提高校本教研品质。

首先，做实教研内涵。聚焦课堂、解剖课堂，是教研活动的永恒指南。学校以"同一堂课"为载体，坚持两周一次的教研组活动制度。

其次，提高教研效率。教导部门从自身做起，在两周一次的教研组长例会上，严格执行实时签名制度，教研组在活动前，组长须向每位教师发出《温馨提示单》，告知教研主题，提醒每人做好准备。活动后须将活动简讯，及时上传到校园网，开放教学资源，促进智慧共享。如今，有效教研逐渐成为学校的教师文化，引领全体教师在攻坚克难、创造教育教学新高地中人人成才局面。

最后，培养高尚文化精神。在引领教师潜心教研中，学校大力弘扬五种精神：合作精神——学会共事，让工作更有效，让情感更融洽；执着精神——不怕重复，失败也是收获，在挫折中参悟、提升；严谨精神——踏实坚定，既有宏大志向，又不好高骛远；刻苦精神——勤奋务实，坚持不懈、肯钻研，相信方法总比困难多；创新精神——敢为人先，一半用科学思维，一半靠艺术灵感。

（4）鼓励教师在多样活动中取得成就。

学校始终将培育教师文化作为强师行动的一项奠基工程，让教师在多种活动中不断成就自己。

每学期交流读书心得，报告外出考察的收获，是教师文化涵养的展示。广播操比赛、星级温馨办公室评比，是教师文化组织的打造。每年的"教师春晚"，既是一年劳累之后的心情释放，也是教师才艺的大比拼，它与"智慧共享十分钟"一样，不但在校园里营造了校本特色的教师文化气氛，而且成为全校教师内心的一种期待与向往。还有，学校每学期举办主题教师论坛，展示毓秀教师的为人为师之长、学科专业之长、教学技艺之长等活动。

三、提高教师素质的基本方法：以"可持续发展"理念提升教师品质

专业发展，是伴随教师职业生命的终身命题。加快教师专业成长，学校要以"可持续发展"的理念全面、深入思考。

（一）落实密度：加快中小学两支教师队伍的融合

通过思想引领、制度保障、文化建设和管理介入，促使两部教师在职业认同的基础上加快"视界融合"，从"全校一盘棋"的立场出发，从事教学工作。学校通过推行跨年段互相听课、实行开放式教研、试点校内不同年段教师的岗位流动，促使同学科教师相互了解、相互体谅、相互给力、相互促进，变隔阂为融洽。

（二）提升高度：在专业学习研究中内化先进理念

教师要自觉学习，主动向书本学习，向同行学习，向名家学习，紧密结合教学实践，加速自己的专业发展。教师可根据校本教研的主题，进行自学与集体学习。同时，研究课程、研究课堂、研究作业、研究评价，将研究贯穿于教学的全过程，形成敏锐、独特的教育视角，在教学中研究，在研究中教学，使教学与研究相辅相成、相得益彰。

（三）形成法度：在课堂改进中铸就专业发展品质

探索充盈生命意义的新课堂，是提高教师专业发展品质的必然取向。为此，学校以"八化"为目标，引导教师改进自己的课堂教学。

1. 备课协作化，上课最优化

教无定法贵得法，引领教师在教学中根据学生实际，运用先进的教育理念、恰当的教学方法，取得最佳的教学效果。教学中的一招一式都能恰到好处，达到内化于心、外化于行的境界，这就要求教师不断探寻教学方法之"宝"。为此，我们加强集体备课力度，提高个人备课精度。教研组集体备课要定时、定人（主讲）、定框架、定要求，个人备课要视学情、作细化，课后写教学反思。教师上课要根据学生实际采用适当的教学方法，注重有意义的接受学习，有效组织探究学习、合作学习，合理使用各种教学辅助手段；要教给

学生学习方法，培养学生自主合作的学习能力。

2. 活动多样化，作业校本化

教师要积极发动学生参加上级部门举办的各项学科竞赛活动，认真组织好本校相关的各类竞赛，加强指导，力求提高，以此丰富校园生活，展示学生的才华。教师要做好作业计划，用好学校自编练习册，切实减轻学生的学业负担，布置实践性、活动性、发展性、创造性作业，严格把好学生写字质量关，为学校的书法教学特色增光。

3. 辅导普惠化，质检规范化

教师要重视对后进学生的帮扶，加强辅导的力度与有效度；重视特长学生的培优拔尖，创设机会，促其成才；重视对特殊学生的个别化教育，制订计划，定期分析。教师要抓好平时的教学质量自检，主要学科要加强期中、期末考试测试命题的研究与测试结果的分析；要注重学生的平时成绩，科学合理地评价学生，及时发现问题，随时查漏补缺。

四、思考："扬长发展"与"长善救失"

实现"扬长发展"，就是要做宽、做强、做优、做深教师的长处，使每位教师都有可能、有潜能去弥补、规避其短处。长善救失，将长善作为救失的策略，看作教师专业发展的辩证法，也是"扬长发展"的道理所在。

1. 做宽专业基础，使教师能够"以长补短"

学校要鼓励教师努力扎实自身的专业基础，从而实现"扬长发展长更长"。而随着"水涨船高"，就能以"扬长"补短，克服由于主观或客观方面所造成的某些不足。

2. 做强教学技能，使教师得以"有长避短"

"扬长发展"，就是要发挥每位教师的长处，以其产生"一加一大于二"的效应。教师的长处，最后都得聚焦于教学，这就要求每位教师做强自己的教学技能，主动发挥其所长，从而形成团队的统合长处，以集体优势规避个别的短处。

3. 做优教育境界，使教师不断"用长促短"

教育境界是一种高远的精神和理想，"扬长发展"本身也是一种境界，一种理想信念，一种价值取向。要做到"扬长发展"，教师需要增强主体意识，提高专业发展自觉，做优自己的教育境界，这样才能不断提升、不断完善、不断超越自己。这个过程，也是促使"短能长"的过程。

4. 做深文化底蕴，使教师善于"借长济短"

超越要依靠文化引领，教师要用文化提升自己的精神追求，不能囿于操作层面专业技能的提高。学校今后还会将传统文化中的积极因素、现代文明的优秀成果创造性地用于教师队伍的专业化建设，引导教师根据学校发展对师资的需求和自身专长，有计划地进行自我调整，或"借人长济己短"，或"借己长济人短"，以推进高层次的"扬长发展"。

跨区联动，合作共赢：促进教师
实践智慧提升的行动

上海市青浦区凤溪小学

一、问题的提出

在我国的基础教育领域中，作为新生事物的城乡间校际合作，在实践中仍处于萌芽的状态，学校间的交流合作也多处在初级阶段，更多的是在行政干预下的合作，多为帮扶性质的合作。另外，随着教师专业化的确立，教师专业发展问题也日益受到人们的关注。但我国针对教师专业发展问题的研究还相对薄弱，特别是如何满足教师专业发展各阶段的不同需求还没有引起研究者的重视。基于以上分析提出假设：如果能设计出一个合作机制，使两校教师在此框架下进行充分的合作交流，使他们在课堂教学、教学科研、课程开发等涉及专业发展的各个方面获得充分的支持和实践的机会，则必定能通过这样的合作，使学校教师在整体化的专业发展上获得显著提升。

本研究以跨区域城乡校际合作的角度研究不同职业阶段教师的专业发展，一方面丰富教师专业发展的理论，另一方面为跨区域城乡教师专业发展的校际合作机制的构成提供更为细致的研究。

不同的学校通过合作交流，不仅有利于部分学校闲置的教育资源得以利用，而且可使资源缺乏的学校得到资源补充，实现优劣互补、城乡互融；同时，校际合作打破了学校孤军奋战的局面，各学校通过讨论交流管理经验、教学实践，取长补短，进而促进教师专业发展，提高学校整体教育水平。

鉴于上述的分析，本研究立足实践，以"凸显特色，促进双赢"为出发点，展开对跨区域城乡校际合作的研究，选取本校与长宁区适存小学开展的跨区校际合作为样本，进行实证研究。在系统论、博弈论等理论的基础上，对两校教师专业发展校际合作的机制进行分析，尝试构建教师队伍整体化专业发展的校际合作机制，探索两校在职初教师培养、教学科研、课程开发等方面的合作模式，为促进两校教师的共同发展提供理论指导。

二、解决问题的过程与方法

1. 对项目研究主题的斟酌及调整

2015年3月11日，项目组召开了开题会议，在区科研专家的论证、指导下，项目组将研究主题由"以跨区域校际合作项目促进双方教师队伍整体化专业发展的实践与研究"调整为"整合与互补，教师队伍专业化建设跨区域校际合作模式与推进机制的研究"。

2. 对研究内容的细化及任务分配

为保障项目研究工作的有序进行，对各阶段研究的内容和目标进行细化，对各子课题的相关责任人进行落实，对各项研究的实施进程进行规划。

3. 对已有经验及典型问题的梳理

近年来，我校针对教师专业发展的现状相继开发、参与了一些卓有成效的校际合作项目，积累了一定的经验。在本项目立项前，我校与长宁区适存小学的跨区域合作已经先期启动，双方在教师专业发展方面开展的合作中也取得了一些经验，同时也发现了一些问题。

4. 对本校优劣势进行"SWOT"分析

为更加充分利用此次校际合作的机会，项目组还对本校在教师专业发展方面的优势、劣势、机会、威胁（即SWOT）等进行了理性分析。

5. 对本校教师专业发展需求进行调查与分析

（1）教师概况。我校现有32个教学班，教师编制112人，工勤编制2人。110位教师中，高级教师2人，一级教师51人，有中高级职称的占教师总数的48.2%。从教龄看，5年及5年以内教龄的教师28人，6~10年教龄的教师31人，11~20年教龄的教师13人，21~30年教龄的教师27人，30年以上教龄的教师11人。目前，学校中有第五届区名优教师8人（示范教师4人，教学能手4人），校骨干教师10人。

（2）样本选择。为全面了解学校各学科、各职业阶段的教师对即将开展的跨区域校际合作的需求及看法，项目组按各年龄段教师的比例从语、数、英、综合及体健等学科抽取了40位教师参加调查。其中，30年以上教龄的教师3人

（高级教师1人、一级教师2人），20~30年教龄的教师5人（均为一级教师），6~10年教龄的14人（一级教师5人、二级教师9人），11~20年教龄的教师6人（一级教师4人、二级教师2人）及5年以下教龄的教师12人（二级教师11人、未定级1人），共计40人组成研究样本。

（3）问卷设计。问卷为无记名制，目的是在保护相关隐私的前提下尽可能准确地了解各层面教师对跨区域校际合作的看法和需求。问题包括：你最期待哪方面的交流合作。你觉得教学交流以怎样的形式开展最为有效，你觉得当前我校教师在专业发展中最大的优势（困难）是什么等。

（4）结果分析。绝大部分教师对即将开展的校际合作表示欢迎，小部分教师有一定担忧，主要集中在工学矛盾上。关于合作的主要方向，关注度较高的依次为：提高教学能力（教学策略、教学组织策略）、发展学科教学知识（教材解读、目标把握、单元教学整合、特定的教学模式）、提高教研活动品质（提高教学研究的典型性，提升专业指导力）、搭建展示平台（为一线教师创造更多交流、展示的机会）。对于教学交流的形式，不同学科以及不同职业阶段的教师均提出不同的观点。78.3%的中高级职称教师认为应开展"同课异构"活动，体现出这些教师更关注不同区域教师对同一教学内容的个性化处理；而这一提议在初级教师中同意的比例仅占35.3%；此外，对开展"名优教师跨区域带教"的提议，语、数、英学科教师接受度相对较高（56.7%），综合及体育学科相对较低（30%）。

6. 针对调查分析提出合作构想

（1）跨区域校际合作应利用好差异性资源。将不同的区情、校情、师情、学生情看作教学交流的宝贵资源，通过运用和分析这些差异，探索有效教学的策略，分享不同的教学风格，还可以结合学科特点，探索开展"教学接力""一课同备""师徒PK""经验教师专场"等活动，以促进教师专业能力的提高。

（2）跨区域校际合作应专注解决共性矛盾。无论是什么区域、什么学校，教师在专业发展过程中的许多问题和矛盾是共性的、相似的。如，经验教师更关注对学科本质的研究和对特定教学内容的有效处理（即PCK），职初、青年教师则更关注对教学知识、目标的准确把握以及教师基本素质的提高。

（3）跨区域校际合作应定位为校本与区本研修的有益补充。进一步明确"跨区域校际合作"在学校教师队伍建设工作中的定位。通过合作，一方面提升学校教师的专业自觉与专业能力，另一方面为有更高层次发展潜力的教师提供实践、交流的平台。此外，在合作中应积极运用实践提炼、经验筛选等本区在教师专业发展方面的有效做法，使跨区域校际合作成为原有师训体系的有益补充。

7. 围绕教师专业发展开展实践研究

（1）结合学校工作计划拟定各阶段校际合作方案。为保障校际合作在正常教学秩序下的务实开展，项目组在每学期初结合两校工作计划制定合作方案，对合作目的、合作内容、合作形式、阶段性成果展示、相关人员、研究主题、活动地点、教研时间、日程安排、课务调整、车辆安排等方面做出周密部署。本着开展工作"先易后难"的原则，双方的教学交流在不同阶段体现出递进性。此外，为提高合作的适切性，还邀请合作学校共同编制或轮流编制合作方案，以满足双方教师的专业发展需求。

（2）编制相关文本。为保证合作目标清晰、内容要求准确、学习过程有痕迹、成果评价有依据，项目组相继编制了"适存—凤溪"教师合作发展"带教协议""学员手册"等文本，对参与合作的两校教师提出更加明确的要求和指导。

（3）教学交流及实施。随着阶段方案的不断推进，项目研究为两校教师开展教学研究、积累实践经验等搭建了广阔的舞台。通过阶段性成果展示活动的开展，教师们既磨炼了自身的专业技能，又领略他校优秀教师的风采，同时还得到了两区学科专家的指导，切实达到了整合资源、优势互补的合作目的。

据统计，在第一阶段的合作中，凤溪小学到适存小学听课学习的教师共计70人次，适存小学的导师到凤溪小学进行备课、上课指导达到34人次。双方教师共同参与了54节课的现场观摩与课后研讨，涉及语文、数学、英语、品德与社会、自然、信息等多个学科。

在第二阶段的合作中，凤溪小学到适存小学听课学习的教师共计62人次，适存小学的导师到凤溪小学进行备课、上课指导达到32人次。一学期以来，双方教师共同参与了28节课的现场观摩与课后研讨，涉及语文、数学、英语、品德与社会等多学科和班主任等多个职位。

在第三阶段的合作中，双方进行了特色课程的相互展示，凤溪小学武术队受邀参加了适存小学的110周年校庆活动，适存小学先后有9位骨干教师到凤溪小学送教上门，其中包括陶艺、击剑、儿童诗等多个特色课程。

第四阶段，两校共同策划了一次全面的教学展示研讨活动，通过同课异构、带教指导、单元设计整体呈现等形式进行课堂教学展示，整合两校的教师与教学资源，促进教师专业能力乃至教育智慧的互补。分设语文、数学、英语、综合及体育健康学科四个会场，共进行了8节实践课的教学展示。

三、成果的主要内容

经过三年的研究，本项目形成了比较成熟的教师队伍专业化建设跨区域校际合作模式与推进机制，有效完成了职初教师和骨干教师的专业化建设，成功提升了我校的办学水平。

（一）以"教师专业化"为实践路径的跨区域校际整合性、互补性合作模式的构建

1. 整合管理资源，促进先进管理理念互补

在学校管理方面，实施学校管理对接机制，推进学校管理创新。在学校中层管理层面，适存小学选派管理团队中的精干人员与凤溪小学的部分中层干部及以上的管理人员进行结对指导工作。优化部门职责，熟练部门线条业务，完善部门协调与合作机制。通过定期组织双方行政人员开展研讨，分享教师管理、学生管理、教育教学管理、校园管理等涉及教师专业发展相关领域的经验，实现了学校管理多领域、全方位的互学互鉴。

2. 整合教学资源，促进区域教育智慧互补

我们整合各类资源：如运用信息化手段，搭建网络资源共享、交互平台；邀请两区的学科专家开设讲座；利用所在区域内的教育优质资源，为合作学校发展需求提供智力支持；推进区域内名师交流互访等。学校努力打造环境资源、共享校际学习资源、搭建网络教研平台、共享优质资源、推进教研组伙伴合作、完善网上集体备课。

3. 整合教师资源，促进优势专业能力互补

跨区域校级合作后，两所学校进一步加强教师间的合作式交流互动，实现在教学活动中的专业切磋、互相学习、合作交流和互助互利，在共同体验成功和分享经验的基础上共同成长：校际互动，结对培养；完善教研制度，建立有效的校本教研机制；抓好常规，历练教师的"教学基本功"；备课组教师合作共同体的建设。这一行动惠及全体教师。

4. 整合课程资源，促进创新开发意识互补

两校合作以来，我校明确以办"一流农村小学"以及"新优质学校"为目标，努力挖掘学校传统办学优势，在"健体、益智、明理、养性"的办学理念指导下，不断地努力实践，做精做强学校特色，不断提升学校的办学水平。

学校挖掘校内资源、社会资源，构建校本化拓展课程体系，以实现工作重心由量到质的升华，使各课程科目实施有效，让学生选得着自己感兴趣的课程，在有活力的课程学习中学到知识与技能。

（二）通过跨区域校际合作促进教师队伍专业化建设的推进机制

1. 制定合作规划

校际合作推进教师专业化发展的总体目标：通过为期两年（2015 年 1 月—2017 年 12 月）校际指导与合作项目的有效推进，采用管理经验的输出、教研组伙伴合作、骨干教师群柔性互动、校际友好班集体创建等多种途径，使得凤溪小学办学目标更为清晰，人本化管理的运行机制更加完善；同时，进一步深化课程建设和课堂教学改革，最大限度地促进教师的专业成长，教育教学质量持续稳定提高，办学水平督导评估达优。

2. 建立实践机制

明确双方责任，以学期或学年度为单位开展教学交流，遴选"领衔"教师，确定研究主题，根据青年教师的实际情况安排导师，制定结对带教的具体方案，如师徒结对+柔性互动；聚焦课堂+现场指导；课题引领+实践反思；质量监控+教学评价；友谊班缔结+班主任专业化；共享机制+形成特色。

3. 构建活动机制

根据阶段性目标制定详细的工作方案，对合作内容、人员、时间、形式、承办方等方面进行周密部署。定期举办教育论坛，开展跨校联谊，培养职业幸福感。发挥"辐射作用"，举办校际合作的阶段性成果展示，展示名师及学员风采。

第一阶段：进一步深化凤溪小学与适存小学两校间的合作，充分发挥各自的特色优势、"盘活"资源，着力提升两校青年及骨干教师的专业素质和职业境界，通过学习、实践、交流等一系列活动，使两校师资队伍建设及办学质量取得新的突破。

第二阶段：双方通过职初教师的带教、骨干教师的项目合作两个渠道开展了全面的教育教学交流与沟通工作，共享优质的教育教学资源，形成和谐发展的合作团队，并呈现良好的上升发展态势。

第三阶段：面对合作方式上的"转型"，有必要稍微放慢节奏进行调整和梳理，以期在整理合作有效经验的基础上，筹划好后续合作项目的开展。

第四阶段：继续开展长远、深入的交流与合作，计划组织一次研讨展示活动，既是对两年来两校教师合作发展成果的检验，为全面启动的课题研究提供素材，进一步拓展教师专业发展的空间，提高教研活动的效益，提升学校的管理水平。

4. 建立评价机制

编制《合作学习手册》《指导手册》和《学员手册》等文本，定期进行发展性评价，将评价作为教师履职、年度考核及评先评优的重要依据，对表现突出的教师进行表彰。建立项目结果评估机制，在这次项目中，我们通过建立项目评估机制，通过评估方案明确各个阶段的评估任务、评估指标，针对项目达成的结果进行有效评估。

5. 建立保障机制

在这次项目中，我们得到上级领导的大力支持，获得了专家资源，从而保证项目实施过程中的有效指导。在项目推进过程中，建立了线上、线下多个平台，共享两校优质的教育、教学资源，这些都为项目的成功实施提供了基本保障。

四、效果与反思

该项目实施三年来，我校教师专业化发展取得了显著的效果。教师的专业知识得到了丰富，专业能力得到了提升，教师的教育科研能力、课程开发能力也得到了发展。

1. 教师专业知识丰富和专业技能提升

通过参与跨区域校际合作，一大批青年教师脱颖而出，先后有6位教师通过项目锻炼后登上了"区级"舞台，两年来先后承担了6节区级课及8节片级课的教学任务，受到区域内教师、专家的一致好评。在2017年区教育局、区教师进修学院课程教学研修中心对我校进行的课程教学综合调研中，我校教师接受全样本调研，在备课、上课、作业等体现专业能力的指标上，优良率均达到95%，特别是青年教师的进步和成长，受到了领导和专家的一致肯定。

2. 教师教育科研能力和课程开发能力有所提高

通过参与跨区域校际合作，我校青年教师的教育科研热情高涨，自2014年以来，我校先后有7项区级课题成功立项，其中区级重点课题两项、区级一般课题三项、区级青年课题两项。

3. 通过参与跨区域校际合作，教师课程开发能力也有所提高

目前，有一项课题被评为区级优秀校本课程，还有一大批校本课程如机器人、上影记画、红读、红歌大家唱、纸的游戏等正在实施中。我校青年教师朱

江老师，结合自己的特长爱好——野营，开发了校本课程《我们去野营》，在"真爱杯"全国校本课程大赛中荣获一等奖。又如陈波老师，学习机器人课程开展，指导学生参加区级机器人比赛并获奖。

4. 学校整体层面教师专业化建设有效，形成了良好的合作运行机制

学校完善了教师培养制度，优化教师结构，努力提高管理效能。校本研修，深化学科建设，以教研组发展提高课堂教学实效。聚焦课堂，强化质量监控，以教师专业发展提高教学质量。落实行规，激活资源，以友好班集体建设推进德育工作。共享资源，培育特色，全面提升办学品质。

反思实践研究的整个过程，我们也存在这样的困惑：课程开发方面着力较少，这是我校教师的薄弱点，适存小学教师优秀的校本课程值得我们借鉴。评价机制到底如何整合与互补，究竟包含哪些内容，如何提炼？

我们认为跨区域校际合作机制还要继续开展实践研究，搜集过程资料，开发新的合作形式，使合作走向深入；继续为教师专业成长搭建平台，建立激励机制，激发教师参与的积极性；开发评价工具，对教师参与校际合作的效果进行评估；对合作经验进行提炼、推广、调整、总结、汇编。

参考文献

［1］郑良信.教育法学通论［M］.南宁：广西教育出版社，2000.

［2］南京师范大学《教育学》编写组.教育学［M］.北京：人民教育出版社，1984：373.

［3］李秉德，李定仁.教学论［M］.北京：人民教育出版社，1991.

［4］裴娣娜.教育研究方法导论［M］.合肥：安徽教育出版社，1995.

［5］查有梁.教育建模［M］.广西：广西教育出版社，1998.

（课题组成员：钱永标、张卫平、胡蓉、刘建、陈红频、朱海明、张林荣、陶金凯、徐敏婷、韩萍萍。执笔：杜燕、耿桂平）

"勤朴"工作坊群：提升教师教学智慧的实践

上海市青浦区朱家角小学

一、问题的提出

在百年岁月的洗礼中，朱家角小学一路走来，一代代的文化积淀，形成了"勤朴"的文化内核。随着教师的新旧更迭，如何将"勤朴"理念落地开花？我们从学校发展的实际情况着手考虑。

1. 朱小近百年变迁

朱家角小学从初创时期由两所学堂开始，百年中不断地分拆与合并，尤其是近30年，教师队伍一直在变化。2004年9月，朱家角小学中心校分拆为朱家角小学与珠溪小学，2006年9月，这两所学校又合并为朱家角小学，来自不同学校的老师其文化氛围各异，合并成一所学校后教师集体荣誉感、团队意识以及分工协作上都存在着问题。

2. 教师专业发展需求

合并后的教师队伍人数在区内居前列，青年教师人数占2/3。不同教师的专业发展与个人追求各有不同，仅依靠学校教研组力量去培养还显单薄。基于以上思考，学校从教师团队文化发展入手，将"勤"落实在勤于学习、勤于思考、勤于实践、勤于创新的行动上，把"朴"贯穿在朴质务实、向善求真的追求中，我们也逐渐发现"勤"是成功之源，"朴"乃立身所在，"勤朴"理念是朱小人做事做人的基石和根本。

在这个大背景下，结合我校教师的实际情况，学校在2013年11月1日成立"勤朴"工作坊群，旨在让每位教师通过工作坊群的各种活动，增强教师学习、传承、创新"勤朴"理念的自觉意愿和责任意识，努力提升专业水平。

二、解决问题的过程与方法

（一）对我校教师专业发展情况的调查、分析

在调查中我们发现，在教师专业发展方面存在三个问题：一是知识整合和建构模式与教育实践脱节；二是理论指导和专业引领与教育实践脱节；三是价值取向和专业发展与教育实践脱节。不同年龄阶段的教师在专业发展上也存在着不同问题。

（二）工作坊群操作架构的研究

我校秉承"勤朴"的理念，引导教师"学习勤朴，践行勤朴，创新勤朴"，自主创建一个个工作坊，由此成为工作坊群。

1. 创立工作坊群

"勤朴"工作坊群由校长、书记主持，勤朴工作坊群的组建分为四步：一是学校遴选各坊主持人，即从学校80后教师中挑选一批踏实肯干、勤于思考的青年教师作为工作坊主持人，起带头作用。二是因需确定研究项目，即由主持人根据自己的兴趣、特长或学校发展需求确定研究项目。三是聘请校骨干为帮扶者，即根据各工作坊的特点从学校骨干教师、经验教师中为各工作坊挑选帮扶者，帮助各工作坊开展研究。四是邀约小伙伴参与研究，即主持人邀请不同学科、不同年龄、不同学段的具有专业发展需求和合作精神的教师参与工作坊的研究。这样的组合方式将学校青年教师和骨干经验教师都调动起来，也督促骨干教师进行再学习，每个工作坊据根据所选的项目开展研究，形成具有共学、导教、引研性质的学习型组织。

2. 厘清工作坊群

（1）工作坊群间关系。目前，工作坊群中共有12个工作坊，这些工作坊之间是并列关系，它们相互联系、相互促进，一个工作坊的运作也会带动另一个工作坊。由校长书记负责的"勤朴"工作坊起到了引跑作用。

（2）工作坊运作机制。学校采用的方法是引领与帮助，每个工作坊采用自主研修、同伴互助、指导者和主持人引领、帮扶者帮助相结合，集中例会、项目驱动、行动研究与成果展示相结合的活动方式。其中，自主研修、团队合作是最基本的活动方式，主要包括自主学习、自觉实践、自我反思、同伴互助。

（三）各工作坊自主发展的实践研究

在工作坊群的创建中，我们始终坚持"勤于教书，朴以育人；勤于学习，朴以做事"的理念，立足各坊实际开展实践研究。

1. 运行准则：以项目研究为核心，发展特长形成研究型的教师团队

勤朴工作坊群初建时就是以教师自觉自愿为主，各工作坊都有研究项目，各坊在自主发展过程中也是紧紧围绕项目开展研究，主要从以下五方面开展。

（1）发挥教师的特长兴趣，建坊挑战乡土资源课程开发。

工作坊群中集中了80后青年教师，他们都有自己的兴趣特长。工作坊的研究有别于教研组，更多的是从教师的需求出发。因而，在建坊时，有些工作坊就是从教师的特长兴趣出发创建的。

如"船拳"工作坊，主持人何磊是一名体育老师，他自幼习武，多次获得国内武术大奖，来到朱家角小学任教后，拜江南传拳继承人丁裕春为师，又邀约爱好武术的青年教师创办了"船拳"工作坊。在工作坊中，他和小伙伴们组织船拳社团，将船拳特色文化融入学校教学中去，并创办出校本教材《船拳》，运用科学的教学方法和手段，使学生更好地掌握船拳，传承地方传统文化。此外，"美丽语言工作坊"与"勤朴小主人工作坊"也是由教师的兴趣特长发展而来的。

（2）传承学校本土项目，建坊拓宽学生学习渠道。

朱家角小学是一所百年老校，许多的优秀文化项目在市区级层面乃至全国都有一定的影响力，如童话先导教学、踢跳、书法、手风琴、合唱等，这些优秀的传统项目需要代代传承与创新方能保持其活力，如"朱小印痕"工作坊就是在传承学校本土项目基础上发展而来，教师搜集朱小百年中优秀老师的教育事迹与校友们的故事，理清朱小的发展脉络，创办出校本教材《回望百年老校——朱家角小学》，这些工作坊在传承的基础上有了创新，拓宽了学生学习的途径。此外，"红领巾双语小导游工作坊"也是这样发展起来。

（3）克服学校发展短板，建坊挑战多维度思维方式。

教育的发展日新月异，学校在传承中开创新项目，让朱小的发展具有更加鲜活的生命力。

当学校看到学生在高层次思维与创新思维发展上有着极大的提高空间时，就为几位青年数学教师搭建平台学习如何开展创新思维活动。经过培训，教师率先在四年级开设创新思维课，并建立了"数学创新思维工作坊"。这个工作坊是以益智教学工具和益智活动为主要实施手段，增强学生的思维意识，提高其思考能力和锻炼其生活能力。核心教学模式是：P–D–T，即玩—讨论—迁移，这个工作坊受到了学生的广泛欢迎，在对外展示中得到高度评价。

（4）聚焦教育前沿变革，建坊创立新型学习平台。

在传承创新的过程中，我们看到当下一本书、一支笔的学习方式正在被打破，信息技术改变着课堂。鉴于这种情势，学校通过活动将"互联网+"带进朱家角小学，几位信息老师创建了"电子书工作坊"，这个工作坊是用Pad课堂视角架构校本教材《回首千年古镇朱家角》的框架，对知识点进行项目化管理，整合笔记、作业、评价、交流等课堂构件，与数字化资源融为一体。在课程实施中，师生共建学习主题，学生带着问题学习电子书，交流学习内容，提出各种疑惑，并利用Pad相互讨论、交流及评价。

（5）着眼教师发展需求，建坊打造快乐协作的教师团队。

创建工作坊是为了帮助教师更好的发展，形成一个个有特色的团队。近年来，学校英语组涌进了一批新教师，他们有良好的基本素养、崭新的教学理念，为英语组增添了新的血液，但是新教师对教材的把握，其教学的技艺以及教学经验等方面有所欠缺，而且在英语教学中，口语表达非常重要，为此董陈、曹继老师创立了TEDDY工作坊，即"T—Together，寓意融洽相处与团结合作；E—Energy，寓意充满能量； D—Diligent，寓意勤奋学习；D—Discovery，寓意敢于创新，敢于质疑，敢于突破；Y—Yes寓意肯定"，这是一个富有创新精神的英语教师坊，一个充满活力的团队，他们在工作坊内用英语畅谈各国文化差异与教育教学的故事，邀请外教参加沙龙活动，排演英语小品，演唱英文歌等等，TEDDY工作坊就是着眼教师的需求，以沙龙方式建造的一个快乐的教师团队。

2. 工作机制：按照规则各尽其责，以内容选择工作坊的研究方式

目前，各工作坊成员3—8名，小小的工作坊内，大家相互协调，每个工作坊依据所研究的内容采用不同的研究方式。

圆桌讨论式：即工作坊内成员聚在一起学习和讨论，如"数学创新思维"工作坊，大家拿来活动器材（突感培养系列、空间感培养系列……），聚在一起玩，在玩的过程中设计思考教学内容。

菜单认领式：有的工作坊研究的点比较多，所以就采用菜单认领式。比如"电子书"工作坊，共有7位成员，一开始由一位老师设计了电子书《名桥古桥》，在设计电子书脚本时，其余6位老师一起帮助搜集关于名桥古桥的素材，提出修改建议。等到《名桥古桥》电子书设计好后，其他的成员再各自认领一个菜单进行设计。类似于菜单认领式的工作坊还有"朱小印痕工作坊"，大家自由选择一位老教师或校友，通过查校史、走访等方式来撰写他的故事。

沙龙沟通式：TEDDY工作坊采用沙龙的方式，大家用英语相互交流，做有趣的活动，在这样的活动中了解外国文化，也提高了英语口语水平。沙龙沟通式虽然看起来有趣轻松，但是需要精心设计。英语小导游工作坊也是采用这样的方式，每次活动都有主题，然后根据主题进行景点介绍。

小组实践式：有些工作坊所研究的内容直接面对学生，而且很新颖，由于尚处在前期的实验阶段，所以主要采用小组实践式，即根据学生的兴趣来组成一个兴趣小社团，在这个小社团中进行实践，如"童话写作"工作坊、"船拳"工作坊、"七彩童话剧"工作坊，都是利用每周三下午的快乐活动日进行活动，在活动中思考前行。

（四）工作坊群外部专业支持的实践研究

创建工作坊，是以课题为目标任务，旨在改变教师"被发展"的现象，唤醒教师自主发展的自觉性，为教师多元化选择发展途径提供多种可能。在工作坊群发展中，学校给予专业性指导，定期组织各坊进行互动交流展示，提升各坊的品质，让各工作坊有更明确的发展方向。

1. 学习朱小历史，传承勤朴精神

工作坊群作为学校培养青年教师的基地，需要精神的引领，学校引导青年教师从了解学校历史开始，从"看、听、思、说"四个维度设计了三个板块的学习内容。

在三个板块的学习中，学校的宣传片与校友风采视频直观地讲述百年朱小中人、事、物；吴根华校长所做的主题报告以说历史的方式讲述朱小从创建至今的事件，主题报告中所精选的故事对教师们产生了极大的震撼；校史陈列馆是我校教育实践基地，陈列室中所展示的老照片、老物件都具有一定的历史价值，它的创建凝聚了几代人的心血。教师们从看到、听到的及实践中感悟，一步步理解"勤朴"的理念，一种自豪感油然而生。

2. 开设专题课程，指导教书育人

在做好工作坊组织架构的基础上，学校通过访谈了解到教师在课堂教学、论文撰写、校本教材编写等方面存在困难，因此每学期学校挑选一个作为重点开展主题研究。2014学年第一学期的主题是"了解校史，学习勤朴"，第二学期的主题是"撰写课题，提升研究能力"；2015学年第一学期的主题是"学会写论文"，第二学期是"走近学生，感受幸福课堂"；2016学年第一学期的主题是"集中智慧，开展创意团体活动"，第二学期的主题是"课植文化背景下校本教材的创编"。在主题之下再设计序列性的课程，帮助教师充满智慧地教

书育人，一学期一调查一专题的指导，扎根于工作坊群中教师发展最实际的需求开展培训指导。

3. 指导课题研究，理清发展思路

在创设工作坊时，每个坊进行了项目申报，这份申报书相对来说比较简单。为此，学校在各工作坊项目申报的基础上再次指导，对于一些已经有实践研究基础的项目指导其率先申报区级课题，在这一过程中也理清工作坊的发展思路。在2014年，"船拳工作坊"课题被立项为区级课题；2015年，"电子书"工作坊、"勤朴小主人"工作坊、"数学思维工作坊"课题被立项为区级课题，2016年，工作坊主持人王月乔老师的课题被立项为区级课题，"船拳工作坊"课题被立项为市级青年教师课题。课题立项促进了教师的专业自觉性，提高了教师教育科研的积极性，更重要的是让各坊的研究有了核心目标与任务。

4. 进行互动展示，创新实践反思

工作坊群最大的意义是在"做中学"，我们立足学校教育开展实践研究，将"勤朴"内涵最优化地体现在实践中。

（1）竞技基本功，新竹满朱小。2015年9月，学校开展了青年教师们"学科技能"比赛，最终选出10名青年教师参加区决赛。这10位青年教师在我校名优教师的指导下，精心设计出能凸显自身特色的比赛内容，在区决赛上大显身手，展示技能。其中，工作坊主持人王月乔、宋青、何磊老师展示了各自工作坊所研究的内容。

（2）展名优风采，润朱小新竹。各工作坊的帮扶者都是学校的骨干名优教师，为充分发挥他们在教育教学改革中的示范、引领和辐射作用，学校在2016年举行了"名优骨干教师学科技能展示活动"，19名名优教师和骨干老师展示了才艺和技能，包括新技术课堂的演讲、数学纸牌游戏、茶艺插花表演等。我们从这场展示活动中感受到了朱家角小学的老师们教得幸福，学得幸福。

（3）运用数字故事，创新反思形式。课堂教学中的反思是以文字为主的，工作坊群创建中的反思更加注重教师的内心体验，我们尝试用制作数字故事的方式来帮助教师们回忆教育过程中的点滴。教师们精心制作数字故事，讲述了自己和学生之间的故事，或是关于教育体会的，或是记录成长的，或是关于师生情的……这种呈现方式受到大家的欢迎。

学校以教师共同成长工作坊群为活动平台，让全体教师在主动参与学习传承学校"勤朴"精神的活动中，重塑自我，发展学生，促进学校办学水平的全面提高。

三、效果与反思

1. 塑造专业智慧团队

每个工作坊依据目标进行教育教学研究，以研促教，如专题研讨、公开课、沙龙研讨、小组实践，在工作坊群活动中，青年教师们不但相互交流了各自的教学经验、教学心得，而且沟通了感情，增强了集体的凝聚力，一个个工作坊成为新型的研究团队，促进了教师的专业化成长。

2. 开拓专业发展途径

校本课程开发是勤朴工作坊群的一个重要任务，也是促进教师专业发展的一个途径，介入课程开发以后，教师会面临新的教学观念、材料和策略的挑战。

为培育具有朱小特质的学子，有效丰富学生的课程经历和培养学生的全面质量观，我校在"课植"文化的背景下加强了课程计划的整体规划和前瞻性研究，利用地域优势资源和学校自身资源优势，构建起有利于陶冶学生情操、开发学生潜质、启迪学生智慧的"课植文化"系列课程，在2015学年第二学期学校进行了校本课程开发征集活动，自主开设培训讲座《校本课程，你好》，青年教师们以工作坊为单位，进行校本课程的编写。集各坊之力，朱小"课植文化"系列校本教程16本书已编写完成。

3. 形成浓厚科研氛围

工作坊群的建设让学校教育科研水平逐年提升，无论是课题申报还是论文获奖，教师参与率和获奖率都很高。近三年，我校教师正在研究的区级及以上课题有19项，课题的研究范围广，各学科都有了自己的研究课题，其中不少还是区重点课题。教师积极参与区内各类征文，每学期都有许多教师的论文发表在国家级、市级、区级的刊物上，教师们对专业发展充满了热情。

各个工作坊在学校"勤朴"理念的观照下，积极开展各种教育教学实践研究活动，自主进行教育教学反思，共同解决教育教学中的一些重点和难点问题。未来，我们仍需继续扎实有效推进各个工作坊的发展，将工作坊运作变成教师专业发展的一个新载体，同时要注重均衡发展，对于一些发展较慢较弱的工作坊要做好重点扶持的工作，对发展比较好的工作坊成果进行推广，并总结相关的经验，继续做强"源头活水"，加强过程指导。

参考文献

［1］李德燕.特级教师工作坊的建设实践与启示［J］.广西：广西教育，2013（18）.

［2］鲁帅工作坊.班主任专业发展的新路径——基于"七色彩虹""漫步者"班主任工作坊的案例研究［D］.湖北：华中科技大学，2013.

［3］叶万军.农村青年教师专业成长途径研究［D］.南昌：江西师范大学，2007.

［4］王强.教师胜任力发展模式论［M］.上海：华东师范大学出版社，2011.

［5］胡庆芳，陈向青，徐谊.校本教研制度的创新［M］.北京：教育科学出版社，2007.

［6］顾泠沅，王洁.行动教育［M］.上海：华东师范大学出版社，2008.

（课题组成员：吴根华、张婷、陶年萍、王来文、陈勤凤、周明娟、徐彩红、金彩凤、钱佳欢、吴燕萍。执笔：吴根华）

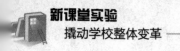
幼儿园教研组长研修智慧提升的探索

上海市青浦区嵩华幼儿园

一、问题的提出

为促进基础教育课程改革全面协调发展，教育部基础教育课程教材中心在全国范围内开展了"创建以校为本教研制度建设基地"项目，以中小学为主，也带动了一批幼儿园尝试进行幼儿园教研工作的改革，探索园本教研之路。因此，园本教研已经成为幼儿园教研改革的一种全国性趋势，而"基于行动的园本教研"成为教师专业发展的主要途径和方式。

教研组是提升教师实践智慧的重要阵地，教研组长是基层的精英。学校课程改革是否成功，教育质量是否能提高，往往与教研组长开展工作的水平高低有一定关系。

我区幼儿园新建、扩建的速度大大加快，教师队伍普遍年轻化，很多教研组长都是0~3年内的新手。如何帮助幼儿园教研组长快速成长，承担起教师专业发展引领者的角色，是本课题着力研究的问题。

1. 在促进教师专业化发展的过程中，教研组长的作用不可或缺

教研组是教师直接面对的、关系最为密切的专业组织，其折射出教研团队的教育理念与态度，教育方法与技艺都将对教师的专业发展产生深切而长远的影响。因此，其在教师专业成长与发展中有着不可替代的关键作用。

园本教研是教师专业发展的重要途径。教研活动的开展离不开教研组长的专业引领。教研组长不仅是课程实施的实践者，教研活动的管理者和组织者，更是组内教师专业发展的引领者、指导者，把握着整个幼儿园教科研的发展方向。教研组长的专业素养、工作能力与作用发挥是幼儿园管理水平的一个缩影，更体现了幼儿园的教育教学氛围和教师的整体业务水平。因此，教研组长在整个教研过程中作为教研活动的设计与引领者，群体智慧的激发整理与应用推进者，对于教研实际效能的发挥起着不可或缺的作用。

2. 新手教研组长普遍缺乏教研策划与组织的经验

近年来，大量新园快速涌现，这在很大程度上稀释了各园的骨干教师与教研组长力量。在实践中我们发现，作为教研组的核心人物——教研组长在教研活动中承担课程领导和专业引领的效果并不理想，其自身学科经验背景和教研经验背景明显存在缺失问题，难以应对教师专业能力现状与新课程实践之间的落差给教研带来的挑战。

以本区2014年对幼儿园教研组长的调研为例，3年以下工作经验的教研组长占总人数的75.68%，其中，零起点的教研组长占比为32.43%，组织教研的经历明显不足。我园是2013年新开办的一所幼儿园，"体量大、扩班快、教师新"是其特点。教师平均年龄27.74岁，其中90%以上的一线教师都是0~3的职初教师，非学前教育专业教师11人，占比78.5%，教师专业化程度低。因此，我园的教研组情况在一定程度上非常具有代表性和典型性。

上岗初期，这些新手组长往往苦于组织与策划教研组活动的经验缺乏，教研计划要素不清晰；计划即使有框架也仍缺乏核心研究点，对于研什么、为什么研、怎么研，缺乏整体思考；教研内容的选择比较盲目，忽视关键问题；教研活动现场缺乏自信，人云亦云或一言堂布置任务的现象比较多……面对这些问题，迫切需要加强对新手教研组长教研经验的培养。

3. 新手教研组长能力的提升需要搭建"实践—反思"平台

教研组长的培养需要一个长期的过程和有效、适宜的方法途径。开展教研活动，是一项实践性非常强的工作，仅凭案例观摩或专题讲座，教师未必就能将学到的经验运用于实践，容易导致教研组长在真实的教研情境中面临"自己知道如何做而不会引导教师如何做"的尴尬困境。面对这些问题，仅仅依靠教师的个人反思不足以有效提高专业水平，而同伴互助虽能实现经验分享，相互学习，相互支持，但基本相同的水平难以在抽象和概括的水平上起到专业提升的作用，因此专家的引领是不可缺少的保障条件。基于我园几位年轻的教研组长都为新手的实际情况，要在较短的时间内使她们进入角色，拥有组织好一场有质量的教研活动的能力，创设模拟情景，进行"预演"是一种比较适宜和有效的方法。

由此，我们尝试引入"说课"的方法，让新手教研组长在独立设计教研方案的基础上面对研修团队"预说教研"，由此，①创设模拟情境：研修团队以教研成员的身份提出问题，帮助组长反思方案设计的问题，锻炼机变能力。②接受专家指导：相对于数量充足的开放集体活动，幼儿园教师较少观摩高质量的教研活动，所以急需专家的指导。在"预说教研"的过程中，新手教研组长能获得经验丰富的专家的指导，由此获得更多审视自身教研的角度，加深反思深度。③注入成长动力：几位教研组长共同参与，在"同说"中相互学习借鉴，为共同前进注入专业发展动力。

4. 幼儿园内部和外部的专家资源，为"预说教研"提供了有力的保障和支持

园本教研是在幼儿园展开的，是围绕幼儿园的实际和问题进行的，但它不完全局限于本园内的力量。实际上，一些专业研究人员和他园同行的参与也是园本研究不可或缺的资源和因素。离开了这些"局外人"的参与，园本教研就会自囿于同水平，迈不开实质性的步伐，甚至会停滞不前，从而导致形式化、平庸化。从这个角度来说，专家、同行的参与是园本教研向纵深可持续性发展的助推器。

经验、理论指导和专业引领是园本教研得以深化发展的重要支撑。由园内外专家、教研员等组成的专家团队，相对于一线的教研组长而言，他们的长处在于具有系统的教育理论素养和丰富的实践指导经验。我园园长、副园长以及保教主任是有几十年经验的教师，在组织和指导教研活动方面方法灵活、策略多样。而市、区层面的教研员、专家以及姐妹园的园长、业务园长、教研组长等的参与，更加壮大了我们这支研修团队，使我们的"预说教研"成为一种专家指导下的实践性研究。

"预说教研"基于对研修智慧的再分析，是对教研的教研。"预说教研"借鉴了说课方式，是为真实的教研做准备，以切实提高现场真实教研的质量，对教研组长专业素养的提升也有着最为直接的作用。因此，我们试图借助各种有利的资源，采用"预说教研"的方式，以"教研活动"为载体，形成长效机制，使年轻的新手教研组长们在实战中学习，在专家的引领下快速成长，促进"教研组长"研修智慧的提升。

二、研究的具体实施过程

（一）开展新手教研组长调研和访谈

为了更好地研究，我们全面了解了研究对象的专业能力水平、教研活动现状和真实需求，为确定"预说教研"的关键要素提供依据。

在组织开展"预说教研"的过程中，新手组长都是从"零经验"起步的。

针对她们研修能力相当薄弱的实际，为了能更准确地了解她们的专业能力和经验情况，我们首先通过调查问卷和个别访谈的方式对组长进行了前期诊断。

围绕教研活动的组织，通过调研和访谈，结合日常观察，我们了解到新手教研组长目前特别缺少的研修智慧集中体现在"教研活动的预设能力"以及"组织落实过程中的策略和方法"这两方面。

（二）借助文献检索和前期调研

教研组长作为教师队伍中最基层的专业引领者，其所拥有的专业能力和实践智慧必然是不同于一般教师的。在组织教研活动时，她们不仅要自己知道怎么做，更重要的是通过组织研讨让组员们知道为什么要这么做，应该怎样才能做好。

通过对一部分0~5年新手教研组长主持的教研活动有效性的调查发现，影响其教研活动质量的问题和因素主要集中在五个方面，即教研内容的选择抓不住重点、教研目标的制订大而空、教研策略没有针对性、总结提炼的水平比较低以及一些外在因素的干扰。其中又以"教研方案的制订"和"教研策略的运用"这两个方面的问题最为明显。

基于以上对新手教研组长教研现状的分析和思考，我们在查阅相关资料的基础上，经过多次实践，初步确立了"预说教研"的五个步骤，每个步骤都有相应的实施要点。

步骤一：组长预说教研方案

实施要点：①新手组长把事先进行独立思考和设计的教研活动方案通过RTX群或微信网络平台等途径将方案提前发布，使研究小组的成员们对组长所要预说的内容有一定的了解；②预说时，组长围绕设计的方案向研究小组进行阐述，并对教研目标、设计思路、准备、流程环节中的重点关注和策略方法进行"预演习"。

步骤二：教研组长与研究小组成员进行互动交流

实施要点：①研究小组专家和其他组员针对"教研方案"的制订，如"教研话题的确立""目标的适应性""各环节时间的分配和重点关注"等提出问题，与组长进行交流碰撞；②结合组长的预说情况，针对组长"研修智慧"中最薄弱的、问题最大的地方，提出建议与支持性策略。

步骤三：组长针对研究小组提供的建议调整教研方案

实施要点：①通过组长预说教研和互相质疑评论的方式进行小组集体审议，形成一套共同认可的教研方案；②组长根据"预说"后达成的共识修改和完善方案，增强方案的可行性。

步骤四：教研组长组织现场教研

实施要点：教研组长组织现场教研，研究小组设计并提供《教研观测表》，跟踪观察并记录教研组长现场组织教研的情况，重点关注组长对教研目标的把握以及过程中运用的策略方法。

步骤五：教研组长进行教研后反思

实施要点：①第二次互动交流，教研组长先对照方案进行目标达成度的分析和自我反思。②研究小组结合《教研观测表》，围绕本次教研的设计与组织进行整体的反思和评价。③由组长整理汇总集体评议情况，进行方案、策略的再优化，最后梳理教研经验，撰写教研案例。

"预说教研"的整个过程，研究小组的成员都全程参与，全力配合。"预说教研"这种培训方式对于新手上路型的教研组长更是有着不可替代的价值意义。因为教研组长所需的能力大多涉及默会知识和程序性知识，撰写的教研计划文本所呈现的内容仅涉及其中一小部分；新教研组长个人的思考预设也很难涵盖全面，而通过经验教师的提点、小组间的相互交流与提问，能客观地帮助教研组长理清思路，采用更适宜的教研策略组织有效教研。

预说教研主要是围绕"教研方案"展开的预说。通过一段时间的预说教研实施，研究小组分析和归纳出了一些关键性要素，便于对组长"预说"的质量（说得怎么样）进行评价，从而帮助教师抓住重点，为实施现场真实教研打好基础。教研观测表，见表1。

表1　教研观测表

关键性要素	评价的视角
前期思考	分析的角度是否适宜？能否真实反映组员在课程实施中的经验和问题？文字的表述是否清晰？
教研内容或话题选择	内容是否来源于实践中的真实问题？教研话题的确立是否有价值？
期望解决的问题或达成的共识（目标）	列出的"共识或解决的问题"是否让每位组员明确？能否突出重点？
活动准备	各项准备是否充分和必要，表达是否清晰？
流程安排	前后环节的安排是否适宜？时间配比是否合理？
策略方法	教研过程中策略方法的运用是否恰当，形式是否多样？
反思调整	对教研活动各环节所要解决的问题和重点是否明确？能否及时调整？

（三）设置教研中的"问题情境"，探索"预说"的支持策略

当预说教研形成了一定的流程并经过多次实践后，我们发现教研组长在教研方案的设计和构思上进步比较明显，特别是在前期思考和准备方面比较充分，能围绕教研目标架构整个教研内容。但是，因为组长们毕竟都是新手，在现场实施方案时，不可避免地出现了研讨缺乏普遍性、组内成员实际参与度不高以及总结提炼不到位等情况，因此，策略方法的灵活运用对教研组长仍是最大的挑战。

预说教研的开展进入第二个阶段，我们便尝试着把目光投向了教研过程中当面对各种"问题情境"时，组长如何运用适宜的、有效的策略方法来解决问题开展教研。

组长现场调控方面最常见的问题，要么是缺乏感染力和热情，使现场沉闷，思维停滞；要么是灵活应变能力不足，在研讨中简单地顺从或局限于某一问题，无法把握交流研讨的节奏，环节拖沓，研不出成效。因此，教研的组织过程中，组长要有适时的"挑拨""提点""追问"和"总结"等动作，促使组员之间相互激励、刺激，从而引起连锁反应，让教研带有"研"的味道。这也是一个组长思辨能力和习惯形成的过程。

我们在预说教研中根据组长教研方案的内容，设计不同的"问题情境"，帮助组长分析和应对可能出现的各种情况，以提供支持性的策略。如"组长抛出了某个问题，组员冷场，无反应怎么办？""组员意见有分歧，各持两种不同意见，如何应对？"……而有了充分的预设和准备，一定程度上就可以为后续实施真实的教研打下良好的基础。

三、行动成效

1. 促进了新手教研组长专业能力和研修智慧的快速提升

自课题立项以来，我们分阶段、有侧重地组织开展了近20次组长"预说教研"活动。第一阶段的研究侧重组长"教研计划"的有效制订，第二阶段以教研组织过程中的策略方法为重点展开研究，第三阶段的重点则放在组织教研后组长的有效反思方面。研究过程中，课题的专家组成员及课题主要研究对象——6名教研组长全程参与了课题的研究。

预说教研的实施强调"研"与"训"过程的统一。教研组长从假设的教研情境到真实的教研情境，从策划设计、组织实施到反思评价等一系列过程，发现、探讨和解决教研中出现的问题，最终获得作为一名合格的教研组长所必须

具备的专业能力和研修智慧。

2. 在幼儿园教师队伍建设上，形成了骨干领跑、共同促进的良好氛围

通过课题研究，几位教研组长经历了几个阶段的预说教研实践，切实解决了许多教研实际问题，加速了组长的专业成长。在我园新教师多、师资相对薄弱的实际情况下，形成了骨干领跑、辐射全体的积极效果。

参与课题研究的组长，她们的发展更是令人欣喜。其中有1位教师被评为区示范教师，1位被评为华新镇名优教师；在区优秀教研组评比中，我园教研组获区优秀教研组称号；多名组长在区级以上刊物发表了经验文章，多次参加"上海托幼""中福会""黄浦杯""青浦实验"征文活动并获奖；2名组长参与了幼儿数字书画研究，成果已出版；多名组长在区级以上层面公开集体教学活动；1名组长负责的课题获得区级立项。

3. 教研组长的个人成长感悟

几位新手组长在经历了本课题两年的实践研究后，无论是专业能力还是研修智慧方面都有了明显的提高。预说教研就像是一块敲门砖，帮助组长叩开了专业成长的大门。

四、进一步的思考与建议

（1）开展预说教研，对于一所新教师基数庞大、组长普遍年轻缺乏经验的园所来说，具有较高的适用性。但怎样确立有效的机制，从制度上给予保证，从而使"预说教研"形成常态，是我们后续要思考的问题。

（2）预说教研的流程有五个步骤，要保证每个环节的有效实施必然要耗费大量人力，因此必须保证留有充裕的时间。目前的研究，只是现场面对面的以说为主。如果要使其有更高的推广价值，后续则要在"操作的简易化"和"形式的多样化"方面进行思考和完善。

 参考文献

［1］王守恒，姚运标.课程改革与教师专业发展［M］.合肥：安徽教育出版
社，2007.

［2］崔岚，黄丽萍.如何当好教研组长（幼儿园教研组长最新工作手册）
［M］.上海：华东师范大学出版社，2011.

［3］李叶峰.教研组长课程领导角色的质性研究［D］.重庆：西南大学，
2010.

［4］黄瑾.文化本质理论视野下的教师发展［M］.上海：华东师范大学出版
　　社，2013.

［5］肖川.教师成长的策略［J］.教研科学研究，2004（4）.

（课题组成员：章艳、何永吉、沈燕、魏玮、蔡丽欢、王苏静。执笔：章艳）

第八章

践行行动教育，提升教研能级

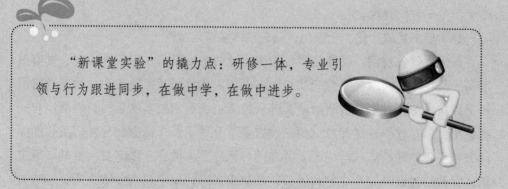

　　"新课堂实验"的撬力点：研修一体，专业引领与行为跟进同步，在做中学，在做中进步。

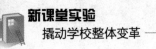
"同课共构"的循证实践：从思考到行动

青浦新课堂实验项目组

一、问题省思

随着课程教学改革向纵深发展，转变教师教学行为、促进教与学转型显得更为紧迫。教师认知水平和实践能力的提升需要有效的专业支持与指导，学校教研活动是教师专业发展的重要载体。当下学校教研活动，存在下列问题：

1. 教研内容囿于单一学科内容，缺乏学生立场和综合视野

教研的目光始终局限于学科教学内容，关注的焦点在教材重、难点上，对于学什么、怎么学等学生学习问题的讨论较少，教师与学生之间缺乏沟通。长期以来，数学教研活动局限在同一学科组交流的围城中，甚至更多地局限于年级组中，不同学科的教师缺乏信息交流。单一组别的交流容易形成惯性思维和视野盲区。长此以往，将导致教师思维僵化和偏执，无法实现不同学科教师之间的视野融合和优势互补，也无法使教师系统地了解学生的知识与能力，无法给予学生全方位的教学指导。

2. 教研形式碎片化、无序化，缺乏整体性和连续性

集体备课、观课、议课是学校教研活动的主要形式。但听什么课、做哪些准备、研讨哪些问题等，教师却思考的很少。从目前的实践来看，许多教研组长仍以应付的方式组织教研活动，部分教研组长对学校本学年的教研活动有一些思考，但在教学进度和考试的刚性需求下草草了事；极少部分教研组长能深度思考，将教师的需求与问题，外在的目标与要求融合，以连贯一致的研究主题贯穿教研活动。碎片化导致教研质量急剧下降，无序化则导致教师更多地关注眼前的问题，教研缺乏对课堂改进的方向引领和缺乏深入思考。

3. 教研依据局限于教师经验，缺乏基于证据的分析

教师往往以直觉、印象、个人经验，作为评判课堂实践的标准和依据，很少采用前后测比较、课堂观察，尤其是立足于学生学习过程与效果的观察，学生的访谈等方式来获得改进教学证据。教研活动大多以教师个体观察为主，缺乏团队架构下的全局观察。教研过程中"拍脑袋"居多，缺乏运用观察工具、信息化手段搜集课堂生成的软判据来分析改进教学。

4. 研究结果止于一般结论，缺乏行为跟进和物化成果

教研活动不仅是一个研究的过程，更是一个以改进实践为目的的行动研究过程。由此，每一次的研讨，教师不仅要讨论形成针对性改进意见，还要将研讨生成的实践智慧物化为文本或视频，更要改进自我，落实教学行为跟进。但是，常规的教研活动，常常由某位资深教师或有经验的教师上课，其他教师通过参与观课、评课，从中学得某些自己认为好的或有用的具体方法，就宣告结束。教研活动常止步于课堂改进的一般性结论，缺乏支持结论的证据和细节，结果执教者对这样的结论并不信服而缺少后续行为跟进，评论者也没有经由这节课反思自己的教学理念和行为进而改进教学。

学校教研活动的改进、改善日益迫切。立足常态课堂，研究与教学浑然一体，在研究的状态下实施教学，在教学的过程中开展研究，课堂中发现的问题成为研究要解决的问题，研究生成的智慧与成果直接转化为教学改进行为，物化于课堂。

二、变革路径

1. 同课共构的循证实践

青浦实验的历史进程表明，一些新教师之所以进步快，是因为他们跟自己的"带教师傅"长时间地交互、"捆绑"着上课和研讨。对此，美国密歇根州立大学的同类研究也揭示出师徒结对"捆绑"的作用。这是因为，教师教学凭借的是实践性智慧，很难单独地讲出来，它是在做的过程中，不断领悟、学习，才能得到的。教师只有亲身经历"做"的过程，才会发现、领悟教学的奥秘。古人云："相观而善之谓摩。"教师在观摩、评析他人的课时，才会知道自己的不足在哪里，该往何方改进。

我们在自身成功经验的基础上，汲取"同课共构"和"同课异构"的优势，探索"同课共构"这一研修方式，倡导"经验教师（M）和新加入教师（N）捆绑"轮流进行教学、观摩，并将这种相互交替的循环过程嵌于学科教研活动之中，由此创生了"同课共构"实证研修机制，即教师及其指导者与研究人员组成团队，共同围绕建设"以学为中心，驱动学生深度学习"的课堂，开展学与教的设计、实施与改进，在实践中梳理"一图二表三单一视频"；同时，让有经验的教师（M）和新加入教师（N）捆绑结对，进入"合作备课—课堂实施/观察—反思改进"过程，基于证据进行教学改进，如图1所示。

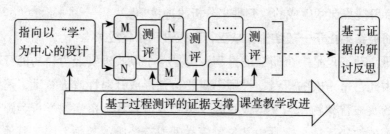

图1 同课共构的实证研修

2. 研究路径与方法

立足实验学校，组建实践—研究共同体，由研究者、专家教师和新加入课改的教师三部分组成合作团队，一起进入教学现场，共同对教学场景中的难点问题进行课例研究，问题导向与目标导向结合，经历"前端分析—任务设计—过程测评—行为改进"，将专业智慧、证据与学生的需求与期望充分融通互补，整合为最佳证据，基于证据进行"确定问题—收集分析证据—实践应用（课堂观察）—反思诊断"的循环，如图2所示。每次循环强调实证数据分析，用事实和证据说话，每次循环强调催生鲜活的案例，形成物化成果。

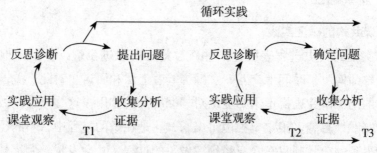

图2 课堂循证实践

三、行动探索

（一）智慧碰撞的平台：基于和而不同的理念

由专家教师、其他教师和研究者共同组成实践团队，以教师的行动教育流程为蓝本，进行同课共构的循证实践研究。成员来自不同学校、不同的学段，他们对研究问题的聚焦点，对研究内容的理解力，乃至相互对话的方式，不尽相同。如果没有共同框架的规约，彼此间很可能出现信息鸿沟和理解偏差。因此，建立一个能够充分自由地进行对话的平台，对于促进相互交流尤为必要。基于前期研究成果，团队坚持和而不同的合作理念，将"前端分析—任务设计—课堂观察—反思改进"确立为核心实践，见表1，强调在这一大框架下，将每个教师的经验和智慧，将每所学校的优势资源以及学校间存在的资源差异，整合集聚，取长补短，相携共进。

表1　核心实践设计

实践栏目	时空	内容
前端分析	课前	（1）基于课标，厘清单元和课的学习内容逻辑结构图。 （2）凭借教学笔记、个别随访、《预学单》提供的信息，进行学情分析。 （3）制订《双向细目表》，精准刻画学习目标。 （4）基于座位表的个体目标达成分析，精熟学习内容、目标与学生的关联
任务设计		课前、课中、课后连贯一致的《学习单》设计
课堂观察	课中	教学过程呈现阶梯式攀登
反思改进	课后	基于证据的学生有效获得分析，优化前端分析、任务设计

（二）循证实践的历程：需求、智慧与证据的深度融合

循证实践不仅是一种实践理念，引导教师走出经验主义的藩篱，强调基于教师的实践智慧、学生的需要和期望、证据融合形成最佳证据来设计、实施和改进教学，更需要一个实实在在的、具体可行的实践框架，支持教师立足最佳证据落实课堂改进。为此，在理论与实践的双向互动中，建立起循证实践的基本框架，并将这一框架贯穿于学情分析—任务设计—过程测评—行为改进的全程，如图3所示。

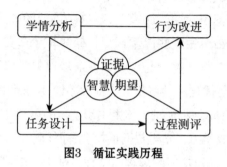

图3　循证实践历程

1. 立足于学生的期望

基于学生的立场，了解学生的经验基础，把握学生的认知风格，听取学生的需求，倾听学生的内心世界，并且对学生提出的问题、学生的误解和迷思做仔细的分析，而非立刻从自己的认知框架和价值观出发进行批判。

2. 立足于教师的实践智慧

立足于教师的实践智慧，包括教师在长期教育教学实践中积淀的、行之有效的教育教学方法、策略、举措等，也包括教师通过报告会、论坛、研讨会或讲座获得的、未公开发表的他人的经验智慧。

3. 立足于多角度的证据

循证必须以坚实的证据作为后盾，没有证据或没有好的证据，循证实践都难以为继。证据的产生和选择是按照一定的研究方法进行研究后获得。由此就产生了选择怎样的证据以作为循证实践的依据。本研究按照证据的形态，分为静态和动态。静态证据包括课标、相关学术研究、案例课例研究，动态证据则包括在课堂中收集的关于教师的教和学生学的证据。

通过多次实践改进，立足课堂改进，我们建立了如下以学观教、以教观学的获取和分析证据的基本框架。

（1）观察学生的课堂参与。心理学家加涅指出，学生的学习是学生参与教育经验而产生的行为。青浦实验曾以实验证明，有效的学习需要情意投入，认知才会获得理想的结果。据此，听课者可通过观察学生的语言、表情等外显行为，判断其情感的投入度、愉悦度，并结合当时的学习内容，对教师的课堂行为进行分析，帮助教师进一步改进教学策略，使学生的学习处于动机激发、兴趣保持、信心激励与热情维系的良好状态。

（2）观察学生的课堂学习水平。从某种意义上说，学习的实质在于思维方法的获得。思维方法是隐性的，存在于问题解决之中，问题是思维的对象，《学习单》的设计应基于问题。课堂上，观察《学习单》的运用，分析学生如何出声想、出声写、出声做这些课堂行为，探知其在真实学习活动中的体验，分析学科思维方法的获得及优化与否，审视众多现象背后隐含的学生的思维状态，以帮助教师改进与优化《学习单》、提问的设计与运用。

（3）学生学习的机会和时间。学生主动学习的可视化，重点观察学生独立思考、互助学习、挑战学习、学生提问的机会和时间。

（4）观察学生对知识技能的理解与掌握。基于《学习单》反映的事实，分析教学目标的达成度，结合访谈得到的学生反映、前后测数据，观察学生在核心知识理解（包括迷思概念的突破），技能、方法掌握与运用等方面的具体表现，分析教师如何有效使用《学习单》上获得的信息，怎么给予学生有挑战性的学习期望，启发学生有意义地接受学习和探究学习，帮助教师发现教学中的问题，切实提高课堂教学的合理性与适切性。

（5）观察教师教学的方式方法。围绕《学习单》在课堂教学进程中的使用情况，观察教师对教与学的把握，重点在：是否给予学生主动学习的机会，以及相应的时间；是否对学生进行了针对性指导，选择的时机是否恰当；是否给予学生独立学习的机会，以及任务是否明确，时间是否适切；是否给予学生合作学习的机会，以及对象安排是否合理；是否给予学生探究学习的机会，问题是否有挑战性等，以帮助教师有效改进自己的教学。

（6）其他实证研究方法。如通过前测后测、课后访谈，以及学生课前、课中、课后《学习单》，获得有关行为改进所需的重要信息。其中，针对学习目标和水平所设计的测题，经过专家教师的论证，得以最终确定。前测的实施，是在学生完成《课前学习单》之后、正式上课之前，后测则是课结束后即刻完成。两次测试各5题，对应于记忆、理解、运用三种学习目标水平。研讨会上，团队成员基于课堂观察、师生访谈、前测后测和学生《学习单》提供的信息，以此为据，分析教师设计与学生实际获得之间存在的差距，结合课堂观察中发现的学生迷思知识症状，提出教学改进意见。

（四）立足证据的循环改进：让学习真实地发生

我们选取了两位执教教师，W老师具有丰富的教学经验，潜心于教学风格的创建；T老师希望通过研究改变课堂经常出现的沉闷气氛，提高教学的针对性。她们都有改变自己的内在迫切性。经过两校教师商议，课的内容定为"三角形的中位线"，教材为上海教育出版社发行的《七年级数学》下册。以"立足学情，激活思维，提升素养"为主题，开展课例研究。

2011年，实验中学教师就在顾泠沅教授的指导下，经历了三年的打磨，形成了堪称经典的教学设计。如何在原有成果的基础上攀上新的台阶，对两位执教老师来说无疑是一场挑战。课题确定后，团队利用现有资源，组织教师学习，提供了关于"三角形的中位线"所有的经典教学设计与实施，以及已发表的有关三角形中位线教学的研究报告等。两位执教教师立足自身条件，先"求异"：分别进行前端分析，即用"知识包"厘清知识逻辑的主干结构，纵向把握知识的来龙去脉，横向涉猎相关的知识，以及了解学生迷思的知识（易混的、思维定式的、难学的）。随后，运用学习内容与学习目标的双向细目表进行教学分析，明确学生学习这部分内容需要达到的水平，以及基于座位表对个体达成目标进行分析，由此对学习内容、目标与学生的关联精熟于心。在此基础上，设计课前、课中、课后连贯一致的《学习单》。

一周之后，团队聚一起，在同一个平台上进行"同课共构"。首先是前端分析与任务设计，每个教师结合本人已有经验，将对"三角形中位线"教学的理解，展示于绘制的知识图以及《学习内容与学习目标双向细目表》上，每个教师的展示各不相同。其中，W老师对知识来龙去脉的理解，获得了专家D老师的认可，而T老师关于横向相关知识的细致描绘，则被W老师采纳。在有限的40分钟时间里，让学生学什么、学到什么程度，学生的误解和迷思，是一节课的重点、难点。如何突破它，经过一番思维碰撞，大家在"知识包"、《学习内容与学习目标双向细目表》《学习单》等主要学习环节的设计上初步达成共识，同时又生成了新的认识：在《双向细目表》中增加思想方法。

接下来一周，对成员任务进行分工：执教教师修改与完善前端分析、任务设计方案，准备上课；其他教师编制前、后测题目和设计《课堂观察量表》。又一周后，全体成员带着任务，进入课堂教学现场，多途径采集数据，形成证据。

1. 基于证据的分析与循环改进

在本节课中，教师比较注重给学生充分的思考时间，师生对话比较多，希望通过启发性的问题促进学生深入思考。优势：①从提问总数量上来看，数量适中，学生具备充分思考的条件，师生互动对话比较多；②从思考层次上来看，理解性解释水平和探究性理解水平的占比都比较高，说明教师比较注重学生高层次思维能力的培养。改进点：由于学生学习能力较弱，问题的思维层次主要停留在记忆性水平和理解性解释水平，探究性解释水平的问题不到30%，但是，要提高学生的思维层次，就必须要提高问题的深度。所以，应进一步做好预设，使教师的语言更加精练、准确，提高问题的针对性和有效性，使学习真正发生。课堂提问水平分析表，见表2。

表2 课堂提问水平分析表

思维层次	问题	
	数量	占比
记忆性水平	10	27.03%
理解性解释水平	16	43.24%
探究性解释水平	11	29.73%
总计	37	100%

2. 小组合作学习的有效性分析

本节课以解决问题为核心，以小组合作为主要学习方式，从课前预学、探究定理到性质应用，多次通过交流讨论来解决问题，小组合作的有效性不仅体现在知识目标的达成方面，也体现在思维的发展、学科素养的提升方面，与小组成员的组成情况、合作的时间、合作的方式及教师指导等多方面有关。小组合作学习观察组通过对每个学习小组点对点的观察，给出了如下数据分析，见表3。

表3　学生小组合作有效性分析表

序号	小组学习内容	时长	小组合作方式	教师指导	效果描述
1	证明中位线的性质	3分50秒	自己先思考，然后交流，写证明过程	请讨论好的学生先写好已知求证	全部正确完成
2	直接应用	2分	自己做，求助于组长		1人做对，其余的人做错或没有完成
3	综合应用1	2分40秒	独立思考，讨论交流	教师直接讲解	思路都清楚了
4	综合应用2	2分30秒	自己做，求教于组长		2人会，还有2人不会
5	生活应用	50秒			

建议：在课堂上，小组合作学习的形式与内容较合理，困难生能积极主动地寻求帮助，组长都乐于帮助有困难的学生，但是，由于班级学困生较多，小组合作学习还不能完全达成。所以，今后还应注重科学合理地分组，从学生的性格特点、学习水平、思维方式等方面进行均衡搭配，使合作学习能够真正地发生；除此之外，还要培养学生良好的合作学习习惯，防止假合作、真抄袭，充分发挥教师在合作学习中的指导调控作用。

3. 学习时间和学习机会的分析

对于整节课的教学用时和教学方式，从观察小组的测评数据和访谈结果可以看出，本节课在时间安排上比较合理，有些环节还可以进一步改进，见表4、表5。

表4　教学环节中教师与学生用时

教学环节	教师用时	学生用时	合计
预学展示	2分01秒	4分	6分01秒
性质探究	3分10秒	11分47秒	14分57秒
新知应用	4分45秒	15分15秒	21分
课堂小结	1分	0分	1分
总计	10分56秒	31分02秒	42分58秒

表5 学生学习方式用时记录

教学环节	独立学习	合作学习	展示学习	挑战学习
预学展示			2分20秒	
性质探究	3分17秒	2分08秒	5分02秒	3分20秒
新知应用	2分40秒	5分08秒	6分13秒	2分20秒
总计	5分57秒	7分16秒	13分35秒	5分40秒

面对一节新授课，教学容量大，习题类型多，如何立足学情进行教学设计、课堂调控是对教师教学水平的考验。在预学展示环节中，运用微视频进行了直观生动的引入，为新知的探究节省了大量的时间，但是，在性质探究和定理的综合运用部分仍然有些匆忙，如何根据学生的实际学习情况，进行教学内容的进一步整合还需进行深入思考。

4. 基于课堂《学习单》的学生学习水平分析

连贯一致的课前、课中、课后学习为我们的高效课堂提供了平台和保障，学生的思维过程在《学习单》上都有不同程度的体现；《学习单》前半部分达成度较高，后半部分由于时间关系，达成度有所下降，见表6。改进点：一是在教学预设中，这类问题只需要学生思考、口答，不必进行书写；二是由于时间有限，学生无法完成。所以，精编习题，给予学生更多自主尝试的机会是走向"学"的课堂的保障。

表6 基于课堂《学习单》的学生学习水平分析

对应内容		评判标准	结果数		百分比	
			第一节课	第二节课	第一节课	第二节课
活动一	中位线的概念	正确完成填空	24	53	100.00%	100.00%
活动二	证明猜想第一部分	写出已知和求证	24	50	100.00%	94.34%
	证明猜想第二部分	体现主要思路	19	43	79.17%	81.13%
	中位线性质定理	正确完成填空	24	53	100.00%	100.00%
活动三	初步运用1.（1）	正确完成填空	24	53	100.00%	100.00%
	初步运用1.（2）	正确完成填空	24	50	100.00%	94.34%
	初步运用1.（3）	正确完成填空	23	53	95.83%	100.00%
	新知运用2.（1）	有主要思路	19	50	79.17%	94.34%
	新知运用2.（2）	有结论或思路	0	28	0.00%	52.83%
	新知运用2.（3）	有结论或思路	22	38	91.67%	71.70%
	实际应用3	有结论或思路	0	3	0.00%	5.66%
活动四	课堂小结	有内容	0	0	0.00%	0.00%

通过循证实践，教师从学生学习的发生、过程与效果的数据中准确地看到自己的优点和不足，保持优势并转化为实践智慧，改变劣势，使后续教学有一个新的起点。

四、初步结论

1."同课共构"教研方式，提取教师实践智慧

"同课共构"研修方式，通过团队的力量，围绕教学过程最优化目标，让所有教师都"卷入其中"，共同探讨一节课的教学，聚焦问题与关键，进行设计与实施。然后，通过发散思维与聚合思维的交融和实践过程中的体验、检验，将蕴藏于每个个体内部的隐性知识显性化，在高位上生成实践智慧。如此改变了自上而下的教研管理方式，避免因缺少有效设计，教师无奈"隔山打牛"，乃至话不投机、无从交流的尴尬局面。而扁平化的架构，民主平等互动的对话机制，基于困惑与设计、问题与体验、行动与反思、结果与成果紧密结合的团队研修方式，有利于教师在真实的情境中获得理念的省悟，积淀知识，丰富教学智慧。

2. 创新"实证分析"教研工具，提升研修品质

开发用于实证分析的操作工具，用以搜集问题，将其制作成"靶子"，让教师通过"打靶"，不断生成改进课堂教学的"点子"。《课堂观察量表》既要遵循"以学生学习为中心"的教学理念，又要便于教师操作。其设计指标有：学生课堂投入度（通过每2分钟扫描全体学生），学生学习参与度（包括讨论人数、次数，答问内容及其层次），学生独立学习与互助学习实现度（内容、时间、获得），学生情感与体验展示度，学生获得有效度（新经验产生，思维优化）。而每名观课教师进入课堂前，手中都有一份基于《学习单》的情况简介、基于座位表的目标达成分析。借助这些资料，教师就能大致了解这个班级学生的学习情况，从而通过课堂观察，判断、分析学生的学习所得。从管理需要来说，"前测与后测"是针对一节课学习目标和水平的要求，设计若干结构一致的测试题，为评估教学效果提供数据信息。这样，团队成员可以依据课堂观察、师生访谈、前后测和学生《学习单》提供的信息，分析教师设计与学生实际获得之间存在的差距，结合课堂观察中发现的学生迷思知识症状，提出教学改进意见。

3. 开通"知识传递"教研平台，提炼研修价值

在信息化时代，教研要引入互联网思维，改变以往"管"本位下的封闭性、局限性做法，将线上和线下相互连通，加快知识，尤其是蕴含教师丰富实践智慧的默会知识的传递，实现更广范围的共享。为此，课题组开辟出一条无

障碍、无边界的知识自由传递渠道，在同一教研组成员及各个教研组成员之间，打造一个共塑、共享、开放的教研管理生态系统，以提炼团队研修的价值。一方面，搜集已有学术研究成果和各科教学资源，包括已编制的教学知识包（课、单元），《教学双向细目表》，课前、课中、课后连贯一致的《学习单》，相关检测题，课堂观察工具，核心知识学习，学生学习困难与易错的微视频，以及教师制作的课件等。另一方面，收集与征集每次活动产生的原始性资料和研修实践中积累起来的过程性成果，主要是教师撰写的各类文本，包括课堂教学与课后会议实录、现场观察记录、个人教学设计与教学反思、教学论文与经验总结、课例报告，以及编制的学科核心素养图谱等。为便于教师使用，这两方面之间通过资源库建立多项关联，加快传递、传播。

经过两年的实践，学校教研活动品质得到提升。

一是教师群体的精神面貌悄然发生变化。从过去"教研倦怠"，逐步走向"摆正自我"后的教研期待，满怀信心、积极主动地投入到教研中。

二是教师变革课堂的证据意识和学生立场逐步形成。从过去主要凭据经验逐步走向促进学生真实学习的立场，多角度、多渠道、多载体地获取证据并融入实践。

三是教师实践智慧获得了有效提升。无论是专家教师、有经验的教师还是新手教师，他们都在循证实践中获得教学的真实进步。

 参考文献

［1］朱连云.新课堂实验：预学展示，助学评议［J］.上海教育科研，2011（1）：75-76.

［2］郑少鸣，姜虹，朱连云，等.教师"行动教育"——青浦实验新世纪探索［J］.课程·教材·教法，2014（3）：3-12.

［3］杨翠蓉.美国新教师培养中的认知师徒制［J］.教育评论，2009（2）：161-163.

［4］李霞.同课共构：创新教学研修的实践［J］.现代中小学教育，2016（1）.

［5］杨文登，叶浩生.社会科学的三次"科学化"浪潮：从实证研究、社会技术到循证实践［J］.社会科学，2012（8）.

（课题组成员：朱连云、李霞、黄开宇、董菊美、王慧萍、陶颖等。执笔：李霞）

且行且思：在团队合作中分享与
提升教学智慧的实践

上海唯实希望小学

我们是否只顾"埋头拉车"，而忘记"抬头看路"？这一路，我们并非独行；这一路，我们与同伴同行；这一路，我们在交流、分享、合作中身体力行；这一路，我们在智慧中前行；于是，圆圆的一滴，原本有形，落地生花，变为无形，无形源自有形，有形源自践行，从无形到有形，从有界到无疆，且行且思，这就是团队的力量。

——题记

独行：分散的智慧，无形的团队

"昨夜西风凋碧树，独上高楼，望尽天涯路。"王国维先生认为这是做学问的第一重境界。于是，当我们登上高台，望着脚下工作的这片热土，看着身边工作的这些伙伴，此时的我们，似乎明白了：在这个英语团队中，我们只顾各自"埋头拉车"，而忘却了"单丝难成线，独木难成林"；忘却了"要想获得更大的成功，离不开团队的力量，离不开智慧的共享"。在区优秀教研组评选中，我们的落选，敲响了警钟：长久以来，不断地郁郁独行，并时常游离于自己的团队；缺少了团队的支持，缺乏同伴的交流、分享、合作，彼此的智慧无法凝聚；于是，我们形散了，神也离了。当HX小学的教师们自豪地说"在我们的身后，是强大的HX小学团队"时，我们却沉默无语了……长久的独行，造成了而今团队的无形。

我们的理论学习、集体备课、课例研究……很多时候，流于形式，或泛泛而谈，或匆匆了结，或天马行空，或无限拖沓，《教研记录手册》上留下的也只是只言片字。于是，当问及：你是否对这个教研团队满意？你是否为这个教研团队尽心？你是否在教研活动中提升了自己的理论修养和实践操作能力？你是否在教研活动中体验到了研究的快乐和智慧的分享？……"否""否""否"，在"否"的背后，不得不承认：有教无研、有量无质的教研活动，让大家的教研积极性减退了，让教研活动的实效性降低了。当被问及：你对教研活动有何期待？此时的大家流露出对智慧的渴求，对分享的渴望。

而我们的科研呢？问："科研是什么？""让人感觉有些神秘，有些遥远，有些向往，有些畏惧的东西。""那会爱上科研吗？""想说爱你并不容易。"因为我们没有受过科研方面的专门培训，于是动手研究，缺知识，少方法；想学，条件不具备；想做，又无从下手；所以很无助。我们苦于孤军作战，苦于闭门造车，没有专家的专业引领，没有同伴的精诚合作，缺少有效的互动、协作与共享机制，所以很无援……在这无援无助中，我们走得散，走得累，走得很无奈。当问及："走上科研之路，需要什么？"大家期盼：通过团队的力量，实现智慧的共享。

凝聚智慧的渴求，分享智慧的渴望，团队合作从无到有

那么，如何借用团队的力量，凝聚教育智慧，分享教育智慧，让教研活动不再流于形式，让科研之路不再孤掌难鸣，让"无"变为"有"呢？我们的英语团队是年轻的团队，我们有激情，有活力，但年轻人的好胜使我们习惯于各自"埋头拉车"，缺乏团队意识。因此，取经于HX小学的"小课题研究"，针对这个团队的特殊性，结合区"学科项目建设"的申报，用"教研与科研相融合的主题研修"活动来践行我们的"行动"。

首先，我们学习了HX小学的"小课题研究"活动，通过学习，我们知道了，教研过程中听课、评课，以及由此发现的问题，可以成为小课题研究的对象；而课题研究得到的结论与对策，又能够通过教研活动让教师们去感受、领会、检验。两者的不断往复，形成一种教研与科研互相推动、相辅相成的良性循环，不断促进教师改善教育教学实践。我们发现，这种立足校本的教研与科研的融合，凝聚了每个教师教学中生成的实践智慧，在共享中不仅获得了教学经验，更收获了一份成功的喜悦；同时，在行动中，凝聚了团队智慧。因此，在学习、反思、借鉴中，我们尝试践行"教研与科研相融的主题研修活动"，希望通过行动，让我们的团队合作从无到有，让大家都带着美好的愿景，一路同行，一路前行，一路在交流、分享、合作中身体力行，凝聚和分享彼此行动的智慧、研究的智慧、实践的智慧、成长的智慧、集体的智慧……

其次，我们制定了活动方案。活动的目的是立足于新课堂实验的行动研究，通过教研与科研相融合，运用科研的选题方法，运用教研的组织方式，在行动中改进课堂教学，提高校本教研的实效性，提升教师的科研能力，促进群众性的教育科研，促使教师成长为研究型教师；通过合作研究，以人带动团队，以团队带动学科，把英语学科组培养成具有进取奉献精神、有科研创新能力、有合作学习品质、基于问题解决的、具有共同志趣的智慧型实践团队。我们预设了行动路径，如图1所示。

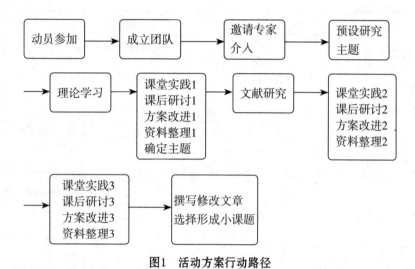

图1 活动方案行动路径

最后，我们就方案与学校教科室主任Y老师进行了交流，得到了他的全力支持，并在他的邀请下，教师进修学院科研中心的Z老师也非常乐意莅临指导。于是，我们有点迫不及待了，进行了第一次尝试：确定了活动时间、地点，执教教师，进行了第一次课堂实践，之后共同研讨，提出改进意见，各自选择研究主题，接着根据改进意见，再次进行课堂实践，再提出改进意见。那天，大家"一个都不少"，克服困难，自行调课，全程参与了整个活动。在共同的愿景下，我们这支队伍终于从无形到有形了，虽然还只是雏形。

专业引领，智慧的生成从无序到有序

在交流活动感受时，大家感觉有点"云里雾里"。于是，反思到：我们的迫不及待导致没有做好相应的准备工作。

此时，Z老师鼓励地说道："大家都是第一次参加这样的活动，我能感受到你们的美好愿望，但在行动上还有待进一步改进；如何从研究团队到研究型团队，还有待打磨。虽然大家对今天的活动有点'雾里看花'，但如果再搞一次这样的活动，大家还想参加吗？"

"想。"

"那好，我们约定时间，进行新一轮的尝试。"

"那就从我的教研课开始吧！"最年轻的J老师自愿接受了上课任务。

就这样，在共同的愿景下，我们这个团队扬帆再起航。反思第一次活动的无序，在Z老师、Y老师的帮助下，我们制定了活动日程表，见表1。

表1　活动日程表

活动内容	活动时间	参加人员	活动地点	备注
培训1：教师与科研	3月28日	Z老师，团队成员	多媒体教室	
交流1：教师交流，预设研究主题	3月28日	Z老师，团队成员	多媒体教室	
培训2：课堂观察	3月28日	Z老师，团队成员	多媒体教室	
课堂实践1	3月29日	Z老师，Y老师，团队成员	一（2）班	ZX老师负责下载课堂实录
交流2：针对课堂分主题研讨	3月29日	Z老师，Y老师，团队成员	会议室	YY老师负责下载交流研讨过程的文字
培训3：文献研究	3月29日	Z老师，团队成员	多媒体教室	
课堂实践2	4月1日	Z老师，Y老师，团队成员	一（3）班	L老师负责下载课堂实录
交流3：针对课堂分主题研讨	4月1日	Z老师，Y老师，团队成员	会议室	X老师负责下载交流研讨过程的文字
培训4：科研与文章的撰写	4月1日	Z老师，团队成员	多媒体教室	
课堂实践3	4月7日	Z老师，Y老师，团队成员	一（1）班	P老师负责下载课堂实录
交流4：针对课堂分主题研讨	4月7日	Z老师，Y老师，团队成员	会议室	S老师负责下载交流研讨过程的文字
培训5：科研方案设计概略	4月7日	Z老师，Y老师，团队成员	多媒体教室	
网络研讨	4月9日	Z老师，团队成员	家	
撰写修改文章，选择形成小课题	依据写作进度	Z老师，Y老师，团队成员		Z老师、Y老师指导修改

就这样，在有序的安排下，我们不仅知道了如何开展此项活动，更明确了各自在这项活动中的分工，以及在这个团队中承担的责任。在专家的引领下，我们学会了：如何通过课堂观察找寻研究的主题；如何进行文献研究找寻

学习的资料；如何在交流中相互分享；如何在下载文字中相互帮助；如何撰写课例、案例、课题方案。此时的我们恍然大悟：原来交流的内容就是文章的素材；原来教学的每一个环节都可以研究，而研究方法就是立足课堂、观察课堂、分析课堂、总结反思，形成成果。在这个过程中，我们不断地学习、交流，不断地生成智慧，不断地汲取智慧。而那位自称"草根研究"的专家，他的智慧更是给这个弱小的团队注入了一股强大的力量。

思维碰撞，智慧的交流从有界到无疆

Z：先说说蒋老师研究的主题：课堂导入，今天的课堂导入如何？

L：课堂气氛不够活跃。

Y：没有任何的复习导入，脱离了上节课的教学。

S：学生对于整个故事没有一个整体的感知。

Z：那我们可以怎么做呢？

X：以一首孩子们都会唱的《喜羊羊与灰太狼》的片头曲来活跃气氛。

Z：以上节课的输出文本作为本节课的复习导入。

S：以故事书的形式整体呈现，让学生对整个文本先有个大致的了解，使他们在后面的语境学习中有连贯性、整体性。

……

就这样，每次课堂实践之后，我们相约"会议室"，对每人的研究主题，结合课堂实践，依次进行交流。大家从一开始少言寡语、拘束无比的交流，慢慢地，拓宽了思路，激活了思维，碰撞了火花，在越来越激烈的交流中，弥补了以往个人思考的片面性，实现了智慧的共享。诚如英国大文豪萧伯纳所说：倘若你有一种思想，我也有一种思想，把各自思想相互交流，那么每个人就有两种思想了。

由于教学任务繁重，集中交流时间有限，于是，网络帮了我们很大的忙。正如L老师说的："网络交流，即使有成员没来，也能留下文字，可以回顾、思考。解决了白天教学和研讨的矛盾，更能有效地利用时间。"而Z老师的加入，使我们分享了更多的智慧。每当看到网络头像闪动时，异常兴奋，因为我们又开始在思维碰撞中"云游四海"了。甚至有两次，云游到了HX小学，请教了他们数学组的Y老师。当时，对于团队成员之一关注的"鼓励不同层次学生尝试自我挑战"这个研究主题，大家想不出更好的设计方案；Y老师说："先让选择中等层次任务的学生展示，再让选择低等层次任务的学生挑战自我，激励其中部分学生完成中等层次任务；接着让选择高等层次任务的学生展示；最后激励选择中等层次任务的部分学生挑战高等层次的任务……"我们再次沐浴在智慧分享的阳光下。

这就是我们的交流，智慧在交流中生成，无论是集中交流还是网络交流，无论是分享别人还是让别人分享，在思维火花的激烈碰撞中，我们感受到了分享智慧的快乐；我们明白了，教学是相通的，网络是无界的，交流是无疆的。

精心打磨，智慧的积淀从无形到有形

在三次课堂实践、三次课后研讨及网络交流等过程中，我们积累了大量的一手资料；于是，一改以往写文章无从下手、无话可说的困窘，依据之前各自确立的研究主题，选择论文、课例等形式来撰写文章。如J老师的"课堂导入"，L老师的"文本推进"，S老师的"学生表演"，Y老师的"有效拓展"，Z老师的"职初教师课堂用语"等。在写作的过程中，我们发现，这个过程只是一个梳理思路、深化思想、沉淀知识的过程；只要细心整理、充实理论、理清思路，一篇文章很快就成形了。

只是，有时我们稚嫩的文笔无法对内容进行更好地诠释，于是Z老师、Y老师一遍又一遍地帮助我们修改，从文章大标题到小标题，从段落表达到词句斟酌，反反复复，终于一篇篇文章成形了。《激情导入，激发学生的学习兴趣》《从树木到森林，有效推进语篇，提升语用能力》《关注学生的角色表演，让学生做学习的主人》《设置自选梯度任务，引导自我挑战学习》……在此过程中，虽然付出了诸多艰辛，但看到智慧的积淀从无形到有形，成就感油然而生。而一篇篇的成长案例"在跋涉中前行""这一路走来""破茧成蝶的美丽""原来我这么优秀"……讲述了我们与教研、科研的邂逅，讲述了我们分享智慧的故事。

同行：智慧的分享，无怨无悔

回首走过的路，一次次讨论，一次次修改，一次次下载文字，一次次整理资料，一次次搜索文献，一次次请教专家，一次次挑灯夜战……虽然睡眠时间少了，陪伴家人的机会稀了，工作压力更重了，但在与同伴的同行中，在大家的身体力行中，我们从一开始的迷茫，到现在的有点门道；从寻找主题、确认主题，到研究主题；从提出问题、分析问题到解决问题；从现场研讨到网络交流；从资料梳理到文章撰写，从文章修改到最终成文……我们痛并快乐着，我们学习并反思着，我们互帮互助，我们无怨无悔……正如王国维先生所说的做学问第二重境界"衣带渐宽终不悔，为伊消得人憔悴"。

通过此次活动，我们不再郁郁独行，我们找到了自己的团队，我们在团队合作中实现了智慧的共享。在交流时，J老师说：承担此次课堂教学，为大家的写作提供素材，让我明白了，"助人就是助己"。同伴的集思广益、精诚合作，才是我们行动的不竭动力，让我们每个人对教研活动有了新的认识。专家的引领，让我们不再感到科研之路迷茫与无助。

此次活动，我们的团队不再"无形"，我们开始成为一个开放的团队，悦纳每一个人；我们开始成为一个协作的团队，各展所长，相互合作；我们开始成为一个共生的团队，共同愿景，助人助己，共同提高；我们开始成为一个智慧的团队，相互学习，分享智慧。

前行：智慧的追求，无边无际

虽然此次活动结束了，但这一路，我们结伴同行；我们在交流、分享、合作中身体力行；我们在智慧中前行，且行且思。此时的我们，赫然发现，我们所苦苦找寻的就是——在团队合作中分享智慧。"众里寻他千百度，蓦然回首，那人却在灯火阑珊处。"我们似乎明白了王国维先生说的做学问第三重境界。

学海无涯，结束意味着新的开始。因为我们的行动还需要更多的活动来证明；因为我们的团队还有待进一步打造，我们的精神还有待进一步凝聚，我们的智慧还需要更多的共享。因此，我们会牵手踏上新的征程，继续前行。因为我们彼此路过你的路，苦过你的苦，所以快乐着你的快乐，追逐着你的追逐。我们相信，这是我们梦开始的地方。

（课题组成员：平雪莲、沈佩芳、蒋晨怡、杨燕、刘娟。执笔：平雪莲）

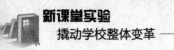

以教定研，提高教师集体活动设计、实施、反思能力的行动

上海市青浦佳佳幼儿园

一、问题缘起与思考

集体活动是上海市第二期课程改革与实施四大板块中的"学习活动"板块，是幼儿园一日生活活动中的重要组成。它是教师带领下的以全班幼儿或者分组（大组）进行的具有明确学习目标和学习过程的活动。当前，在集体活动的设计与实施中，教师面临一些困难，表现为：第一，幼儿的学习以主题为主要背景和内容，实施需要斟酌集体活动实施的时机；第二，幼儿的学习强调经验与主动性，实施需要考虑集体活动的价值导向。这些困难的实质是幼儿园需要对研修活动做深入研究和整体设计，研修一体，专业引领与行为跟进同步。

研究调查为先，园课程领导小组通过查阅文本教案、观摩课堂实践、参与教研活动、参与收集当前教师在集体活动设计、实施与反思中存在的典型问题。其中，文本教案的查阅重在关注教师能否利用隐藏集体活动设计要点的表格进行有意义的活动设计，确保教师在活动设计反思时以幼儿的当前需求和主动发展为先；课堂实践观摩意在文本设计优质的情况下，诊断教师群体在实施过程中的"短板"，确保集体活动的高效；教研活动的参与旨在考虑教研课的研讨是否抓住了教师的真问题并且有效解决。

（一）我园集体活动的设计、实施及反思

1. 活动设计

教师"教"的思维优先于幼儿"学"的逻辑。随着二期课改的推行，课程设计更注重遵循幼儿的学习特点和学习方式，明确建议在活动之前让幼儿拥有

多种角度的经验和主动学习的空间。这一建议的提出要求教师在内容选择上要考虑幼儿的当前经验和集体活动开展的时机，并且选择最适合幼儿当前发展的认知目标和情感目标。虽然教师对于新理念很熟悉，但是在具体实施的过程中内容的选择呈现随意、拿来主义，部分与主题经验脱离；目标制定不够聚焦，学科价值和情感价值不突显，集体活动价值有待商议；活动时机超前或者滞后，幼儿的主体性未得到足够的发挥。

2. 活动实施

活动目标层层分解不到位，师幼互动策略不适宜。

在一课多研的对比教学中，教师深刻地感受到同样的教案由不同的教师演绎，会出现截然不同的活动现场，一种可能是现场活跃，全体幼儿主动愉悦；一种可能是现场沉闷，个别幼儿愉悦满足。问题的症结可能在于教师对于活动目标的达成没有进行了有效的分解，对于活动策略没有进行适宜的筛选。

3. 活动反思

教师反思意识不够充分，零散而随意。

在反思环节，部分教师的反思局限于本次活动的感受，缺乏一个较为系统的反思框架，尚未意识到自我反思是对自己教学行为由文本预想到具体实践的一次跟进性行为，是理想到现实的链接。

（二）我园教研活动开展的现状

教研是基于教师在真实课堂中问题解决的延伸，是倍受教师群体喜爱的，是促使问题解决的重要手段。我园教研课以项目组为单位进行划分，有相同兴趣和特长的教师自愿组成一个小团队。该团队由名优教师领衔，课程领导核心小组人员共同参与，已经形成一种坦诚开放、互惠合作的分享关系。教师群体在这个由不同层面的教师组成的团队中能够借由连续跟进的行为进行自我反思、解决问题进而促进专业的成长。原本期待通过自主结合的团队研究激发教师的专业成长，但是实践表明，积极思考、大胆参与每次教研活动的教师的成长速度快。

在二期课改的背景下，集体活动压缩到每日30分钟内，带来下列影响：教师认识与实践更多地停留在概念层面，理念无法落实到行动上；幼儿学习特点和规律的知识与经验缺失；学科内容和价值判断的知识与经验缺失；过程方法选择的知识与经验缺失；教学各要素关系理解与调控的知识与经验缺失，使得实践问题和教师专业成长问题始终无法得到根本性解决。尽管我园的教研活动开展取得了一定的成效，教师对于教研活动的参与性较强，但是作为一所由30

个班级、4个项目组构成的庞大的教师群体，如何更好地发挥有优势的教研模式，有针对性地帮助教师解决集体活动设计、实施、反思中存在的问题，需要我们进一步规划、统筹。因此，建立利用已经较为成熟的教研模式，通过"以教定研"活动来，提升全体教师的专业能力是校本研修的关键。

二、实践推进

以音乐、科学、美术、阅读领域为重点，了解教师集体活动设计、实施、反思过程中出现的问题，阶段性重点推进，通过现场研修，全面了解各领域活动的学科本质与特点，在实践中加深对各年龄段幼儿学习特点和学习规律的理解，并能设计、运用恰当的策略方法，把握规律、迁移经验，在观、研、悟中，有效提升教师集体活动设计、实施、反思的专业能力。

（一）研究框架图，如图1所示

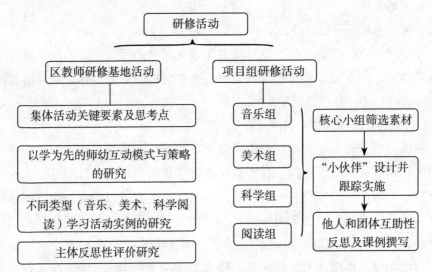

图1 研究框架图

（二）具体内容

（1）成立不同项目的核心小组，提供与幼儿当前经验和主题经验相关的素材，供教师参考；对于参考的素材，提供素材适宜性的思考点，供教师进行有目的和辨识性的选择，加强教师活动内容选择的前期思考研究；鼓励教师说素材的价值、说幼儿经验、说活动时机考虑活动内容的适宜性。

（2）以活动文本和课堂观摩的要素为参考，以活动现场幼儿的表现为准则，加强教师活动实施过程中的师幼互动策略的研究。

（3）教师自我评价和小组互助评价相结合，提升教师自我反思意识的研究，并在反思中进行有价值的、追踪式的课例研究。

（三）具体实施及策略

我们坚持以教师的问题为基点，以项目组教研活动为载体，开展立足于实践的研究和思考。

1. 关注活动进程，系统思考集体活动实施的时机与价值

（1）借助集体备课，深入研读教材，提高主题计划的可操作性和活动内容的价值性。我们在教研活动中，通过不同方式，从不同的角度，帮助教师们熟悉教材，把握特点，探索活动生成推进的路径。区级培训帮助组长明晰课程实施的要求和思考路径；园级培训结合园情进行切合幼儿园课程实施发展与需求的全局思考。

（2）在《指南》和主题"内容和要求"之间建立联系，分析并明确核心经验指向。在阅读主题内容与要求的基础上，结合对国家、省、市各类纲要文本的分析，并通过比照三个年龄段同类主题的学习重点，进一步明确主题的关键经验，细化主题目标让老师更明确幼儿通过主题活动可以学什么、学到怎样的程度。

（3）在关键经验与活动方式之间建立联系，寻找适宜的实施途径和资源。团队引领老师思考：哪些经验需要通过生活活动落实？哪些可以通过集体活动获得？哪些经验更适宜以个别化学习的方式来积累？哪些可以在角色游戏中提升？哪些在教室活动中获得？哪些在资源活动室中活动？哪些经验需要通过主墙面的创设来归纳梳理强化？需要哪些资源？

（4）在活动特点与经验的连续性之间建立联系，探索活动实施的线索与进程。我们在分析主题实施途径的基础上，引领教师思考怎样的活动过程更有助于幼儿经验的获得、连续和深入，过程中教师可以给予幼儿怎样的互动。基于这样的思考，我园在"主题计划"中特别呈现了"活动开展的线索、活动进程和关注点"几个提示，以提示教师们在实施的过程中给予幼儿充分的体验探究的经历和互动的机会，确保活动与活动之间经验的联系。

主题实施前的充分研讨与分析，提高了教师整体思考的能力，加深了教师对教材和幼儿的理解，避免了过程实施中的随意性，帮助教师从主题的进程和幼儿的经验需求来选择集体活动，确定开展的时机。

2. 提炼关键性要素，确保设计和研讨聚焦"幼儿的主动学习"，见表1

表1　集体活动设计的思考路径关键要素的梳理

目标制定——把握关键经验（关注：知识技能、方法能力、情感态度三方面的关键经验）
（1）关键经验如何把握？ ① 分析内容特性与可学习的经验、分析幼儿特点与经验水平。 ② 明确哪些是幼儿的已有经验、哪些是幼儿自己能学的经验、哪些是需要教师帮助学习的经验。 ③ 确定本次活动的关键经验（认知经验、方法能力、情感态度），以及活动的难点（幼儿学习经验的过程中可能产生的学习困难点）。 （2）活动目标如何表述？ 清楚地表达"学什么""怎么学""学习的内容和学习的过程对幼儿的当前和长远发展有何意义"三个基本问题，即核心的"知识经验"，学习知识经验过程中的"方法能力""情感态度"，明确三维关键经验及其内在逻辑关联
环节设计——体现学的过程（呈现：运用已有经验学习新经验的"学的线索"）
经验线索如何架构？ （1）分析幼儿经验间的联系，体现新旧经验的连接，呈现从"诱发已有经验—新旧经验冲突—突破新经验—生活运用"的基本学习路径。 （2）分析幼儿的学习心理与学习方式，运用"问题点"和"情感线"设计学习环节，层层推进主动学习的过程。
过程方法选择——反映学的逻辑（体现：方法策略的选择、重难点的突破要遵循幼儿的学习特点和理解逻辑）
（1）过程目标如何把握？ 提问、材料、情境、语言、回应等教学手段的运用指向性明确，与学习内容、学习目标和幼儿学习的经验、学习特点、主动的学习状态一致，体现幼儿学习的理解逻辑，体现目标的实现过程。 （2）活动重点如何突破？ 分析幼儿的学习特点与方式，分析幼儿的学习行为与经验，诱发认知冲突。采用符合幼儿理解特点的方法突出教学重点、化解学习难点，突出新经验的学习与突破。 （3）方法策略如何选择？ ① 策略方法的选择要体现如何诱发已有经验、如何造成认知冲突、如何实现同伴学习、如何推进学习进程、如何突出重点与目标等价值导向。 ② 突出幼儿个体动手操作、问题探究、自我感受和体验等经验的充分表达，突出同伴分享的互动和推进，突出幼儿主动建构学习经验的过程。 ③ 针对幼儿的学习过程和幼儿在每个学习过程中呈现出的行为与经验，教师做出合乎幼儿学习理解逻辑的针对性回应，以推进不同幼儿的学习进程

关键性要素的提炼为教师的活动设计提供了基本的框架，基本厘清教师在对活动素材进行选取和设计时思考的角度；与此同时，也为教研中研讨问题的逻辑性和

系统性提供了方向，推进了教师对关键问题的捕捉能力，提升了教师在设计、观摩、研讨的过程中学会从幼儿发展的角度去分析、设计、实施、互动。

3. 规范活动教案设计文本要求，强化活动设计思路和环节价值的分析

在教研活动中，针对执教老师和观摩教师我们设计了不同的表格，见表2，帮助教师厘清集体活动的设计思路。对于执教教师而言，执教前的说课呈现执教者"如何把握教材中的学科要素、分析教材与幼儿发展之间关系"背后的思考。另外，所提供的教案也要凸显培训的用意，呈现每一环节的设计意图，从文本上帮助观摩教师领会"环节架构与目标之间的关系""策略运用与目标达成之间、与幼儿学习特点之间的关系"……

表2　佳佳幼儿园集体活动方案的撰写要点

设计思路	（1）对教材的分析。 （2）对幼儿的分析。 （3）对环节的思考。 （4）对材料准备的思考
活动目标	（1）包含认知经验、方式方法和情感态度三个维度。 （2）目标中需要表明用什么方法、怎样达到、达到什么样的认知经验
活动环节	（1）写清楚每个环节与目标的关系。 （2）写清楚关键提问和关键小结语
活动反思	（1）目标定位是否合适？ （2）设计对目标的达成是否有作用？ （3）从幼儿的表现看师幼和生生互动的情况如何。 （4）此过程中是否关注幼儿的学习品质

集体活动的观摩有效性对于教研活动质量的高低影响深远。为了便于教师更有针对性地观摩，我们进行了集体教学活动观摩要点的整理，见表3。

表3　佳佳幼儿园集体活动观摩要点

活动前文本方案的观摩	（1）目标的设定：核心价值是否凸显、落脚点是否清晰、重难点是否明确？ （2）环节的架构分析：环节意图表述是否清晰、重点关注是否凸显、环节之间是否存在内在联系？ （3）研讨问题的设计：是否匹配教案中的核心价值、是否抓住执教教师的特点与此类活动的特质，是否与前期研讨的问题存在递进关系
活动中方案实施的观摩	（1）活动时间分配：各个环节的时间分配、幼儿自主学习的时间是否充分？ （2）幼儿现场的参与度：回答的广度、深度、倾听的专注度等。 （3）互动的频率：师生互动、生生互动。 （4）教师的情绪情感：是否自信、有感染力？ （5）教师提问：是否有详略，富有挑战性

4. 关注教师主动理解，积累"以教定研"的教师指导经验

（1）自主体悟式研修模式，推进教师主动思考与理解

要让教研真正推进教师的发展，教研的目的不应该只是解决问题，更应该落到弄清楚问题为什么会发生这个关键点上。为此，我们采用"一课多研""同课异构"等互动的教研方式开展研究，从教师原有设计与实施的经验出发，捕捉真实的问题，共同寻找、分析问题产生的原因，思考解决的方法，让教师在这个过程中自主体悟，推进教师新经验的自我建构。

自主研修的过程帮助教师们积极站在幼儿学习与发展的角度审视自己和别人的教学行为；在与同伴对话和行动体验的过程中打破了习惯思维，提高问题意识，提升课程实践的能力。

（2）名师结对式研修方式，打破教师实施中的瓶颈

教师对二期课改理念认识充分，但是在具体操作的过程中有些茫然，高位的理论式培训对于教师专业能力的提升助力不足。对此，我们与市级名师建立常态联系，借名师的学科领域经验丰富、实践经验，我们实施"名师预约走进来"的方式帮助教师突破不同学科领域活动设计和实施过程中的瓶颈。在与名师面对面观摩、聆听和对话中，感受名师践行的先进理念。在近距离的教学观摩中，思考名师在师幼互动过程中对幼儿行为的捕捉与分析，使专业资源真正成为研究的专业支持。

在问题预约和与名师对话的过程中，激发老师思考和理解，大大激活了教师的原有经验和当前经验对比，激起其解决问题的内在需求，提高发现问题的敏感性和主动建构新经验的能力。特级教师的来园展示课堂、参与教研、理论与实践相结合的引领，让深陷瓶颈的老师茅塞顿开。

三、研究成效

两年来，园所围绕"以教定研——提升教师集体活动设计—实施—反思"专业能力的实践与研究，以经验型教师领衔，追寻教师活动设计的内容来源、方法策略、活动价值，通过个体与集体智慧火花的碰撞，借由"伙伴协助"的磨课形式，使每一位教师都有了明显地成长。

1. 我园集体类教学活动设计和组织的有效性明显提升

翻阅近四个学期的教师教养笔记，我们发现教师成长的心路历程：

阅读项目组的张老师：每一次教研活动我都充满了期待，也充满了收获，我在项目组姐妹们的帮助下，开始进行有条理性的思考，对于阅读活动的设计

不再害怕，开始根据当前幼儿的生活与认知经验、阅读经验和阅读特点进行活动内容的选择，根据幼儿的年龄特点开展活动过程与方法的考量，利用试教活动后的说课与反思进行活动文本和活动教学策略的进一步优化。在这样思考路径的引导下，我们小伙伴设计的原创活动《小老鼠学画画》进行了区级层面的展示，并得到了观摩教师的一致好评。在这个过程中，我深刻地体会到，一个适合幼儿当前发展水平的活动内容的选择是活动成功的基础，每一个环节层层分解是目标达成的有力支撑。

教师团队在每一次教研活动中的真心帮助了整个团队在集体活动的设计与实施、反思上获得了提升。在2012—2014学年中，我园对外区级展示活动的频率逐年增加，活动的影响力逐步增强，在各级各类的教学活动评比中斩获佳绩。

2. 教学成果

初步编撰音乐、美术、科学、阅读四类活动优秀教案集、经典课例集、教研案例和成长故事集。

在本次研究过程中，重视教师专业成长的过程轨迹，严格按照集体活动设计与实施的每一要素执行，并鼓励教师用文字进行记录并编撰成册。

参考文献

［1］俞春晓.幼儿园集体教学活动设计方法与实施实例［M］.北京：中国轻工业出版社，2012.

［2］朱连云.成长的勇气和智慧［M］.上海：上海教育出版社，2009.

［3］黄娟娟.优秀幼儿教师教育行为研究［M］.上海：上海教育出版社，2002.

（课题组成员：徐秀清、程敏、朱爱芳、周三、陈惠、王海燕、殷璇、支菊芳、郑思璐、陈毓。执笔：徐秀清、周三）

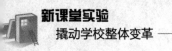
"学·研·行"，提升教研能级的探索

上海市青浦区华新幼儿园

一、问题的提出

探究性学习是指幼儿通过自主地参与获得知识的过程，掌握研究自然所必需的探究能力，同时形成认识自然的基础，进而培养探索未知世界的积极态度。幼儿园探究性学习活动已经成为幼儿园的重要活动方式，并且成为教育界的一种时尚，但是探究性学习活动在幼儿园实践过程中还存在"口号化"现象和"形式主义"。教师缺乏对探究性活动内容的思考和认识，同时，缺乏有效实施以幼儿为主体的"学的课堂"的讨论和合作学习的教学策略。幼儿园缺乏完善的探究性集体教学活动的系列课程资源，不能为教师开展探究性活动建立良好的平台。

多年来，我园在"开放自主"特色理念的引领下，致力于培养"好奇探究、勇敢自信、自主学习"，具有"自主"特质的幼儿。同时，在新课堂实验中，积极投身"探究性集体学习活动"的课堂实践研究，旨在提高幼儿主动探究学习、发现问题、解决问题的能力，打造"学的课堂"。除了注重基础课程的实施，开展扎实有效的课例实践和教研之外，我园在园级总课题《顺应幼儿天性，促进幼儿自主建构学习经验》的引领下，围绕艺术领域、科学领域的探究性集体活动已开展为期多年的课例实践研究，积累了一定数量的优质课例，有了较为扎实的研究基础。但是，在"研幼研学"方面，在研究与思考中优化"学的课堂"、改进教育行为及有效策略方面还缺乏系统化的梳理，缺乏理论和实践的结合。

因此，我园以探究性集体教学活动为载体，在"学·研·行"的实践思路中开展新课堂实验改进行动，促进我园基础性课程的深化、提升教师专业素养，促使我园探究性学习活动真正达到自主性、开放性、探究性、创新性，在凸显办园特色的同时，为幼儿园探究性活动的理论与实践做出贡献，从而提升教研能级。

二、"四步走"分层实施

在学习中摸索、在研修中思考、在实践中转变，一步一个脚印地坚持"实践出真知"。我们的研究也经历了以下"四步走"。

（一）立——确立研究计划，厘清实施方向

根据"提出问题——分析问题——解决问题"的研究思路，课程领导组通过访谈、调查、讨论等多种方式，汇总梳理教师在新教材课例实践中面临的共性问题。在园级总课题《顺应幼儿的学习方式，促进幼儿快乐探究式有效学习的实践研究》的引领下，各年级组制订专题计划，并不断根据问题，阶段性地做出调整。研究轨迹从"顺应幼儿天性，促进幼儿体验、探究式学习"→逐步聚焦"探究性集体教学活动及其有效策略"→现阶段"开发与运用多媒体策略推动幼儿学习经验"的深入研究。每学期（或学年）解决一个核心问题，明确各阶段的研究重点，开展了"教研大组、各年级小组课例研究"系列实践探索。

立足常态教研的实践研究过程中，我园教学管理组成员下到各年级组，全程参与实践研究与指导，同时，阶段性邀请区科研室、教研室专家教师进行过程性把关、理论指导，切实解决一些瓶颈问题，为实践研究把握方向。

（二）理——学习梳理辨析，奠定研究基础

"理"的过程即是"学"的过程，"学"的过程也是更新、内化理念的过程。在一次次研读、辨析、梳理中，帮助教师重新认识和解读"学的课堂"，正是课题研究深入开展的必要环节。

1. 研读幼儿特点，细化发展目标

我园发动全体教师研读《上海市学前教育课程指南》《3～6岁儿童学习与发展指南》，从中分析不同幼儿年龄段特点，掌握阶段发展目标及各年龄段教育策略。同时，课题组先行，针对《3～6岁儿童学习与发展指南》进行年龄段、学期、月目标的分解与细化，通过课程领导组讨论优化，确立形成可参考的、园本化的《3～6岁儿童学习与发展指南》，为开展不同领域的探究性集体教学实践活动奠定基础。

2. 辨析探究课堂，内化教育理念

通过日常听课及问题梳理，发现教师设计和组织活动缺乏对"幼儿快乐探究、体验学习"的思考，局限于传统的教法，缺乏创新思想。由此，课程领导组梳理"探究性学习活动的核心要素"，见表1，并通过集体层面解读，帮助教师理解"探究课堂"的关键点。借助园内外课例的比较学习，引领全体教师共同分析"传统教学与体验式探究性课堂"的区别，从中梳理"学的课堂"的价值取向，明确"学的课堂"以幼儿为主体，更注重幼儿学的情感、态度、方式和习惯；同时，发现教师教学行为的转变，凸显"为学而教""少教多学"。

表1　探究性学习活动核心要素

突出问题导向	问题情境贯穿学习过程；把学习过程看成是发现问题、提出问题、解决问题的过程；强调问题意识的形成和培养
重视思维品质	探索过程中的思维品质极为重要，引导促进幼儿思维与表达
学习过程的自主性、实践性和开放性	整个过程由孩子自主地探索问题和解决问题，具有较强的操作性，在时间和空间上是开放的
学习方式的灵活性和创造性	真正关注全体孩子，进行小组合作、讨论探究与发现
学习结果的综合性和体验性	幼儿自己动手收集信息，自己动手实验、分析，自己归纳总结，其过程实质上是孩子的体验过程，自己亲身经历、去探索发现。重视直接经验的获得

3. 剖析优质课例，梳理基本要素

在进行调查问卷，收集、梳理教师困惑的基础上，借助优质课设计开展四次大组专题教研活动，提升教师对"优质课"的认识，梳理形成"优质课"的基本要素。

幼儿的表达表现：学习主动，乐于挑战，习惯良好。

活动目标的确立：适宜性、针对性、整合性、达成性。

活动内容的选择：经验适宜性、挑战适度性、自然整合性。

活动过程的展开：情境性、操作性、互动性、推进性。

活动结构的设计：合理性、流畅性、有序性、开放性。

组织形式的选择：灵活性、多样性、实效性。

教学方法的选择：符合年龄特点，改变了幼儿的学习方式。

教学手段的运用：为目标、内容服务，有效地支持幼儿学习。

教师的教学思想：体现正确的教育观、儿童观、教学观。

4. 汇总优秀教案，形成园本资源

本着"借鉴—学习—内化—运用—创新"的实践思路，我园立足原有实践基础，聚焦主题背景下各个领域的课例资源，进行汇总、梳理，分析探究性课堂设计的优势与不足，最终形成园本实践研究的"课例资源库"，为开展实践研究做准备。

（三）变——颠覆传统视角，聚焦课堂转变

"研"的过程，即不断思考、不断调整、不断转变的过程。我们要在"研"中理思路、寻突破、求转变，我们要在"研"中促课堂的优质、教师的成长和幼儿的最大化发展！

1. 专题引领"一课多研"，优势重组团队

为了聚焦各领域下的探究性集体活动的实践研究，打破传统的以不同年龄段教研组为单位的方式，通过以教师优势自主申报，成立不同领域探究性集体活动实践项目组，每组确立组长、名优引领教师、实践人员，并通过选拔及培训成立信息骨干成员，打造研究团队。

同时，在推进实践研究方式上，以"项目组重点实践研究"和"面上教师实践推进"相结合的方式，点面融合、主次分明地开展"一课多研"课例实践研究，拓宽研究面的广度、加强研究点的深度，并定期形成优质课例和案例，注重经验的梳理和总结，确保研究出成果、出成效。

2. 满足多层面需求，开展"三学"研训

聚焦专题，以"学的课堂"探究性课例为切入口，开展"学会看、学会思、学会做"系列研修活动，帮助教师在观摩、研讨的基础上，理解集体教学活动的观察要素并达成共识。

学会看——通过名师课例的观摩与剖析，从中对照《集体教学活动观察要点》，加深对要点关键词的理解；学会思——在观察要点的指引下进行看课评课，以优质课例与身边课例的剖析和研讨，比较发现观察要点的落实；学会做——通过同课异构迁移运用经验。

此外，搭建多元分享的平台，开展"我眼中的孩子"教育论坛，鼓励教师在日常教学实践中，观察幼儿、记录幼儿、解读幼儿，以此来分析"学的课堂"教学策略的运用和优化；在分享的过程中，以听、辩、论的方式，引领教师借鉴学习、深切感悟，促进教师成为勤于教学实践、善于反思总结的反思型教师。

3. 明确课例观察要素，优化课例记录

教研课与研究课有同也有异，但在实践中往往会将研究课等同于教研课。

于是，课题中心组围绕研究重点，形成"专题研究'观察分析'实施路径"。"明确观察要点"—"记录幼儿学习行为"—"分析解读"，详细罗列操作过程及要点，帮助教师明确在实践研究的过程中"看什么做什么""怎么看怎么做"。同时，围绕"内容呈现""情境创设"及"师幼互动"三大内容，梳理和优化实践研究中的"观察要点"，帮助教师明确研究课中的观察要素及其要求。

此外，调整优化《课例观察记录表》，帮助教师明确每一次研究课中重点研讨的主题、观察的要素及教学策略的运用，以此进行针对性的观察记录、及时反思，收集第一手资料，为开展研讨奠定基础。

4. 优化教育研究话题，凸显研究重点

要将"教研课"变为"研究课"，除了观察要素的确立和转变，研讨话题也是关键。为此，课题中心组多次讨论，共同商议、优化研讨话题，确保每一次研究都有目的、有中心，有共同的话题。

（四）行——践行专题研究，积累实践经验

在10年的研究道路上，我们坚持每月一节课例的深入实践研究，每月一篇案例的经验梳理，在实践中逐步积累经验，改进"教"与"学"的行为。

1. 优目标——"学的课堂"的目标设计改进

一切教学活动都是围绕目标展开的，教学目标的分析与确定是教学设计的起点，教学目标是教学的基本前提。因此，"学的课堂"的教学目标设计是实践改进的第一步。

如小班课例"动物花花衣"，见表2，在第一研中：从目标看，教师突显认知，忽略情感，过程中注重教师的教，直接导致幼儿虽处在游戏情境中，但还是无话可说，幼儿仅仅用动作来表现认知结果。通过共同实践研讨，我们针对目标做出了调整，注重了幼儿的游戏性、情境性，更凸显了情感。在此基础上，分别以"自主学习"和"专家提炼"的方式，深化了目标设计的理念和行为。

表2　"动物花花衣"目标改进

课例	第一研目标	调整目标
动物花花衣	（1）观察并分辨几种常见动物的皮毛，初步尝试按皮毛特征归类。 （2）在游戏中亲近各种常见的动物，进一步萌发喜爱动物的情感	（1）在游戏情境中，观察并发现不同动物皮毛的特征。 （2）喜欢花花衣动物，进一步萌发亲近花花衣动物的情感

2. 优策略——"学的课堂"学习方式改进

一次精彩的活动，其本质是抓住"情感"主线，整合幼儿"方法能力、知识经验"的获得，推动幼儿主动学习、快乐探究与体验。

（1）"有效"材料的保障。"有效"的材料能够促使孩子最大化地发挥探索的自主性，主动建构和获得知识以及学习的方法和能力，体现"少教多学"的精髓和理念。通过研究，形成"有效材料投放思考三步曲"，见表3：投放前——分析教材、分析目标、分析孩子；投放中——观察并解读孩子与材料间的互动；投放后——反思材料投放对目标达成度的影响及问题。

表3 "有效材料投放思考三步曲"

阶段	思考问题
投放前	（1）从教材出发，抓住题眼，以概念定义为切入口，分析要投放什么材料、哪些材料比较适合。 （2）分析的过程中要契合活动的目标，思考材料的哪些特征与达成目标之间存在联系，分析联系点并从中进行筛选。 （3）从幼儿现有经验出发，思考孩子可能存在的问题，分析什么样的材料才能为幼儿的探索提供支持
投放中	（1）观察孩子与材料之间的互动，分析材料是否吸引孩子、难易程度如何、能不能满足不同能力、层次孩子的需要。 （2）过程中的材料是否对幼儿的自主探索有支撑作用？
投放后	（1）投放的材料是否能够促进活动目标的达成？ （2）材料激发了哪些新问题？还可以有哪些挖掘的空间？

（2）"丰富"情境的创设。对3~6岁的幼儿来说，教师在集体教学活动中运用情境策略，创造性地开展情境教学，寓教于趣、以趣促思，能最大化地激发幼儿的学习兴趣。通过实践发现，孩子感兴趣、适合幼儿园课堂教学的情境性策略主要有：故事情境、问题情境、游戏情境和激励性情境。

（3）凸显"探究"和"体验"。随着人工智能时代的到来，教师可以通过"人机互动"的交互式方式，促进幼儿的探究和体验。如在数活动"学当动物管理员"和"魔法王国历险记"中，幼儿通过操作iPad，直接在故事情境和游戏情境的引导下开展探究学习，掌握10以内的数量对应和排序，既新颖又有趣，有效地推动幼儿自主探究。

3. 优过程——"学的课堂"观察互动改进

课堂的互动至关重要，有效的观察互动能推动幼儿的探究行为，拓展幼儿的思维，提升幼儿的主动学习能力。教师可以通过不断地课堂实践，提炼集体

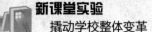

活动中师幼互动策略，见表4；在指导实践和运用反馈中，不断提升课堂观察和灵活互动的能力，在教学中追随幼儿，师幼共行。

表4　集体活动师幼互动策略

教师回应的语言	灵活多样，富有欣赏性、指导性、推进性
回应的内容	体现价值，即围绕教学目标与内容，有助于幼儿发展思维、拓展经验
互动回应方式	灵活多样、适时适度、关注个体。 （1）肢体：眼神、表情、动作。 （2）语言：重复、归纳、总结、赞扬、鼓励、提问（追问、反问、抛问）。提问：有变化、有价值。 ①丰富、恰当，解决教学重、难点。 ②为幼儿新旧知识之间联系提供线索，帮助幼儿进行"联系"与"思考"。 ③激活幼儿的思维、引发师生讨论与交流，实现多边互动。 （3）材料：粘纸、小红花、图片、录像、文字
在互动中提升	评价教师提升幼儿经验的方法——是否多样、灵活、适宜。 （1）示范演示法。 （2）儿歌提炼法。 （3）归纳总结法。 （4）唱歌表演法。 （5）观赏讨论法。 （6）操作体验法。 （7）录像拓展法。

三、研幼研学促提高

（一）实践成效

1."研幼研学"学的课堂展示

聚焦"研幼研学——促进幼儿主动学习与发展"，我园定期将研究成果进行汇报展示和交流，前后开展六届"教学节"活动，由青年骨干教师在区级、协作片层面围绕"幼儿如何学、教师如何教"做课堂展示。携手专家，先后围绕各个领域探究性集体活动开展约14次现场展示研讨活动。我园将"研幼研学"的经验进行展示交流和分享，也不断汲取建议、优化教学策略，改进"学的课堂"。

2.多途径课例经验辐射及获奖

在新课堂实践的过程中，我园在"顺应幼儿学习方式，基于幼儿核心经验的集体活动设计"方面积淀了丰富的经验，在反复打磨课堂的过程中，注重最优化教案的形成，汇编小、中、大各年龄段的优质课例集6本。同时，倾力打造"主题资源中心"，建立资源平台，便于教师实践运用。其中，产生了大量优质好课和原创设计，有20多篇课例在全国教育活动设计评比中名列前茅。

在研的过程中，经验的梳理也至关重要，《实践中的智慧》系列丛书是我园研究过程、研究智慧和研究经验的又一体现，分为"教研活动专场""管理与教研""教研案例""经验与案例"四个类别，共7本。其中，有8人在中国学前教育研究会中获奖；有16篇文章在上海市"黄浦杯""指南"征文评选中获奖；有60多篇文章在青浦区"新课堂实践""少教多学，以学定教"征文评选中获奖，获奖数居全区前列。

在协作片的引领下，我园梳理多年课例研究的经验，共同汇编与出版了《实践中的课例研究——基于专业成长的教师教学行动研究智慧》一书。其中，华新幼儿园共刊登17篇经验案例。"主题背景下以名画欣赏为载体，激发大班幼儿审美实践的研究"等12篇文章刊登于《早期教育》《上海托幼》等国家、市级刊物上；13篇文章在《青浦实验》等区级以上的刊物上推广交流。

多年来，我园扎实研究、积淀经验、蓄势待发，于2015年出版了《青浦教育——华新幼儿园专辑》，将科研引领下的专题研究以课例、案例、经验的不同方式展现给区内教育同行，与姐妹园教育者共勉前行。

3. 探究性学习活动之课题成果

在研究过程中，我园形成了园、区级不同层面关于探究性学习活动的系列课题群，其中包括12个区级课题。在10年的研究历程中，不断实践、梳理、优化和总结，在问题中反思、在反思中调整、在调整中优化教学行为，为打造"学的课堂"而不断努力。其中，多个课题开展了区级层面的课题成果交流展示活动，并荣获青浦区教育科学研究成果奖。

（二）反思

在实践研究、比较优化的过程中，我们更关注从教育理念到教育实践思路的梳理，引领各层面教师在思维碰撞中达成共识。但是，活动过程中教师要读懂孩子，对孩子的言行等做出正确的价值判断与回应推动，这对教师的专业能力是很大的挑战，需要我们深入研究、研磨课例，提升教师观察幼儿、互动回应的能力。同时，发挥项目合作研究的优势，在立足自身经验的基础上进一步积累优质课例库、丰富主题资源包，实现合作联动，共享优质资源，提升课程实施品质，最终实现，让教师的"教"和幼儿的"学"变得更有意义！

参考文献

［1］朱慕菊，李季湄，冯晓霞，等.幼儿教育指导纲要（试行）解读［M］.
南京：江苏教育出版社，2002：173–185.

［2］中华人民共和国教育部.3～6岁儿童学习与发展指南［M］.北京：首都
师范大学出版社，2012.

［3］张华.论"研究性学习"课程的本质［J］.教育发展研究，2001（5）.

［4］靳玉乐.探究性教学［M］.重庆：西南大学出版社，2001.

［5］刘占兰，沈心燕.让幼儿在主动探索中学习科学［M］.北京：北京师范
大学出版社，2001.

（课题组成员：吴雅萍、吴亚芳、龚海红。执笔：吴雅萍）